nueva
criminología
y
derecho

traducción de
FÉLIX BLANCO

LOS "SALVADORES DEL NIÑO"

o la invención de la delincuencia

por

ANTHONY M. PLATT

siglo veintiuno editores, sa
CERRO DEL AGUA 248, MEXICO 20, D.F

siglo veintiuno de españa editores, sa
C/PLAZA 5, MADRID 33, ESPAÑA

siglo veintiuno argentina editores, sa

siglo veintiuno de colombia, ltda
AV. 3a. 17-73 PRIMER PISO. BOGOTA, D.E. COLOMBIA

portada de anhelo hernández
primera edición en español, 1982
© siglo xxi editores, s.a.

ISBN 968-23-1108-x

primera edición en inglés, 1969
segunda edición en inglés, ampliada, 1977
© the university of chicago
título original: the child savers. the invention of delinquency

derechos reservados conforme a la ley
impreso y hecho en méxico/printed and made in Mexico

ÍNDICE

PREFACIO — 11

INTRODUCCIÓN A LA SEGUNDA EDICIÓN — 13
Reexamen de *Los "salvadores del niño"*, 13; Historia liberal y justicia juvenil, 15; La reforma en la época progresiva, 19; El movimiento salvador del niño, 23; Crimen y castigo, 27

1. INTRODUCCIÓN — 31
Orígenes de la delincuencia: perspectivas, 32; Revisión de la justicia juvenil, 36

2. IMÁGENES DE DELINCUENCIA, 1870-1900 — 42
El valor del castigo, 42; El delincuente por naturaleza, 44; Naturaleza y crianza, 54; El desencanto urbano, 61; Resumen, 68

3. LA NUEVA PENOLOGÍA — 70
La reforma de la juventud, 70; La nueva educación, 78; La cabaña y el campo, 84; Tratamiento y restricción, 89

4. LA JUSTICIA MATERNAL — 96
El lugar de la mujer, 96; Retrato de una redentora del niño: Louise de Koven Bowen, 103; Retrato de una salvadora de la infancia: Jane Addams, 112; La dependencia de la juventud, 116

5. EL MOVIMIENTO SALVADOR DEL NIÑO EN ILLINOIS — 120
Los niños delincuentes, 120; Los niños dependientes, 125; Niños encarcelados, 134; Los niños del estado, 139; Resumen, 149

6. EL DESTINO DEL TRIBUNAL PARA MENORES — 152
Un amigo en la corte, 152; Retórica y realidad, 160; Moralismo y constitucionalismo, 166; En defensa de los jóvenes, 176; Resumen, 184

7. NOTA FINAL — 187

POSDATA, 1977 — 192

APÉNDICE: LA RESPONSABILIDAD CRIMINAL DE LOS NIÑOS — 201

BIBLIOGRAFÍA — 218

A HAZEL, DANIEL Y REBECCA

Dice una máxima, trillada pero cierta, que es más fácil y mejor prevenir el mal que curarlo; y en nada es más cierta esta máxima que en relación con la delincuencia. Destruir la simiente del crimen, secar sus fuentes, matarlo en el huevo, es mejor que la represión, y aun que la reforma del criminal. Pero pese a todo cuanto pueda lograr el sistema de instrucción pública mejor organizado y administrado, siempre quedará un considerable remanente de niños (en los Estados Unidos actuales no pueden ser menos de medio millón) a los que no lleguen estos sistemas. Su indigencia, su vida vagabunda, sus depravados hábitos, su condición harapienta e inmunda, impiden que los admitan en las escuelas ordinarias. De esta clase de desharrapados es de donde se están reclutando continuamente nuevos criminales, y así seguirá siendo mientras se permita su existencia. Nacieron para el crimen, y para él los criaron. Hay que salvarlos.

ENOCH WINES (1880)

PREFACIO

Originalmente sostenía este estudio el Center for the Study of Law and Society, de la Universidad de California, con una subvención de la oficina de delincuencia juvenil y desarrollo de los jóvenes, del departamento norteamericano de Salud, Educación y Beneficencia. Las revisiones ulteriores del original se hicieron bajo los auspicios del Center for Studies in Criminal Justice, de la Universidad de Chicago.

El manuscrito pasó por muchas redacciones y revisiones en su camino hasta convertirse en libro. Estoy agradecido a las muchas personas que contribuyeron a este proceso: James Carey, Aaron Cicourel, Bernard Diamond, Joel Goldfarb, Sanford Kadish, Richard Korn, Joseph Lohman, David Matza, Neil Ross, Philip Selznick, Mimi Silbert y Alan Sutter.

Un pequeño grupo de colegas se interesó especialmente en la obra y dedicaron voluntariamente muchas horas a mejorar su calidad y aumentar su claridad. Debo agradecer en especial a Howard Becker, Sheldon Messinger y Hazel Platt su ayuda crítica, sus sustanciales comentarios y su labor de corrección. También estoy agradecido a Gloria Neal, Eddie Spinks, Paula Marshall y Anne Plusser, que tanto trabajaron en la preparación del manuscrito.

La nueva introducción y el postscriptum a la segunda edición reflejan cambios considerables y, según espero, progresos en mi pensamiento y mis modos de ver. Esto no hubiera sido posible sin mis memorables experiencias en la escuela de criminología de Berkeley y el apoyo de mis colegas de *Crime and Social Justice,* así como el Center for Research in Criminal Justice.

INTRODUCCIÓN A LA SEGUNDA EDICIÓN

REEXAMEN DE "LOS 'SALVADORES DEL NIÑO'"

Aunque *Los "salvadores del niño"* se publicó en 1969, fue concebido y en su mayor parte escrito en 1965-66. Disertación doctoral en un principio, fue después revisado y pulido para su publicación pero conservando su anterior marco teórico. Al releerlo más de diez años después me llama la atención no sólo el aspecto algo anticuado de su información sino también su limitación dentro de su marco conceptual. Débese esto sin duda a un reflejo de mi propia inmadurez estudiantil y política, y es también un comentario sobre el fetiche de la especialización, tan característico del proceso de disertación. Pero las limitaciones esenciales de esta obra no pueden atribuirse simplemente a idiosincrasias personales o educacionales. *Los "salvadores del niño"* fue recibido positivamente, en lo esencial, por los reseñadores de publicaciones periódicas profesionales, con la notable excepción de quienes argüían que exageraba o que atacaba gratuitamente a los artífices iniciadores del Estado benefactor.[1] Pero en lo general se consideraba mi obra como uno de los mejores ejemplos de un nuevo género de teoría sociológica crítica, un producto de la "escuela de encasillamiento o etiquetamiento" (*labeling*) asociada con Howard Becker, Edwin Lemert y Aaron Cicourel.[2] Las limitaciones teóricas de *Los "salvadores del niño"* han de ubicarse así en el contexto de sus principales raíces históricas e ideológicas.

En esta nueva introducción tendré la oportunidad de hacer una crítica de la perspectiva teórica de la obra, relacionando sus supuestos con nuevos datos de teoría criminológica de los últimos años sesenta, así como recurriendo a interpretaciones históricas recientes de la era Progresiva. Y también me referiré a nuevos estudios de casos sobre los primeros tiempos del sistema de tribunales para menores, —en especial los esfuerzos para reformarlos— y resumiré importantes datos empíri-

---

[1] Véase, por ejemplo, Gresham M. Sykes, "Do-Gooders and Delinquents", *Trans-Action 7*, núm. 1 (noviembre de 1969): 58-60; y la reseña de Susan Houston en *School Review* 79, núm. 1 (noviembre de 1970): 153-62.

[2] Véase, por ejemplo, las reseñas en *Social and Economic Administration* (otoño de 1971); *Michigan Law Review* (marzo de 1970), y *American Sociological Review* (agosto de 1970).

cos nuevos asequibles en los estudios de casos, los informes de gobierno y un avalúo estadístico nacional recientemente completado sobre las correcciones a jóvenes. Espero que esto sirva para ensanchar y profundizar mi anterior análisis del movimiento pro salvación del niño y mueva al lector a pensar en forma más crítica e imaginativa.

Esta obra se escribió mediada la década de los sesenta, en un período de gran militancia política y conciencia radical emergente entre estudiantes e intelectuales, y refleja las debilidades y las virtudes de su época. Influyeron en ella las luchas, de vasto alcance, por los derechos civiles y los movimientos estudiantiles, y así resulta indignada y escarbadora y trata de revelar y criticar las duras realidades de un aspecto del sistema capitalista. Esfuerzo de revisión de los mitos liberales en torno a un importante período de la historia de Estados Unidos, y de restablecimiento de los hechos, tal vez realice una labor adecuada. Pero mientras trata de demoler concepciones erróneas acerca de los benévolos orígenes del tribunal para menores y sus patrocinadores, no resuelve otras cuestiones más importantes, como por qué aparece el movimiento para salvar al niño en ese tiempo y cómo se relacionaba (si acaso se relacionó) este movimiento de reforma con otras instituciones del nuevo Estado benefactor, de dónde sacaban los salvadores del niño su sostén económico e ideológico, qué crisis políticas motivaron a los salvadores del niño y si hubo alguna resistencia a sus reformas.

El no haber examinado adecuadamente estas cuestiones restringe la efectividad del libro tanto en el nivel teórico como en el de las políticas, así como lo hace vulnerable a la cooptación por los salvadores contemporáneos del niño.[3] La tendencia a someter las instituciones sociales a la crítica moralista y a exigir del Estado que se conduzca de acuerdo con los principios de la Constitución fue un flaco característico tanto de la "nueva izquierda" como de sus partidarios en el movimiento radical de la sociología. La crítica, por bien documentada y comprobada que esté, es una base insuficiente para la acción, a menos que se funde en un marco conceptual general y un entendimiento cabal de la historia. La "nueva izquierda" en política y en las ciencias sociales a menudo puso la indignación moral en lugar del análisis político, entendía muy poco de sus propias raíces históricas y dio muestras, típica-

---

[3] La Comisión del Presidente sobre Aplicación de la Ley y la Administración de Justicia utiliza (1967), por ejemplo, *Los "salvadores del niño"* para justificar la construcción de nuevos métodos de control social (como las oficinas de diversión y servicios juveniles) y Edwin Schur para legitimar la idea, bastante cínica, de que no puede hacerse nada para regular la delincuencia juvenil. Véase Edwin M. Schur, *Radical Non-Intervention*, Englewood Cliffs, Nueva Jersey, Prentice Hall, 1973.

mente, de una fe ingenua en el Estado (y en particular en el gobierno federal).[4]

Correspondientemente, la teoría del encasillamiento (que influyó mucho en este libro) sometió las instituciones de control social (policía, tribunales, prisiones, etc.) a diversos tipos de crítica de la ineficiencia, la brutalidad, la mala gestión y la corrupción, pero dentro de una perspectiva estrecha y reformista. Como ha señalado Alvin Gouldner, la teoría del encasillamiento

se rebela contra la futilidad, la insensibilidad o la arbitrariedad de los celadores nombrados por la sociedad [sic] para vigilar el lío que ha armado. Es esencialmente una crítica de las organizaciones de curaduría y en particular de los funcionarios de *bajo nivel* que las manejan. No es una crítica de las instituciones sociales que engendran sufrimiento o del elevado nivel de funcionarios que configuran el carácter de los establecimientos de curatela.[5]

Los "salvadores del niño" es asimismo una crítica de los reformadores que ayudaron a construir el sistema de tribunales para menores. Por implicación cuando menos, sugiere que los salvadores del niño fueron los únicos responsables de las desastrosas consecuencias del sistema de tribunales para menores y que reformadores más ilustrados podrían hacer un sistema mejor. Naturalmente, tal no es el caso, porque el movimiento de salvación del niño nunca fue aislado ni autónomo. Su origen e índole se entrelazan con profundos hechos que estaban produciéndose en la economía política al finalizar el siglo XIX.

HISTORIA LIBERAL Y JUSTICIA JUVENIL

El modo clásico liberal de ver el origen del tribunal para menores encuentra su expresión típica en el argumento de la Comisión Presidencial de lo Criminal, de que los salvadores del niño hicieron un esfuerzo ilustrado para aliviar las miserias de la vida urbana y la delincuencia juvenil ocasionadas por una economía capitalista no regulada.[6] Con el

[4] James Weinstein, "The Left, Old and New", *Socialist Revolution*, núm. 10, julio-agosto de 1972, pp. 7-60; Al Richmond, *A Long View from the Left*, Boston, Houghton Mifflin, 1972.

[5] Alvin W. Gouldner, "The Sociologist as Partisan: Sociology and the Welfare State", *American Sociologist*, mayo de 1968, p. 107. Véase también Tony Platt, "Prospects for a Radical Criminology in the United States", *Crime and Social Justice*, núm. 1, primavera-verano de 1974, pp. 2-10.

[6] President's Commission on Law Enforcement and Administration of Justice, *Juvenile Delinquency and Youth Crime*, Washington, D.C., U.S. Government Printing Office, 1967.

correr de los años, los estudiosos de diversas disciplinas, como el sociólogo norteamericano George Herbert Mead y el psiquiatra alemán August Aichhorn han sugerido que el sistema de tribunales para menores representaba un triunfo del liberalismo progresista sobre las fuerzas de la reacción y la ignorancia.[7] En tiempos más recientes, los expertos en trabajo social y una autoridad en materia legal presentaban el movimiento pro salvación del niño como un "reflejo del humanitarismo que floreció en las últimas décadas del siglo XIX", y como indicación del "gran sentimiento norteamericano de filantropía e interés privado por el bienestar común".[8]

Las historias y los relatos del movimiento pro salvación del niño tienden a asumir una opinión gradualista del progreso social y subrayar la importancia de la motivación de los reformadores. El estudio de Robert Pickett sobre el movimiento Casa Refugio en Nueva York a mediados del siglo pasado es un buen ejemplo de esta perspectiva:

En el período primitivo, fue necesaria una legión de humanistas con motivación en gran parte religiosa para ver una necesidad y disponerse a satisfacerla. Aunque buena parte de su visión sería remplazada después por políticas y técnicas más ilustradas y mecanismos de apoyo mucho más complejos, los lineamientos principales de su programa, que comprendían una disciplina lene, educación moral y académica, formación vocacional, la utilización de padres de remplazo y la vigilancia condicional, han resistido la prueba del tiempo. La sobrevivencia de muchas nociones de los fundadores de la Casa Refugio dan fe, al menos en parte, de su genio creativo en la satisfacción de las necesidades humanas. Sus motivaciones tal vez sean mixtas, y sus inadvertencias muchas, pero sus esfuerzos contribuyeron a un considerable adelanto en los cuidados y el tratamiento de los jóvenes descarriados.[9]

Este modo de ver el movimiento reformista del siglo XIX como fundamentalmente benévolo, humanitario y gradualista es compartido por muchos historiadores y criminólogos que han escrito acerca de la

[7] George H. Mead, "The Psychology of Punitive Justice", *American Journal of Sociology*, núm. 23, marzo de 1918, pp. 577-602; August Aichhorn, "The Juvenile Court: Is It a Solution?" en *Delinquency and Child Guidance: Selected Papers*, Nueva York, International Universities Press, 1964, pp. 55-79.

[8] Murray Levine y Adeline Levine, *A Social History of Helping Services: Clinic, Court, School, and Community*, Nueva York, Appleton-Century-Crofts, 1970, p. 156; Gerhard O. W. Mueller, *History of American Criminal Law Scholarship*, Nueva York, Walter E. Meyer Research Institute of Law, 1962, p. 113.

[9] Robert S. Pickett, *House of Refuge: Origins of Juvenile Reform in New York State, 1815-1857*, Syracuse, Syracuse University Press, 1969, p. 188.

era del progreso. Argumentan que este impulso reformista arrancaba de los primeros ideales del liberalismo moderno y que es parte de la continua lucha por superar la injusticia y cumplir la promesa de la vida norteamericana.[10]

Aunque la era del progreso fue un período de considerables cambios y reformas en todos los campos de la vida social, legal, política y económica, su historia ha sido ornamentada con diversos mitos. El análisis histórico clásico tipificaba la labor de los historiadores norteamericanos de los cuarenta y cincuenta, promovía la idea de que la historia de Estados Unidos se componía de enfrentamientos regulares entre los intereses económicos creados y diversos movimientos reformistas populares.[11] Para Arthur Schlesinger, Jr., "el liberalismo en Estados Unidos ha solido ser el movimiento de los demás sectores de la sociedad para restringir el poder de la comunidad negociante".[12] De modo semejante caracteriza Louis Hartz la "reforma liberal" como un "movimiento que apareció hacia el final del siglo XIX para adaptar el liberalismo clásico a los objetivos de los intereses de la pequeña propiedad y la clase obrera y al mismo tiempo rechazar el socialismo".[13]

Estos historiadores del progresivismo aducen que los reformadores procedían de la clase media urbana, se oponían a los grandes negociantes y se sentían victimados por rápidos cambios en la economía, y sobre todo por la emergencia de la corporación como forma dominante de la empresa financiera.[14] Según este modo de ver, sus esfuerzos reformistas apuntaban a develar el poderío de los grandes negociantes, eliminar la corrupción en la máquina política urbana y aumentar los poderes del Estado por medio de la reglamentación federal de la economía y la formación de un modo de ver de "responsabilidad social" en el gobierno local. Se unieron a ellos en tal misión algunos sectores de la clase trabajadora que compartían su enajenación y muchas de sus quejas. Para historiadores liberales como Richard Hofstadter, esta alianza representa un tema continuo en la política norteamericana:

Ha sido función de la tradición liberal en la política norteamericana, desde los tiempos de la democracia de Jefferson hasta el populismo, el pro-

---

[10] Véase, por ejemplo, Arthur M. Schlesinger, Jr., *The American as Reformer*, Cambridge, Harvard University Press, 1950.
[11] R. Jackson Wilson, ed., *Reform, Crisis, and Confusion, 1900-1929*, Nueva York, Random House, 1970, en especial pp. 3-6.
[12] Arthur M. Schlesinger, Jr., *The Age of Jackson*, Boston, Little, Brown, 1946, p. 505.
[13] Louis Hartz, *The Liberal Tradition in America*, Nueva York, Harcourt, Brace and World, 1955, p. 228.
[14] Richard Hofstadter, *The Age of Reform*, Nueva York, Vintage Books, 1955, capítulo 4.

gresivismo y el Nuevo Trato inclusive, ensanchar primeramente el número de quienes podrían beneficiarse de la gran bonanza norteamericana y después humanizar sus obras y contribuir a la curación de sus bajas. Sin esta tradición continuada de oposición, protesta y reforma, el sistema norteamericano no hubiera sido, como lo fue en tiempos y lugares, más que una selva y probablemente no hubiera logrado llegar a ser el sistema, notable por su producción y distribución, que es.[15]

Las crisis políticas y raciales de los sesenta provocaron empero una revaluación de este temprano modo de ver la tradición liberal en la política norteamericana, tradición que pareció más y más fracasada frente a la creciente tasa de crímenes, rebeliones del gueto y vastas protestas contra el Estado y sus instituciones de justicia penal. Con el fin de explicar el aparente derrumbe de la democracia liberal se aduce que el problema radica en el excesivo idealismo y el absolutismo moral de los movimientos reformistas, que tienen tendencia a degenerar en cruzadas poco prácticas.[16] Los defectos y las limitaciones del movimiento pro salvación del niño, por ejemplo, suelen explicarse en función de la tendencia psicológica de sus dirigentes a adoptar actitudes de rigidez y de probidad moral. Tomando nota de la creciente tasa de la delincuencia juvenil, la creciente falta de respeto por la autoridad constituida, y la incapacidad de los reformatorios para rehabilitar a los delincuentes, la comisión sobre el crimen atribuye los fracasos del sistema de justicia para menores a las esperanzas "burdamente archioptimistas" de los reformadores decimonónicos y la "continua renuencia de la comunidad a proveer los recursos —gente, instalaciones e interés— necesarios para conseguir que [los tribunales de menores] cumplan su cometido..."[17]

También Richard Hofstadter observa este carácter *nada realista* del liberalismo norteamericano:

Mi crítica... no estriba en que los progresistas hayan minado o arruinado las normas, en forma sumamente típica, sino que ponen normas imposibles, o sea que se hicieron víctimas de una forma de absolutismo moral... Una buena parte tanto de la fuerza como de las fallas de nuestra existencia nacional radica en el hecho de que los norteamericanos no soportan con mucho sosiego los males de la vida. Siempre estamos enfrentándonos agitadamente a ellos, pidiendo cambios, mejoras, remedios, pero no siem-

---

[15] *Ibid.*, p. 18.
[16] Véase, por ejemplo, Joseph R. Gusfield, *Symbolic Crusade: Status Politics and the American Temperance Movement,* Urbana, University of Illinois Press, 1963.
[17] Comisión del Presidente, *Juvenile Delinquency,* pp. 7-8.

pre con el adecuado sentido de las limitaciones de la condición humana, que acaban por imponérsenos una y otra vez.[18]

O como dijo la comisión sobre el crimen, "el fracaso es más notorio cuanto más altas se ponen las esperanzas".[19]

Esta obra acaba con el mito de que el movimiento pro salvación del niño tuvo éxito en la humanización del sistema de justicia penal, que salvó a los niños de cárceles y prisiones y creó instituciones dignas, judiciales y penales, para los menores. Declara que, si acaso, los salvadores del niño contribuyeron a crear un sistema que sometía a más y más menores a castigos arbitrarios y degradantes. Pero ¿cómo ocurrió esto? ¿Fue simple consecuencia de las buenas intenciones malogradas, del excesivo idealismo o ingenuidad, o tal vez de una conjura bien instrumentada entre los salvadores del niño? Este nivel de explicación, implícitamente sostenido en nuestra obra, es reduccionista porque subestima la importancia de las condiciones estructurales y fía demasiado en la crítica subjetiva de la motivación y las ambiciones profesionales de los salvadores del niño.[20] Poniendo el movimiento pro salvación del niño en el contexto de la economía política del progresismo tal vez se logre arrojar una luz nueva sobre sus fracasos.

LA REFORMA EN LA ÉPOCA PROGRESIVA

Como han observado acertadamente cierto número de críticos, este libro da a entender en forma errónea que la delincuencia juvenil y los experimentos de corrección de los menores no existían antes de la época progresiva. En realidad, la delincuencia juvenil sistemática data del siglo XVII, en que "surgió a consecuencia de las condiciones económicas y políticas que las sociedades capitalistas nacientes estaban imponiendo por doquier".[21] Y mucho antes del movimiento pro salvación del niño pueden hallarse diversos tipos de esfuerzos destinados a crear programas especiales para los menores.[22] Por otra parte, no fue sino al termi-

---

[18] Hofstadter, *Age of Reform*, p. 16.
[19] Comisión del Presidente, *op. cit.*, p. 7.
[20] William A. Muraskin, "The Social-Control Theory in American History: A Critique", *Journal of Social History*, verano de 1976, pp. 559-69.
[21] Herman Schwendinger y Julia R. Schwendinger, "Delinquency and the Collective Varieties of Youth", *Crime and Social Justice*, núm. 5, primavera-verano de 1976, p. 11.
[22] Robert H. Bremner, ed., *Children and Youth in America: A Documentary History*, vol. 2, *1866-1932*, Cambridge, Harvard University Press, 1971; Joseph Hawes, *Children in Urban Society*, Nueva York, Oxford University Press, 1971; Barry Krisberg y James Austin, *The Children of Ish-*

nar el siglo XIX cuadro se hizo un intento general de racionalizar estas reformas (tribunales para menores, libertad condicional, clínicas de guía del niño, reformatorios, etc.) para formar un *sistema* coherente de justicia para menores. Aunque los salvadores del niño reproducían el mismo modo de ver el crimen y la delincuencia que una generación anterior de reformadores, fueron innovadores porque crearon nuevas instituciones y métodos de control social.

Las reformas pro salvación del niño eran parte de un movimiento mucho mayor para reajustar las instituciones de modo que satisficieran los requerimientos del sistema emergente de capitalismo corporado. Desde el tumulto de Haymarket (1886), los centros de actividad industrial han sido afectados continuamente por huelgas, interrupciones violentas y muchos fracasos y fluctuaciones en los negocios. Movimientos activistas como el Partido Socialista y el de los Trabajadores Industriales del Mundo, representaban las demandas de los trabajadores de que se efectuara un cambio fundamental en las condiciones sociales y económicas. Al salir el país de las depresiones y la violencia que se produjeron en la industria a fines del siglo pasado, los reformadores de la sociedad desencadenaron un movimiento para salvar y regular el capitalismo mediante la formación de una nueva economía política, destinada por una parte a estabilizar la producción y el planeamiento fiscal y por la otra a cooptar la surgente oleada de militancia popular. Como ha señalado William Appleman Williams, "es casi imposible exagerar la importancia del mismo concepto general —aunque dinámico y potente— de que el país se encontraba en una disyuntiva fatal" entre un estado capitalista expandido y reformado o el desarrollo potencial de un movimiento revolucionario.[23]

El movimiento progresivo fue *dirigido* por los sectores con mayor conciencia de clase del capital monopólico, que reconocían la necesidad de reformas económicas, políticas y sociales de gran envergadura. Era su intención oponerse a las prácticas de dejar-hacer en los negocios, incrementar el papel desempeñado por el Estado en la regulación económica y crear una nueva economía política caracterizada por la

---

mael: *Critical Perspectives on Juvenile Justice*, Palo Alto, Mayfield Press, 1977; Sanford J. Fox, "Juvenile Justice Reform: An Historical Perspective", *Stanford Law Review*, 22, núm. 6, junio de 1970, 1187-1239; Alexander Liazos "Class Oppression: The Functions of Juvenile Justice", *The Insurgent Sociologist*, 5, núm. 1, otoño de 1974, 2-24; Robert M. Mennel, *Thorns and Thistles: Juvenile Delinquents in the United States, 1825-1940*, Hanover, The University Press of New England, 1973; y Robert S. Pickett, *House of Refuge*.

[23] William Appleman Williams, *The Contours of American History*, Chicago, Quadrangle Books, 1966, p. 356.

planificación para largo período y la rutina burocrática.[24] Estas reformas las aplicaron en el nivel nacional los poderes regulatorios de un gobierno federal más amplio, y localmente se crearon formas administrativas de comisión y de directivo central no político. El progresivismo tuvo efectos de vasto alcance:

El movimiento progresivo combinaba la crítica de la corrupción y la ineficiencia de muchas instituciones sociales de los Estados Unidos con la aceptación del sistema capitalista norteamericano en su conjunto. En los negocios y la industria, por ejemplo, los progresivos crearon los conceptos de "gestión científica" que permitieron a los administradores obtener un rendimiento más eficiente de los trabajadores, con cosas como, por ejemplo, los estudios de tiempo-y-movimiento. En la educación, los progresivos idearon los tests de inteligencia y otros medios de canalizar y seguir la pista "eficientemente" a los jóvenes en lugares apropiados de la economía. En el sistema de prisiones, los reformadores progresivos elaboraron clasificaciones de los diferentes tipos de criminales, y de los diferentes tipos de "tratamiento" que requerían. Todas estas reformas tenían por objeto hacer que estas instituciones operaran de forma más uniforme y efectiva en una economía cada vez más centralizada y compacta.[25]

El movimiento pro salvación del niño no era una empresa humanitaria en ayuda de la clase obrera y frente al orden establecido. Al contrario, su impulso procedía primordialmente de la clase media y la superior, que contribuyeron a la invención de nuevos formas de control social para proteger su poderío y sus privilegios. Este movimiento no fue un fenómeno aislado, sino que reflejaba cambios masivos acontecidos en el modo de producción, desde el dejar-hacer hasta el capitalismo monopólico, y en la estrategia del control social, de la ineficaz represión a la benevolencia del Estado benefactor.[26] Esta reconstrucción de las instituciones económicas y sociales, que no se llevó a cabo sin conflictos dentro de la clase gobernante, representaba una victoria del ala más "ilustrada" de los dirigentes de corporación, que preco-

[24] *Ibid.*, pp. 345-412.
[25] Lynn Cooper *et al.*, *The Iron Fist and the Velvet Glove: An Analysis of the U.S. Police*, Berkeley, Center for Research on Criminal Justice, 1975, p. 20.
[26] "La transformación en los sistemas penales no puede explicarse sólo por las cambiantes necesidades de la lucha contra el crimen, aunque ésta desempeñe su papel. Todo sistema de producción tiende a descubrir castigos que corresponden a sus relaciones de producción. Por eso es necesario investigar el origen y el fin de los sistemas penales, el empleo o la evitación de castigos específicos, y la intensidad de las prácticas penales, determinadas por las fuerzas sociales, y sobre todo por las económicas y fiscales." George Rusche y Otto Kirchheimer, *Punishment and Social Structure*, Nueva York, Russell and Russell, 1968, p. 5.

nizaban alianzas estratégicas con los reformadores urbanos y apoyaban las reformas liberales.[27]

Buen número de grandes corporaciones y hombres de negocios, por ejemplo, han apoyado la reglamentación federal de la economía con la mira de proteger las inversiones a largo plazo y estabilizar el mercado. Los hombres de negocios y los portavoces políticos fueron francos al concordar totalmente en lo referente a las cuestiones económicas fundamentales. Señala Gabriel Kolko: "No hubo conspiración durante la época progresiva. Hubo un acuerdo básico entre los dirigentes políticos y de negocios acerca de lo que era el bien público, y a nadie fue necesario engatusarlo aviesamente." [28] En su análisis de la ideología liberal durante la época progresiva, James Weinstein dice en forma semejante que "pocas fueron las reformas aplicadas sin aprobación tácita, cuando no orientación, de los grandes intereses corporados". Para los ejecutivos de las corporaciones, el liberalismo significaba "la responsabilidad que tienen todas las clases de mantener e incrementar la eficiencia del orden social existente".[29]

Siendo el progresivismo un movimiento propio sobre todo de los negociantes, no debe sorprender que los grandes negocios desempeñaran un papel capital en el movimiento reformista y pro bienestar. La legislación sobre el trabajo infantil en Nueva York, por ejemplo, fue apoyada por varios grupos, entre ellos los industriales de la clase más alta, que no necesitaban el trabajo infantil barato para sus operaciones de fabricación. Según la historia de ese movimiento por Jeremy Felt,

la abolición de la mano de obra infantil podía verse como un medio de excluir a los fabricantes marginales y los trabajadores a domicilio, aumentando así la consolidación y eficiencia de los negocios.[30]

El auge de la instrucción obligatoria, otra reforma del Estado benefactor, estuvo también íntimamente ligado a las cambiantes formas de la producción industrial y el control social. Charles Loring Brace, que escribía a mediados del siglo pasado, preveía el empleo de la ense-

---

[27] Véase, por ejemplo, Gabriel Kolko, *The Triumph of Conservatism: A Reinterpretation of American History, 1900-1916,* Chicago, Quadrangle Books, 1967; James Weinstein, *The Corporate Ideal in the Liberal State, 1900-1918,* Boston, Beacon Press, 1969; Samuel Haber, *Efficiency and Uplift: Scientific Management in the Progressive Era, 1890-1920,* Chicago, University of Chicago Press, 1964; y Robert H. Wiebe, *Businessmen and Reform: A Study of the Progressive Movement,* Cambridge, Harvard University Press, 1962.

[28] Kolko, *Triumph of Conservatism,* p. 282.

[29] Weinstein, *Corporate Ideal,* pp. IX, XI.

[30] Jeremy P. Felt, *Hostages of Fortune: Child Labor Reform in New York State,* Syracuse, Syracuse University Press, 1965, p. 45.

ñanza como preparación para la disciplina industrial cuando preconizaba,

> por el interés del orden público, de la libertad, de la propiedad, por nuestra propia salvación y por la duración de las instituciones libres que tenemos... una ley estricta y cuidadosa que obligue a todo menor a aprender a leer y escribir, con penas graves en caso de desobediencia.[31]

Hacia el final del siglo, la clase obrera había logrado la imposición de un sistema educativo estéril y autoritario que reflejaba la ética del lugar de trabajo colectivo y estaba destinado a proveer "un mecanismo de adiestramiento y selección cada vez más perfeccionado para la fuerza de trabajo".[32] Mientras los reformadores urbanos luchaban desde una perspectiva *moral* para hacer aprobar una legislación contra el trabajo infantil y en favor de la enseñanza obligatoria, los reformadores corporados apoyaban tales reformas por necesidad *económica*. Como ha observado Robert Carson,

> el objeto era sacar de golpe al niño sin destrezas, que acabaría por convertirse en joven sin destrezas, de las filas del trabajo y devolver en su lugar a la fuerza de trabajo a adolescentes entre 13 y 19 años con las destrezas necesarias para un tipo de trabajo cada vez más técnico y orientado hacia la máquina... Y así, mientras los reformadores se apuntaban sus victorias, en realidad era la filosofía liberal corporada la que salía victoriosa.[33]

De este modo, el movimiento pro salvación del niño, en su empeño por aumentar la familia mediante la educación obligatoria y otras medidas de intervención estatal, desempeñó un papel importante en la reproducción de una fuerza de trabajo especializada y disciplinada.

EL MOVIMIENTO SALVADOR DEL NIÑO

El movimiento pro salvación del niño intentó hacer para el sistema

---

[31] Charles Loring Brace, *The Dangerous Classes of New York and Twenty Years' Work Among Them*, Nueva York, Wynkoop and Hallenbeck, 1880, p. 352.

[32] David K. Cohen y Marvin Lazerson, "Education and the Corporate Order", *Socialist Revolution*, núm. 8, marzo-abril de 1972, p. 50. Véase también Michael B. Katz, *The Irony of Early School Reform: Educational Innovation in Mid-Nineteenth Century Massachusetts*, Cambridge, Harvard University Press, 1968.

[33] Robert B. Carson, "Youthful Labor Surplus in Disaccumulationist Capitalism", *Socialist Revolution*, núm. 9, mayo-junio de 1972, pp. 28-29.

de justicia penal lo que los industriales y los dirigentes de las corporaciones intentaban hacer en la economía, o sea mantener el orden, la estabilidad y el control conservando al mismo tiempo el sistema de clases y la distribución de la riqueza existentes. Aunque este movimiento, como la mayoría de las reformas progresivas, tuvo sus partidarios más activos y visibles en la clase media y las profesiones, no hubiera podido hacer reformas importantes sin la ayuda económica y política de los sectores más poderosos y ricos de la sociedad. Esta ayuda no dejaba de tener precedentes en diversos movimientos filantrópicos anteriores a los salvadores del niño. La Sociedad Neoyorquina pro Reforma de los Delincuentes Juveniles se benefició en 1820 y tantos de las contribuciones de Stephen Allen, que entre otras posiciones de influencia tenía la de alcalde de Nueva York y la de presidente de la New York Life Insurance and Trust Company.[34] El primer gran donativo a la Sociedad de ayuda a los Niños, de Nueva York, fundada en 1853, lo hizo la señora de William Astor.[35] Según Charles Loring Brace, que contribuyó a fundar esta sociedad,

una clase muy superior de jóvenes consintió en servir en nuestra junta directiva; hombres que en sus elevados principios del deber y en las obligaciones que consideran les imponen su riqueza y su posición, hicieron que en lo sucesivo se respetara el nombre de los comerciantes de Nueva York por todo el país como nunca antes.[36]

En otras partes se beneficiaba de modo semejante la caridad asistencial de los donativos y las herencias de la clase gobernante. El Girard College, uno de los orfanatorios más grandes de Estados Unidos, fue construido y amueblado con fondos de la fortuna bancaria de Stephen Girard; y los banqueros y financieros católicos de Nueva York contribuyeron a movilizar apoyo y dinero para diversas obras de caridad católicas.[37]

El movimiento pro salvación del niño también gozó del apoyo de individuos acomodados y poderosos. En Chicago, por ejemplo, donde tuvo algunos de sus más sonados éxitos, se contaban entre los salvadores del niño Louise Bowen y Ellen Henrotin, casadas ambas con banqueros; la señora Potter Palmer, cuyo esposo tenía vastas extensiones de tierra y propiedades, fue una ardiente salvadora del niño

[34] Pickett, *House of Refuge*, pp. 50-55.
[35] Committee on the History of Child-Saving Work, *History of Child-Saving in the United States*, s.l., National Conference on Charities and Correction, 1893, p. 5.
[36] Brace, *Dangerous Classes of New York*, pp. 282-83.
[37] Committee on the History of Child-Saving Work, *History of Child-Saving*, pp. 80-81 y 270.

cuando no estaba dedicada al exclusivo Fortnightly Club, la élite del Chicago Women's Club o la Junta de Gestoras de la Feria Mundial; otra salvadora del niño en Chicago fue la señora de Perry Smith, casada con el vicepresidente del ferrocarril de Chicago y el Noroeste. Hasta los más radicales salvadores del niño procedían de ambientes burgueses. Los padres de Jane Addams y Julia Lathrop, por ejemplo, fueron abogados prósperos y senadores republicanos, ambos en la legislatura de Illinois. El padre de Jane Addams fue uno de los hombres más ricos de Illinois septentrional y su hermano, Harry Halderman, era un hombre de sociedad de Baltimore, que después amasó una gran fortuna en Kansas City.[38]

Aunque el movimiento pro salvación del niño era apoyado y financiado por los liberales de alguna asociación, el trabajo cotidiano de mover influencias, de educación del público y de organización lo realizaban reformadores pequeñoburgueses, profesionales y grupos especiales de intereses. Los sectores, más moderados y conservadores, del movimiento feminista eran especialmente activos en las reformas de la antidelincuencia. Aunque esta obra entra en considerables detalles de las contribuciones individuales de influyentes salvadores del niño, es necesario decir algo más sobre la base de clase del movimiento.

Aunque este movimiento atrajo a muchas mujeres de distintos antecedentes políticos y de clase, predominaban en él las hijas de los antiguos hacendados de clase media y acomodada y las esposas de los nuevos ricos industriales. Y así se combinaba el carácter reaccionario y romántico evocador de la imaginería de la estabilidad preindustrial con un profesionalismo objetivo que legitimaba nuevas carreras para las mujeres cultas en la labor social y ocupaciones afines.[39] Pero el efecto general de los salvadores del niño fue al mismo tiempo conservador y avanzado, porque combinaba las ideas clasistas de un período anterior con las exigencias de control social del nuevo orden industrial. Esto, naturalmente, no es nada sorprendente en un movimiento compuesto sobre todo por mujeres blancas, nacidas en el país y de clase media, para quienes "la libertad política se equiparaba casi automáticamente con la estirpe anglosajona".[40] Sheila Rowbotham ha captado con perspicacia la posición de clase y las ideas de las reformadoras del siglo XIX.

---

[38] Véase capítulo 4.
[39] Véase en general Roy Lubove, *The Professional Altruist: The Emergence of Social Work as a Career, 1880-1930*, Cambridge, Harvard University Press, 1965.
[40] Aileen S. Kraditor, *The Ideas of the Woman Suffrage Movement, 1890-1920*, Nueva York, Anchor Books, 1971, p. 213

El capitalismo desbarató las antiguas formas de las relaciones sociales tanto en el trabajo como entre hombres y mujeres en la familia. Pero las consecuencias no fueron iguales para la clase trabajadora que para la clase media. Las mujeres de clase media se hallaban separadas de la producción y dependían en lo económico de un hombre: las mujeres de la clase obrera se veían obligadas a ir a la factoría y se convirtieron en asalariadas.

Y así, aunque la autoridad patriarcal estaba en realidad reforzada en la clase dominante, la base económica de la propiedad de su mujer por el hombre de la clase obrera era minada por el salario que la mujer podía ganar fuera de su casa. El empeño de los salvadores en proteger a las mujeres de la clase obrera pasaba por alto muchas veces las realidades económicas y sexuales de la vida obrera. Los salvadores persistían en considerar los valores de su propia clase como universales y el Estado —su Estado, el que imponía sus intereses de clases— como organismo neutral.[41]

Pero el movimiento pro salvación del niño no lo monopolizaban las mujeres, ni mucho menos. Muchas profesiones que se iban desarrollando rápidamente participaron en las reformas salvadoras del niño y sacaron partido de sus avances. El clero incorporó los servicios sociales seculares en sus actividades de rutina y movía sus influencias en favor de diversas reformas: la profesión médica contribuyó a la "nueva penología" y suministró personal facultativo para los reformatorios y las clínicas de orientación del niño;[42] los abogados proporcionaron experiencia técnica para la redacción y el cumplimiento de las nuevas leyes; y los académicos descubrieron un nuevo mercado que les pagaba en calidad de consultores y los elevó a puestos de prestigio nacional, así como les proporcionó un material interminable para sus publicaciones y conferencias. Como decía Richard Hofstadter,

la elaboración de una legislación regulativa y humana requería de los conocimientos de abogados y economistas, sociólogos y politólogos, en la redacción de leyes y en la dotación de personal para los organismos administrativos y regulativos. Las controversias acerca de estas cuestiones crearon un nuevo mercado para los libros y los artículos de revistas e impusieron un respeto renovado por sus especializados conocimientos. La reforma trajo consigo el trust de los cerebros.[43]

Aunque los reformadores ordinarios del movimiento pro salvación del niño laboraban estrechamente unidos con los liberales de las corporaciones, sería indebidamente simple designarlos como lacayos de los grandes negociantes. Muchos de ellos eran gente de principios y se

---

[41] Sheila Rowbotham, *Hidden from History*, Londres, Pluto Press, 1973, p. 55.
[42] Véase capítulo 3.
[43] Hofstadter, *Age of Reform*, p. 155.

interesaban de veras por aliviar la miseria humana y mejorar la vida de los pobres. Además, muchas mujeres que participaban en el movimiento lograron liberarse a sí mismas de la dominación de sus esposos y padres y participar de un modo más creativo en la sociedad. Pero en su mayor parte, los salvadores del niño y otros reformadores progresivos querían asegurar la ordenación política y económica existente, siquiera en forma mejorada y regulada, y defendían con empeño el capitalismo, aunque laborando por reformarlo en forma ilustrada, y rechazaban las alternativas socialistas. La mayoría de los reformadores aceptaban la estructura básica del nuevo orden industrial y trataban de moderar sus más notorias injusticias y de armonizar sus desigualdades. Si bien muchos salvadores del niño eran "socialistas de corazón" y ardientes críticos de la sociedad, sus programas eran típicamente reformistas y no alteraban en lo fundamental las condiciones económicas.[44]

Los profesionistas no hacían gran cosa por criticar las reformas progresivas, en parte porque muchos se beneficiaban con su nuevo papel de consultores y expertos en el Estado benefactor incipiente, y en parte porque su modo de concebir la sociedad y el cambio social era limitado, elitista y restringido por sus propias ideas de clase. Según Jackson Wilson, muchos intelectuales del movimiento progresivo estaban

interesados en crear un sistema de gobierno que permitiera al pueblo gobernar desde una distancia cuidadosamente mantenida y a intervalos poco frecuentes, reservando la mayor parte de la planificación y el poder reales a un cuerpo de expertos y profesionales.[45]

Los pocos reformadores que tenían un interés realista por liberar la vida de los pobres luchando por el socialismo eran cooptados por sus aliados, traicionados por sus propios intereses de clase o bien se convertían en prisioneros de fuerzas sociales y económicas que no podían domeñar.[46]

CRIMEN Y CASTIGO

Los reformadores progresivos veían en la justicia penal un problema

---

[44] Williams, *Contours of American History,* pp. 374, 395-402.
[45] R. Jackson Wilson, "United States: The Reassessment of Liberalism", *Journal of Contemporary History,* enero de 1967, p. 96.
[46] Ralph Miliband, *El Estado en la sociedad capitalista,* México, Siglo XXI Editores, 1970.

de "ingeniería social". Creyendo que la sociedad norteamericana se había vuelto al mismo tiempo más compleja y más susceptible de desintegración hacia fines del siglo pasado, preconizaban mayor reglamentación y comedimiento.[47] Pero a diferencia de los especialistas anteriores del control social, veían en el aparato de justicia penal una institución que *prevenía* el desorden y *armonizaba* los conflictos sociales, así como simplemente *reaccionaba* con la fuerza bruta. Los progresivos criticaban mucho el sistema de justicia penal, sobre todo la policía y las prisiones, porque a menudo "agravaban los conflictos con la corrupción, la brutalidad y la incompetencia general", y por consiguiente se minaba "la legitimidad del mismo sistema capitalista".[48] De este modo, las reformas de la justicia durante la época progresiva apuntaban a profesionalizar la policía y otros institutos de control social, a diversificar sus métodos de operación y a ampliar las funciones coercitivas del Estado a nuevos campos de la vida de la clase trabajadora. Como concluía un estudio reciente:

El control de las "causas ambientales" del crimen no entrañaba cambios fundamentales, políticos y económicos, que eliminaran en primer lugar la pobreza y las malas condiciones de vida. En cambio, la prevención de la delincuencia significaba la vinculación del sistema de justicia penal con las escuelas, la familia y otras instituciones que afectaban a la vida de las personas consideradas susceptibles de convertirse en delincuentes. Y en la práctica, el acento aparentemente "humano" puesto en las causas del medio ambiente se convirtió en la realidad política del mayor control sobre aspectos de la vida de muchas personas —sobre todo las pobres—, antes relativamente descuidados.[49]

Aunque algunos salvadores del niño preconizaban modos drásticos de lucha contra la delincuencia —entre ellos el control de la natalidad por la esterilización, los castigos crueles y la encarcelación para toda la vida—, prevalecieron modos de ver más moderados. Esta victoria de la moderación estaba relacionada con el reconocimiento por parte de muchos reformadores progresivos de que la represión de corto plazo a menudo resultaba contraproducente y también cruel, y que se requerían la planificación y el mejoramiento por largo plazo para lograr la estabilidad política. El auge de estrategias más benévolas de control social se produjo aproximadamente por el tiempo en que los capitalistas influyentes estaban comprendiendo que las relaciones sociales existentes no podían mantenerse con buen éxito tan sólo con

---

[47] Véase, por ejemplo, Roscoe Pound, *Criminal Justice in the American City: A Summary,* Cleveland Foundation, 1922, p. 15.
[48] Cooper, *Iron Fist,* pp. 21-22.
[49] *Ibid.,* p. 23.

policía privada y tropas del gobierno.[50] Si bien los salvadores del niño justificaban sus reformas por humanitarias, es evidente que ese humanitarismo reflejaba su trasfondo de clase y sus concepciones elitistas de la potencialidad humana. Los salvadores del niño compartían la opinión de los profesionales más conservadores de que los "criminales" eran una clase diferente y peligrosa, indígena en la cultura de la clase obrera, y un peligro para la sociedad "civilizada". Diferían sobre todo en los procedimientos que debían emplearse para controlar o neutralizar la "clase criminal".

La declinación en la aplicación de castigos corporales en los reformatorios se debió al hecho de que las sentencias indeterminadas, el sistema de "puntuación" o "grados" de premios y castigos y otros procedimientos de "persuasión organizada" eran mucho más eficaces para mantener el orden y la obediencia que los métodos más toscos. La virtud principal del sistema de "grados" o sistema graduado de castigos y privilegios, era su capacidad de tener a los presos disciplinados y sumisos.[51] Los salvadores del niño habían aprendido de los industriales que la benevolencia persuasiva respaldada por la fuerza era un procedimiento más efectivo de control social que los despliegues arbitrarios de terrorismo. Como una generación anterior de reformadores penales en Francia e Italia, los salvadores del niño subrayaban la eficacia de formas nuevas e indirectas de control social a manera de "medida práctica de defensa contra la revolución social, así como contra los actos individuales".[52]

No es sorprendente entonces que se hiciera hincapié en la educación como forma principal de adiestramiento industrial y moral en los reformatorios. Según Michael Katz, en su estudio de la educación decimonónica, el reformatorio era "la primera forma de escolarización obligatoria en Estados Unidos",[53] de manera muy semejante a la de las prisiones europeas, prototipo de las primeras factorías.[54] Al antiguo arsenal de la fuerza y la violencia se añadían ahora nuevas estrategias de socialización y asimilación. Pero como observaron Georg Rusche y Otto Kirchheimer en su exploratorio análisis de las relaciones entre las políticas económicas y las penales, el auge de los programas de "rehabilitación" y educación en prisiones y reformatorios fue también "la consecuencia de la oposición de algunos trabajadores libres", porque

---

[50] Williams, *Contours of American History*, p. 354.
[51] Rusche y Kirchheimer, *Punishment and Social Structure*, pp. 155-56.
[52] *Ibid.*, p. 76.
[53] Katz, *Irony of Early School Reform*, p. 187.
[54] Darío Melossi, "The Penal Question in *Capital*", *Crime and social Justice*, núm. 5, primavera-verano de 1976, pp. 26-33.

siempre que las organizaciones obreras tenían suficiente poder para influir en la política del Estado, lograban obtener la abolición de todas las formas de trabajo en las prisiones (Pensilvania en 1897, por ejemplo), que causaban muchos padecimientos a los presos, o cuando menos obtenían limitaciones muy considerables, como el trabajo sin maquinaria moderna, los tipos de industria carcelaria tradicionales y no los modernos, o el trabajo para el gobierno y no para el mercado libre.[55]

En conclusión, el movimiento pro salvación del niño tuvo un impacto significativo durante la época progresiva. No sólo idearon los salvadores del niño nuevas instituciones de control social, sino que ayudaron también a centralizar y diversificar el poder del Estado. Pero deberíamos tener cuidado en no confundir la retórica benévola de los salvadores del niño con los programas democráticos populares, ni atribuir en forma simplista sus acciones represivas a la ingenuidad o al estrecho interés personal. Las raíces del movimiento pro salvación del niño no se hallan en la transformación compleja de la economía política. El paternalismo era un ingrediente típico de muchas reformas en la era progresiva, legitimaba el imperialismo en política exterior por el "destino manifiesto" y el control extensivo en el interior mediante el "Estado benefactor". Incluso los ricos corporados, según William Appleman Williams,

revelaban una concepción extrañamente firme de un benévolo y feudal modo de ver a la compañía y sus trabajadores... [y] estaban dispuestos a conceder —a proporcionar a la manera de la beneficencia tradicional— cosas como una nueva vivienda, pensiones de vejez, pagos por defunción, programas de salarios y empleos, y oficinas encargadas del bienestar, la seguridad y la sanidad.[56]

Pero cuando la benevolencia fracasaba —en instituciones nacionales como las escuelas y los tribunales o en la política económica en el extranjero— los jefes de la industria y los funcionarios del gobierno recurrían sin tardar a la fuerza masiva y aplastante.[57]

---

[55] Rusche y Kirchheimer, *Punishment and Social Structure*, pp. 131-32.
[56] Williams, *Contours of American History*, p. 382.
[57] Sobre la benevolencia y la represión en el exterior, véase Felix Greene, *El enemigo. Lo que todo latinoamericano debe saber sobre el imperialismo*, México, Siglo XXI Editores, 1973. Para el análisis de la represión en el interior, véase William Preston, Jr., *Aliens and Dissenters: Federal Suppression of Radicals, 1903-1933*, Nueva York, Harper, 1966; y Alan Wolfe *The Seamy Side of Democracy: Repression in America*, Nueva York, David McKay, 1973.

1. INTRODUCCIÓN

Los programas contemporáneos de lucha contra la delincuencia pueden hacerse remontar a las esforzadas reformas de los salvadores del niño, que a fines del siglo pasado contribuyeron a crear instituciones especiales, judiciales y correccionales, para el encasillamiento, el tratamiento y la vigilancia de los jóvenes "inquietantes". Los orígenes de la "delincuencia" pueden hallarse en los programas e ideas de aquellos reformadores sociales que reconocían la existencia y los portadores de normas delincuentes. La denominación de "salvadores del niño" se emplea para designar a un grupo de reformadores "desinteresados"[1] que veían su causa como caso de conciencia y moral, y no favorecían a ninguna clase ni ningún interés político en particular. Los salvadores del niño se consideraban a sí mismos altruístas y humanitarios, dedicados a salvar a quienes tenían un lugar menos afortunado en el orden social. Su interés en la "pureza", la "salvación", la "inocencia", la "corrupción" y la "protección" reflejaba una fe firme en la rectitud de su misión.

Este estudio está consagrado a los orígenes, la composición y los logros del movimiento pro salvación del niño en Estados Unidos. Los salvadores del niño iban más allá de las meras reformas humanitarias de las instituciones existentes. Ponían atención —y al hacerlo las descubrían— a nuevas categorías de malos comportamientos juveniles hasta entonces no apreciadas. Es este reconocimiento y este descubrimiento de la delincuencia juvenil lo que nos interesa concretamente en nuestro estudio.

Concedidos los benignos motivos de los salvadores del niño, digamos que los programas que apoyaban con entusiasmo recortaban las libertades civiles y la vida privada de los menores. Trataban a los adolescentes como si fueran naturalmente dependientes, que requirieran constante y omnipresente vigilancia. Aunque a los salvadores del niño les interesara retóricamente proteger a los menores de los peligros materiales y morales que presentaba una sociedad cada vez más urbana e industrializada, sus remedios parecían agravar el problema. Por consiguiente, nuestro estudio intenta localizar la base social de los

---

[1] Sobre el concepto de reforma "desinteresada" véase Svend Ranulf, *Moral Indignation and Middle Class Psychology*.

ideales humanitarios y conciliar las intenciones de los salvadores del niño con las instituciones que contribuyeron a crear. Prestaremos particular atención a entender: *1*] la relación entre reformas sociales y cambios afines en la administración de la justicia penal, *2*] los motivos, los intereses de clase, las aspiraciones y los fines de las organizaciones destinadas a salvar al niño, *3*] los métodos empleados por las comunidades para crear la maquinaria legal con que calificar los delitos y *4*] las distinciones entre los objetivos idealizados y las condiciones impuestas en la ejecución de las cruzadas morales.

ORÍGENES DE LA DELINCUENCIA: PERSPECTIVAS

Los estudios de la delincuencia y el crimen se han solido centrar en sus orígenes psicológicos y ambientales. El enfoque clásico de los problemas sociales, tipificado por la obra de Clifford Shaw, Frederick Thrasher, Henry McKay, Jane Addams y Sophonisba Breckenridge, subrayaba como causas de la delincuencia los aspectos desorganizados de la vida en los barrios bajos y el impacto demoledor del industrialismo urbano en las culturas de migrantes e inmigrantes.[2] Shaw y sus colegas pintaron la delincuencia como una reacción inevitable y frustrante a las fuerzas ambientales impelentes. La delincuencia muchas veces fue considerada por los sociólogos de antes como un opio cultural que agotaba las energías constructivas de la juventud.

Otros escritores han atribuido el "problema de la delincuencia" a factores más específicos, como el conflicto entre padres e hijos, las modernas condiciones de la vida familiar y la falta de relaciones primarias sostenidas, la tentación del grupo de los iguales en subculturas caracterizadas por los hogares centrados en torno a la mujer, el mayor profesionalismo de la policía y una creciente aceptación de las definiciones de lo normal por la clase media.[3] En años recientes, ha habido un significativo interés teórico por la naturaleza y los orígenes de las subculturas delincuentes. Albert Cohen sugiere que los muchachos de clase baja son impulsados al comportamiento delincuente por un proceso de reacción formativa por el cual "la subcultura delin-

---

[2] Véase, por ejemplo, Clifford R. Shaw y Henry D. McKay, *Juvenile Delinquency and Urban Areas*.

[3] Herbert Bloch, "Juvenile Delinquency: Myth or Threat?", *Journal of Criminal Law, Criminology and Police Science*, 49, 1958, 303-9. La literatura concerniente a la sociología del crimen es demasiado vasta para citarla aquí, pero pueden hallarse fácilmente breves resúmenes de los estudios principales en Marvin E. Wolfgang, Leonard Savitz y Norman Johnston, eds., *The Sociology of Crime and Delinquency*.

cuente toma sus normas de la cultura más grande, pero invertidas". Cohen descubrió que de acuerdo con las normas de ética de la clase media, buena parte del comportamiento delincuente es maliciosa, no utilitarista, negativista, hedonista, versátil y exenta de la restricción por el adulto.[4] Walter Miller, por otra parte, sugiere que las normas características y las preocupaciones focales de la delincuencia están tan hondamente inmersas en la cultura de la clase baja que son inmunes al impacto de instituciones de la clase media como las escuelas, los organismos de beneficencia, la policía y los tribunales.[5]

Otro grupo de teóricos, en particular Robert Merton, Richard Cloward y Lloyd Ohlin, han explorado cómo ejercen presión las estructuras sociales sobre los jóvenes para empujarlos al comportamiento no conformista. Según estos escritores, puede considerarse la delincuencia como un síntoma de la tensión causada por el abismo que media entre las aspiraciones prescritas culturalmente (por ejemplo, el éxito pecuniario) y los modos socialmente estructurados de lograr esos fines en forma legítima. Todo el mundo quiere triunfar en la cultura norteamericana, pero las diferencias sociales deciden si el éxito puede alcanzarse por medios legales o ilegales.[6] De modo semejante sugiere Talcott Parsons que la delincuencia es un síntoma de la impotencia económica y política de los jóvenes en una cultura que desprecia la inepcia y concede gran importancia a los títulos educacionales.[7] Los niños, dice Parsons, tienden a padecer por

el hecho de que los agentes principales para iniciar procesos de cambio radican en otros sectores de la sociedad, sobre todo, en la organización en gran escala, en los adelantos de la ciencia y la tecnología, en los altos procesos políticos, y en los niveles más elevados de la cultura... Esto parecería indicar que... los agentes adultos de que más dependen los jóvenes tienden hasta cierto punto a no estar "a tono" con lo que ellos sienten que son los mayores adelantos de su época. Y notan que les plantean un dilema injusto al tener que estar sometidos a su control.[8]

Sin embargo, Parsons parece relativamente satisfecho con que en los

[4] Albert K. Cohen, *Delinquent Boys*.
[5] Walter B. Miller, "Lower Class Culture as a Generating Milieu of Gang Delinquency", *Journal of Social Issues*, 14, 1958, 5-19.
[6] Robert K. Merton, *Social Theory and Social Structure*, pp. 121-94; Richard A. Cloward y Lloyd E. Ohlin, *Delinquency and Opportunity*.
[7] Véase, especialmente al respecto, Lewis A. Dexter, "On the Politics and Sociology of Stupidity in Our Society", en Howard S. Becker, ed., *The Other Side: Perspectives on Deviance*, pp. 37-49.
[8] Talcott Parsons, *Social Structure and Personality*, pp. 171-72.

últimos treinta años los jóvenes se han vuelto menos rebeldes, más moderados en sus placeres, y mejor integrados en la cultura general.[9]

David Matza, desengañado de teorías que ponen de relieve los rasgos extraños y anormales de la delincuencia propone un enfoque considerablemente diferente: que la delincuencia, junto con el radicalismo y la bohemia, es tan sólo una prolongación subterránea de perspectivas mantenidas en formas menos extremadas por los miembros "convencionales" de la sociedad. Y así es la delincuencia una versión de la cultura de la adolescencia, la política radical es una caricatura del liberalismo tradicional, y en la bohemia se combinan la frivolidad de la vida de fraternidad estudiantil y la seriedad del intelectualismo universitario.[10] En un artículo dice Gresham Sykes que los delincuentes reconocen y esquivan la obligación moral de las leyes mediante "procedimientos de neutralización". Buena parte de la delincuencia "se basa en lo que es en esencia una aplicación no probada de las defensas a los delitos, en forma de justificaciones de la discrepancia que considera válidas el delincuente, pero no así la sociedad en general ni el sistema jurídico".[11]

Los sociólogos han tenido tendencia a basar sus apreciaciones teóricas en las tasas oficiales de delincuencia, sin preocuparse por el modo de aplicar el rótulo de "delincuencia" al menor "inquietante". Paul Tappan reconocía esta deficiencia cuando proponía, para fines analíticos, que los delincuentes son "un grupo, sociológicamente distinto, de transgresores de las normas legales específicas, sometidos a un tratamiento por el Estado oficial... Las normas, su transgresión, la mecánica del modo de colmar la brecha, son campos principales de la sociología legal".[12]

Recientemente, otros escritores han llamado la atención hacia las limitaciones y la estrecha visión de la imaginación criminológica.[13] Según John Kitsuse y Aaron Cicourel:

---

[9] *Ibid.*, 175-76.

[10] "Subterranean Traditions of Youth", *Annals of the American Academy of Political and Social Science*, 338, 1961, 116-18, y "Positions and Behavior Patterns of Youth", en Robert E. L. Faris, ed., *Handbook of Modern Sociology*, pp. 191-216.

[11] Gresham M. Sykes y David Matza, "Techniques of Neutralization: A Theory of Delinquency", *American Sociological Review*, 22, 1957, 664-70. Véase también David Matza, *Delinquency and Drift*.

[12] Paul W. Tappan, "Who is the Criminal", *American Sociological Review*, 12, 1947, 96-102.

[13] Véase en particular las obras de Edwin Lemert, David Matza, Erving Goffman, Kai Erikson, Howard Becker y John Kitsuse.

...las tasas de comportamiento discrepante son consecuencia de los actos realizados por personas del sistema social que definen, clasifican y registran determinados tipos de comportamiento como discrepantes. Si una forma dada de comportamiento no fuera interpretada como discrepante por tales personas, no aparecería como unidad en cualquier grupo de tasas que quisiéramos tratar de explicar (por ejemplo, las estadísticas de los organismos locales de beneficencia social "crímenes conocidos de la policía", informes de delitos siempre iguales, archivos de tribunales, etc.). Las personas que definen y activan los procesos productores de tasas pueden ir desde el "chismoso" de la vecindad hasta los oficiales de los institutos encargados de la aplicación de la ley. Desde este punto de vista, el comportamiento discrepante es un comportamiento definido, procesado y tratado organizacionalmente como "extraño", "anormal", "robo", "delincuencia", etc. por el personal del sistema social que ha producido la tasa. Con estas definiciones, la teoría sociológica de la discrepancia enfocaría tres problemas interrelacionados de explicación: *1*] cómo las diferentes formas de comportamiento llegan a ser definidas como discrepantes por diferentes grupos u organizaciones de la sociedad, *2*] cómo los individuos que manifiestan tales tipos de comportamiento son procesados organizacionalmente para producir tasas de comportamiento discrepante en diversos segmentos de la población y *3*] cómo los actos definidos oficial o no oficialmente como discrepantes son generados por condiciones tales como la organización de la familia, las incongruencias de rol o las "presiones" situacionales.[14]

Los estudios de selección oficial de discrepantes y de las cruzadas legislativas en su favor indican un creciente interés teórico por los orígenes de las reglas y su puesta en vigor.[15] Este libro, aunque reconociendo las importantes contribuciones hechas al estudio de los que desempeñan papeles discrepantes, enfoca a los reglamentadores y la reglamentación más que a las personas a las que se dedican las reglas. Los sociólogos han suministrado importante información acerca del contexto social de la delincuencia, las desigualdades económicas que facilitan el comportamiento ilegal y el comportamiento subcultural; pero sabemos muy poco de los procesos sociales por los cuales las organizaciones formales definen a las personas como "delincuentes". Como ha observado Howard Becker, la delincuencia y la discrepancia no son inherentes al comportamiento humano sino etiquetas adscriptivas que se ponen a los actores en situaciones sociales particulares:

[14] John I. Kitsuse y Aaron V. Cicourel, "A Note on the Uses of Official Statistics", *Social Problems*, 11, 1963, 135.
[15] Véase especialmente Joseph R. Gusfield, *Symbolic Crusade: Status Politics and the American Temperance Movement*; Kai T. Erikson, *Wayward Puritans: A Study in the Sociology of Deviance;* Roger Smith, "Status Politics and the Image of the Addict", *Issues in Criminology,* 2, 1966, 157-75.

Los grupos sociales crean la discrepancia haciendo las reglas cuya infracción constituye discrepancia y aplicando esas reglas a personas particulares, a las que se pone el marchamo de extraños. Desde este punto de vista, la discrepancia no es una cualidad del acto que comete la persona sino más bien una consecuencia de la aplicación por los demás de reglas y sanciones a un "culpable". El discrepante es aquel a quien se puede aplicar convenientemente la etiqueta, y el comportamiento discrepante es aquel que la gente califica así... Es un hecho interesante el que la mayoría de las investigaciones y las especulaciones científicas sobre la discrepancia se interesan en las personas que violan las reglas, y no en aquellas que las hacen y las aplican. Para conseguir un cabal entendimiento del comportamiento discrepante tenemos que poner en la balanza dos focos posibles de averiguación. Tenemos que ver la discrepancia y los extraños que personifican la concepción abstracta a manera de consecuencia de un proceso de acción recíproca entre las personas, de las cuales algunas, a causa de sus intereses, hacen y aplican reglas que comprenden a otras personas que, por sus propios intereses, han cometido actos calificados de discrepantes.[16]

La proposición de Becker señala una seria deficiencia en la literatura criminológica. Los enfoques "patológicos" de la delincuencia y el crimen pasan por alto la posibilidad de que la discrepancia desempeñe un papel importante en la preservación de la estabilidad social y el reforzamiento del estatus y el prestigio de la clase gobernante.[17] Si sabemos poco de las actividades, costumbres e imágenes de sí mismo habituales de los "delincuentes", menos podremos saber del modo en que ciertos tipos de comportamiento juvenil llegan a ser registrados como "delincuentes".[18]

REVISIÓN DE LA JUSTICIA JUVENIL

He querido enfocar concretamente el movimiento chicaguense pro salvación del niño, porque el primer tribunal oficial para menores se

[16] Howard S. Becker, *Outsiders: Studies in the Sociology of Deviance*, pp. 9, 163.
[17] "...el comportamiento discrepante no es un simple tipo de fuga que se produce cuando la maquinaria de la sociedad anda mal, sino que puede ser, en cantidades controladas, una condición importante para preservar la estabilidad de la vida social". Erikson, *Wayward Puritans*, p. 13. Véase también, para la declaración original acerca de esta cuestión, Émile Durkheim, *Rules of Sociological Method*, pp. 65-73.
[18] Pese a todo cuanto se ha escrito, todavía sabemos muy poco de la experiencia subjetiva de la delincuencia, y muchas teorías modernas se basan en datos fragmentarios o anticuados. El éxito del autobiográfico *Manchild in the Promised Land*, de Claude Brown, da fe de esta ignorancia.

creó en Illinois, en 1899. Muchos de los reformadores sociales de Chicago interesados en el bienestar del niño gozaban de reputación nacional, y fueron decisivos en la determinación de las políticas de otros estados. Ha habido algún debate acerca de si fue Illinois o no el primer estado en crear un tribunal especial para niños. Massachusetts y Nueva York aprobaron leyes, en 1874 y 1892 respectivamente, en que se disponía que los menores acusados de delitos fueran juzgados aparte de los adultos. Ben Lindsey, famoso juez y reformador, también pedía esta distinción para Colorado, donde efectivamente se creó un tribunal para menores por medio de una ley sobre educación de 1899. Pero suele aceptarse que la ley de tribunales para menores aprobada por la legislatura de Illinois aquel mismo año fue la primera promulgación oficial de este tipo que serviría de modelo para otros estados y países.[19] Para 1917, en todos los estados menos tres se había aprobado una ley de tribunales para menores, y para 1932 había por todo Estados Unidos más de 600 tribunales independientes de este tipo.[20]

El sistema de tribunales para menores fue parte de un movimiento general encaminado a sustraer a los adolescentes de los procesos de derecho penal y a crear programas especiales para niños delincuentes, dependientes y abandonados. El tribunal para menores, "uno de los mayores avances en favor del niño jamás habidos", fue considerado "parte integrante de toda la planificación asistencial".[21] Charles Chute, entusiasta defensor del movimiento pro salvación del niño proclamaba que

ningún otro acontecimiento ha hecho tanto por el bienestar del niño y de su familia. Revolucionó el tratamiento del niño delincuente y abandonado e hizo que en todo el mundo se aprobaran leyes semejantes.[22]

Aunque se ha escrito mucho sobre la filosofía humanitaria del tribunal para menores y su desarrollo crítico en los últimos sesenta años, se ha prestado poca atención a su origen organizacional. Las explicaciones tradicionales del movimiento pro salvación del menor en el siglo XIX ponen de relieve los nobles sentimientos y la incansable energía de los filántropos de la clase media. En la literatura se da am-

---

[19] Helen Page Bates, "Digest of Statutes Relating to Juvenile Courts and Probation Systems", *Charities*, 13, enero de 1905, 329-36.
[20] Joel F. Handler, "The Juvenile Court and the Adversary System: Problems of Function and Form", 1965, *Wisconsin Law Review*, pp. 7-51.
[21] Charles L. Chute, "The Juvenile Court in Retrospect", *Federal Probation*, 13, septiembre de 1949, 7; Harrison A. Dobbs, "In Defense of Juvenile Courts", *ibid.*, p. 29.
[22] Charles L. Chute, "Fifty Years of the Juvenile Court", 1949, *National Probation and Parole Association Yearbook*, p. 1.

pliamente a entender que el tribunal para menores y reformas paralelas en penología representó un esfuerzo progresivo por los reformadores empeñados en aliviar los males de la vida urbana y resolver los problemas sociales con métodos racionales, ilustrados y científicos. Con pocas excepciones, los estudios sobre la delincuencia han sido de provinciana limitación, insuficientemente descriptivos y muestran escasa apreciación de las condiciones políticas y culturales subyacentes.[23] Los estudios históricos, en particular sobre los tribunales para menores, suelen ser autoconfirmadores y reflejan el modo de ver evolucionista del progreso humano.[24]

La herencia positivista en el estudio de los problemas sociales ha dirigido la atención: *1]* a los aspectos "anormales" del comportamiento discrepante, *2]* a un modo rígidamente determinista de ver el comportamiento humano y *3]* a la primacía del hecho criminal, no del derecho penal, como punto principal de partida para la construcción de la teoría etiológica.[25] La falta de interés riguroso por los aspectos históricos, legislativos y políticos de la administración de la justicia para los menores puede atribuirse al interés del criminólogo moderno por el agente del delito y su desdén por el derecho.[26] Durante este siglo, sólo ha habido esfuerzos esporádicos en investigación criminológica por abordar los problemas sociolegales resultantes de la violación por el gobierno de las libertades personales. La evolución histórica y la tendencia positivista de la criminología académica, piensa Francis Allen, explican esta tendencia:

No es demasiado decir que una buena parte de la labor criminológica en los últimos cincuenta años avanzó con poca atención a los valores políticos y éticos inevitablemente implicados. Las aplicaciones erróneas o malévolas del poder del Estado raramente han sido consideradas como posibilidades que requieran medidas o cuidados. Por desgracia, la historia de los años recientes ha demostrado con toda claridad que el derecho penal y sus sanciones pueden utilizarse para la destrucción de valores políticos funda-

[23] Véase, por ejemplo, Ola Nyquist, *Juvenile Justice*. Este estudio "comparativo" es en extremo formal y se limita a interpretar documentos legislativos oficiales de California y Suecia, con poco interés por su contexto comportamental.

[24] Véase, por ejemplo, Herbert H. Lou, *Juvenile Courts in the United States;* Negley K. Teeters y John Otto Reinneman, *The Challenge of Delinquency*; y Katherine L. Boole, *The Juvenile Court: Its Origin, History and Procedure*. Una notable excepción es la de Paul W. Tappan en *Delinquent Girls in Court*.

[25] Matza, *Delinquency and Drift*, passim.

[26] Para un análisis más detenido de este punto, véase Clarence Ray Jeffery, "The Historical Development of Criminology", en Hermann Mannheim, ed., *Pioneers in Criminology*, pp. 364-94.

mentales y, en todo el mundo en general, el uso perverso del poder del Estado ha solido ser más bien la regla que la excepción. De acuerdo con esto ha ido aumentando la comprensión de que los valores de la legalidad y la igualdad que se hallan en manos del Estado son esenciales para una colectividad libre y que el derecho penal sustantivo tiene que contribuir seriamente a su preservación.[27]

El "ideal rehabilitativo" ha dominado la criminología norteamericana a tal punto que la investigación suele hacerse para averiguar los orígenes del comportamiento criminal y delincuente dentro de individuos o medios ambientes determinados y no en los organismos oficialmente constituidos de derecho penal. Pero, como observa Allen,

aunque nuestro interés esté primordialmente en los problemas del tratamiento de los transgresores, debería reconocerse que la existencia del criminal presupone un crimen y que los problemas de tratamiento son derivados, en el sentido de que dependen de la determinación, por los organismos que hacen la ley, de que cierto tipo de comportamiento es criminal.[28]

El conservadurismo y el "liberalismo diluido" de muchas investigaciones sobre la delincuencia se debe al hecho de que los investigadores, por lo general, están preparados para aceptar las definiciones prevalecientes de crimen, a laborar dentro de las premisas del derecho penal y a coincidir, cuando menos implícitamente, con aquellos que hacen leyes de acuerdo con la índole y la distribución de una población "criminal".[29] Y así, muchas teorías de la delincuencia se basan en estudios de delincuentes convictos o encarcelados. Como observa John Seeley en otro contexto, la cautela profesional requiere que "to-

[27] *The Borderland of Criminal Justice*, pp. 126-27.
[28] *Ibid.*, p. 125.
[29] "...el liberalismo diluido... es el denominador político común de la mayoría de los estudios sociales actuales... En parte considerable, nuestra situación inmediata en el estudio social se caracteriza por retiradas, francas o adornadas, ante las tareas que los sociólogos clásicos abordaban tan audazmente. En realidad, es más fácil y seguro limitarse a problemas pequeños, como parte de una conjura tácita de los mediocres, una tendencia que a su debido tiempo es reforzada por la selección y la formación del personal académico... Actualmente, los hechos más precisos y mejor comprobados de las averiguaciones sociales con frecuencia tienen que ver sólo con un campo limitadísimo de la sociedad: con cuestiones como la circulación de revistas, los hábitos de compra de las mujeres suburbanas, los efectos posibles de la propaganda en los diversos medios de comunicación masiva... Dijo Santayana en alguna ocasión: "Nada tan lamentable y melancólico como el arte interesado en sí mismo y no en su sujeto." (C. Wright Mills, ed., *Images of Man*, p. 5.)

memos nuestros problemas en lugar de hacer nuestros problemas, que aceptemos como parte constituyente de nuestra 'captación' lo que se considera 'discrepante', de modo que concierna a bastantes personas de esta sociedad lo suficiente para darnos una protección primaria".[30] El dinero, el aliento, la cooperación de las instituciones establecidas y un mercado para publicaciones son más fáciles de conseguir para estudios de la socialización o el tratamiento de los delincuentes que para estudios de cómo las leyes, los que las hacen y los que las aplican contribuyen a la "inscripción" en la delincuencia.

Buena parte de la literatura sobre discrepancia juvenil se ha consagrado de preferencia a la prevención de la delincuencia, las evaluaciones estadísticas de su distribución y la programación de estrategias de tratamiento. La ley y su cumplimiento han sido obviados en gran parte como tópicos que no vienen al caso, para dedicarse a averiguar las "causas" de la delincuencia. Según Herbert Packer, es característico que la Comisión Nacional de lo Criminal haya pasado por alto la fundamental cuestión de "para qué sirve la sanción".[31] Han tenido preferencia en la investigación criminológica, las teorías sobre desarrollo de la personalidad y la socialización que conduce al crimen, salvo en los clásicos intereses por la evolución de las instituciones legales y la relación entre poder del Estado y libertad del individuo. En esta obra revisamos concepciones populares acerca del movimiento pro salvación del niño y analizamos la dinámica del empeño legislativo y popular en "criminalizar".[32]

En el capítulo 2 examinamos los recursos intelectuales del movimiento pro salvación del niño, y en particular la influencia del darwinismo social y el positivismo europeo. Dedicamos atención especial a las teorías biológicas y del medio reflejadas en los conceptos de criminal "nato" y criminal "fomentado". En el capítulo 3 examinamos el sistema institucional y penal con que los salvadores del niño trataron de transformar al menor delincuente en ciudadano respetuoso de las leyes. El reformatorio al que se enviaba los delincuentes se distinguía por estar situado en el campo y por su tendencia a alejarse del encarcelamiento y acercarse al "plan de cabañas". Estos hechos de la "nueva penología" están relacionados con imágenes ideológicas del delito y con los surgentes intereses profesionales de los

[30] "The Making and Taking of Problems: Toward an Ethical Stance", *Social Problems*, 14, 1967, 384-85.
[31] "Copping Out", *New York Review of Books*, 9, 12 de octubre de 1962, pp. 17-20.
[32] Sanford H. Kadish, "Tre Crisis of Overcriminalization", *The Annals*, 374, noviembre de 1967, 157-70.

trabajadores de correccional. En el capítulo 4 indicamos que el movimiento salvador del niño estaba sumamente influido por los valores maternales, y en especial por las mujeres de clase media que hacían llegar su papel de amas de casa hasta el servicio público y empleaban sus contactos políticos y económicos en provecho de su causa. La salvación del niño dio también a las mujeres profesionistas perspectivas legítimas de carrera y favoreció las necesidades de expresión de los reformadores de clase media en una sociedad que cambiaba rápidamente. El capítulo 5 es el estudio de casos del movimiento pro salvación del niño en Illinois, donde nació el sistema de los tribunales para menores. En este capítulo investigamos el genio de la época y las condiciones sociales en que se creó el tribunal para menores, los problemas prácticos que estaba destinado a resolver, las personas que tenían interés en su éxito, y el contexto político en que fue llevado a la legislatura. El capítulo 6 refleja el impacto y la ideología del sistema de los tribunales para menores y su evolución en los últimos sesenta años. Analizamos dos grandes ataques ideológicos contra estos tribunales y evaluamos las reformas constitucionales consecuentes.

2. IMÁGENES DE DELINCUENCIA, 1870-1900

EL VALOR DEL CASTIGO

La defensa moderna del castigo se ha basado en los conceptos de disuadir y reformar; el primero abarca el control científico del comportamiento criminal y el segundo se refiere a los medios de lograr ese control.[1] Suele indicarse que la filosofía de la reforma —o su equivalente moderno, la "rehabilitación"— encarna un respeto humanista por la integridad del individuo delincuente, aunque este debatido sentimiento no ha sido corroborado empíricamente. El castigo destinado a ajustarse al delincuente y no al delito podría ser más coercitivo e intrusivo que las penas tradicionales.

Los teóricos de los siglos XVIII y XIX que apoyaban el castigo por razones de su efecto disuasivo refutaban el argumento de que "en suma, el castigo es un esfuerzo del hombre para dar con una relación más exacta entre el pecado y el padecimiento que el mundo nos depara".[2] Para ellos, lo correcto y lo errado no pueden definirse en términos de absolutos morales. La fuente principal de distinción ha de hallarse en la naturaleza humana y la estructura de la vida social. Todo lo que el hombre experimenta como doloroso y comprensible lo define como mal, y todo lo que le agrada lo define como bueno. Siendo este hedonista modo de ver susceptible de crear frecuentes conflictos entre las personas, el mayor bien se halla en los patrones de conducta que proporcionan la mayor felicidad al mayor número de personas. Y así, como enseñaba Jeremías Bentham, "todo castigo es daño; todo castigo es en sí malo... Caso de tener que admitirlo, sólo debería ser admitido en tanto prometa excluir algún mal mayor".[3] La aplicación del castigo es cuestión de economía moral. Se impone con recelo, y sólo por ser considerado un medio efectivo de asegurar la felicidad y la tranquilidad a la mayoría.

La imposición y la medida del castigo requieren calcular el valor de la protección social que de él se desprende. Ciertamente, el va-

---

[1] Lo que sigue está tratado con mayor amplitud por Egon Bittner y Anthony Platt en "The Meaning of Punishment", *Issues in Criminology*, 2, 1966, 83-93.

[2] Sir Edward Fry, citado por Charles Mercier, *Criminal Responsibility*, pp. 37-38.

[3] Citado por James Heath, ed., *Eighteenth Century Penal Theory*, p. 219.

lor social puede ser la única guía para medir la relación entre el crimen y el castigo. Según Francis Hutcheson,

como el fin perseguido por el castigo es la seguridad general, la medida exacta del castigo humano es la necesidad de impedir algunos delitos por el bien de la colectividad y no siempre por la torpeza moral de las acciones... Son necesarios también castigos severos para culpas menores, siempre que haya peligro de transgresiones frecuentes de ese tipo que pudieran ser destructoras para un Estado en ciertos casos de apuro.[4]

Inicialmente, el enfoque utilitario para disuadir sólo se interesaba en forma mínima en el delincuente. Aunque sus preconizadores, de una manera general, proponían formas relativamente leves de castigo físico, esto sólo en parte se basaba en consideraciones humanas para el castigado. Su actitud para con el delincuente fue bien expresada por Sidney Smith:

Cuando recomendamos severidad recomendamos, naturalmente, aquel grado de severidad que no mueva a compasión por el que lo padece y aminore el horror causado por el delito. Por eso no recomendamos la tortura ni la amputación de los miembros. Cuando se ha demostrado que un hombre ha cometido un delito, es conveniente que la sociedad utilice a ese hombre para disminuir los delitos; pero ese fin atañe a la sociedad. Nuestra obligación primordial en tal caso es tratar al culpable de modo que otras muchas personas se vuelvan mejores, o para impedir que se vuelvan peores, por temor del mismo tratamiento; y siendo éste el principal objeto, combinar con él hasta donde sea posible, el mejoramiento del individuo.[5]

Las campañas en favor de la reforma penal se pusieron en marcha con la bandera del utilitarismo. La idea de disuasión se prestaba fácilmente a proposiciones de que el delincuente mismo aprendiera la lección de su delito. O sea que una de las primeras pruebas de disuasión fue la de si el castigo disuadiría al delincuente de incidir en su delito. Con tal fin se necesitaban programas de castigos lo suficientemente severos para que produjeran un impacto susceptible de realizar ese cambio en la disposición de los delincuentes, pero no tan severos como para hacer imposible que los delincuentes reformados pudieran volver a, o iniciar, una vida decente. Si el castigo es una lección, no debe destruir. Y así, el argumento de la disuasión, en su moderna forma utilitaria, vino a abarcar un fuerte interés por el de-

---
[4] *Ibid.*, p. 84.
[5] Citado por Leon Radzinowicz y J. C. W. Turner, "A Study of Punishment", *Canadian Bar Review*, 21, 1943, 91-97.

lincuente, y la justificación del castigo llegó a basarse, al menos en parte, en la noción de que es bueno para la persona castigada. Aunque esta interpretación de la filosofía de la disuación absuelve el castigo de sus aspectos "dañinos" y pone ciertos límites a su administración, se basa esencialmente en un argumento débil y vulnerable. En primer lugar, este argumento implica que puedan demostrarse los efectos del castigo; pero las pruebas necesarias eran y son todavía notoriamente difíciles de obtener. En segundo lugar, el castigo sobre la base de la disuasión es esencialmente injusto. Porque si se toma de ejemplo a una persona para inducir a otras a evitar las acciones criminales, aquélla no padece por lo que hizo sino por la tendencia de otras a hacer lo mismo. Finalmente, el interés público de que el castigo sea útil es una idea ambigua y podría definirse, según han sugerido algunos críticos, como el interés particular de la élite gobernante. A pesar de tales debilidades, el argumento utilitario-disuasivo suministró la retórica oficial de justificación del castigo durante todo el siglo pasado. Conservadores y reformistas por igual trataron de basar sus recomendaciones principalmente en consideraciones sobre el valor de conveniencia que presentaba el castigo. La idea de que éste simplemente ejecuta ciertas normas implicadas en el ideal de justicia no desapareció de la polémica penológica, pero era relativamente de poco peso.

EL DELINCUENTE POR NATURALEZA

El movimiento pro salvación del niño, como todas las cruzadas morales, reafirmaba los valores ideales y subrayaba las capacidades positivas de las instituciones tradicionales. La ideología de los salvadores del niño era una amalgama de convicciones y aspiraciones. De la profesión médica tomaban la imaginería de patología, infección, inmunización y tratamiento; de los principios del darwinismo social hacían derivar sus pesimistas opiniones sobre la pertinancia de la humana condición y los defectos morales innatos de la clase baja; finalmente, sus ideas acerca de los orígenes biológicos y ambientales del crimen pueden atribuirse a la tradición positivista de la criminología europea y a los sentimientos antiurbanos asociados con la ética rural, protestante.

La criminología norteamericana en el último siglo fue esencialmente de tipo práctico, un curioso conglomerado de teorías seudocientíficas, ideas del mundo antiguo y humanitarismo religioso. Las teorías del delito eran importadas de Europa, y dominaba la literatura un eclecticismo indiscriminante. Aficionados cultos, médicos, clérigos y técnicos-eruditos fueron los expertos en criminología. Antes de 1870, sólo habían unos cuantos libros de texto norteamericanos sobre esa materia, y las mismas diversas organizaciones filantrópicas y penales carecían de periódicos especializados. Las secciones de derecho y sociología de las universidades raramente se interesaban más que en la descripción formal y la clasificación de los delitos.[6]

Los pioneros norteamericanos en penología fueron médicos, como Benjamin Rush o Isaac Ray, o por lo menos se guiaban por la ideología médica. Su formación se basaba a menudo en métodos europeos y algunos, como Rush, asistieron efectivamente a universidades europeas. Con la notable excepción de la obra de Ray, la literatura que hacía autoridad en la jurisprudencia médica era de origen inglés.[7] Las ciencias sociales eran, de modo semejante, importadas de Europa, y los criminólogos norteamericanos ubicaban sus datos dentro del marco teórico de la antropología penal. Las obras de Herbert Spencer causaron un enorme impacto en los intelectuales norteamericanos y lo hicieron aún más conocido en Estados Unidos que en su propio país.[8] Cesare Lombroso, quizá el criminólogo más importante del siglo XIX, también buscó reconocimiento en Estados Unidos al parecerle que sus experimentos habían sido desdeñados en Italia.[9]

Spencer y Lombroso, con su insistencia en las imágenes biológicas del darwinismo sobre el comportamiento humano, proporcionaron la premisa ideológica para los trabajadores y reformadores en materia penal. Las explicaciones antropológicas del crimen comple-

[6] Arthur E. Fink, *Causes of Crime: Biological Theories in the United States, 1800-1915*. Innecesario es decir que es difícil encontrar historias de la criminología norteamericana. El estudio de Fink hace una útil contribución bibliográfica a la literatura reuniendo y condensando una vasta cantidad de interesantes fuentes primarias. Pero raramente trata de interpretar sus datos más que rindiendo alguna vez pleitesía a la perspectiva evolucionista. Hay, claro está, muchos libros de texto contemporáneos sobre la historia de la penología, como los de H. E. Barnes y N. K. Teeters, *New Horizons in Criminology*, 1943; de Max Grünhut, *Penal Reform*, 1948, y de George B. Vold, *Theoretical Criminology*, 1958. Pero en lo esencial han sido compilados para lectura de subgraduados.

[7] Isaac Ray, *A Treatise on the Medical Jurisprudence of Insanity*. La influencia de la jurisprudencia médica inglesa en los médicos norteamericanos es examinada someramente por Anthony M. Platt y Bernard L. Diamond, "The Origins of the 'Right and Wrong' Test of Criminal Responsibility and its Subsequent Development in the United States", *California Law Review*, 54, 1966, 1227-60. Véase también Seymour Halleck, "American Psychiatry and the Criminal: A Historical Review", *American Journal of Psychiatry*, 121, núm. 9, marzo de 1965, I-XXI.

[8] Richard Hofstadter, *Social Darwinism in American Thought*, pp. 31-50.

[9] Véase la introducción de Lombroso a *Criminology*, de Arthur Mac Donald.

mentaban el darwinismo social que, en su forma más simple, proponía que la vida es una lucha competitiva por la existencia, en que los más capaces sobreviven, y que esto engrandece a todo el género humano. La doctrina de la "selección natural" refutaba también el cambio revolucionario y caracterizaba el progreso humano como un proceso lento, natural e inevitable de evolución.[10] Como ha observado Richard Hofstadter, este modo de ver la vida social

Se aprovechó como una adición aceptable, tal vez la más poderosa de todas, al acervo de ideas al que recurrirían los hombres formales y conservadores cuando deseaban que sus compañeros se hicieran a la idea de algunas asperezas de la vida e inducirlos a no apoyar reformas apresuradas y mal consideradas.[11]

Los portavoces del darwinismo conservador se oponían a la legislación de beneficencia y a los cuidados estatales organizados para las "clases dependientes", basándose en que todos los hombres, cualesquiera que sean su aptitud y sus recursos, deben participar en la lucha por la supervivencia. Los cuidados y la ayuda a criminales, idiotas, lisiados y demás tan sólo prolongan los padecimientos, impiden el progreso humano y contradicen las leyes de la naturaleza. Pero los darwinistas no aprueban la lucha de clases ni la eliminación total de los "inaptos" por métodos eugenésicos. Hofstadter ha señalado que Spencer, acusado de inhumano por su aplicación de los principios biológicos a la vida social, "se vio obligado una y otra vez a insistir en que no se oponía a la caridad privada voluntaria a los inaptos, ya que producía un efecto exaltador en el carácter de los donantes y apresuraba el desarrollo del altruismo..."[12]

Aunque los estudios teóricos y experimentales de Lombroso no fueron traducidos al inglés sino en 1911, sus descubrimientos eran conocidos de los académicos norteamericanos ya poco después de 1890, y su popularidad, como la de Spencer, se basaba en el hecho de que confirmaba las ideas populares acerca del carácter y la existencia de

---

[10] Como observaba Charles Cooley, "muchos de los que escriben sobre eugenesia han sido biólogos o médicos que nunca adquirieron el modo de ver la sociedad como un organismo psicológico con un proceso vital propio. Han considerado la herencia humana como una tendencia a modos definidos de conducta, y el medio ambiente como algo que puede ayudar o estorbar, sin recordar lo que aprendieron del mismo Darwin, de que la herencia sólo adquiere un carácter distintivamente humano renunciando, por decirlo así, a la función de adaptación predeterminada y volviéndose plástica respecto de su entorno." *Social Process*, p. 206.
[11] Hofstadter, *Social Darwinism*, p. 5.
[12] *Ibid.*, p. 41.

una "clase criminal". La teoría original lombrosiana sugería la existencia de un tipo criminal que se distinguía de los no criminales por anomalías físicas observables, de índole degenerativa o atávica. Proponía que el criminal pertenecía a una especie humana moralmente inferior, caracterizada por rasgos físicos que recordaban a los monos, a los primates inferiores y a las tribus salvajes. Se creía que el criminal era un retrasado moral y que, como un niño pequeño, se mostraba instintivamente agresivo y precoz, a menos que se le reprimiera.[13] No es difícil ver la relación entre el determinismo biológico en la literatura criminológica y los principios de la "selección natural"; estas dos posiciones teóricas justificaban, según Leon Radzinowicz, automáticamente la "erradicación de elementos que constituyen un peligro grave y permanente".[14]

Apreciaban Lombroso y sus colegas otros tipos de comportamiento criminal y aun reconocían la influencia tanto de los factores sociales como de los biológicos en los criminales.[15] Antes de 1900, empero, los escritores norteamericanos únicamente estaban familiarizados con sus proposiciones generales y sólo tenían el conocimiento más breve de sus técnicas de investigación. Arthur MacDonald, en su autorizado tratado sobre el *Abnormal Man* (1893), daba a sus lectores norteamericanos el siguiente extracto de *L'homme criminel*, de Lombroso:

Hay actualmente un vago sentimiento, un eco de una represalia antigua, en nuestros castigos. Si el castigo se basa en el libre albedrío, los hombres peores, los criminales por naturaleza, deberían padecer un castigo muy ligero o ninguno. Las represiones penales deberían basarse en la utilidad social científicamente demostrada; en lugar de estudiar textos de derecho, necesitamos estudiar al criminal. Éste tiene, por naturaleza, una pequeña capacidad craneana, una mandíbula pesada y grande, una gran capacidad orbital, arcos superciliares salientes, un cráneo anormal y asimétrico, barba rala o nula, pero cabellera abundante, orejas salientes, y muchas veces una nariz achatada o encorvada. Los criminales suelen padecer de daltonismo, con frecuencia son zurdos, y su fuerza muscular es escasa. Se apre-

---

[13] Se halla una excelente crítica de las teorías, las apreciaciones y las tradiciones intelectuales de Lombroso en Marvin E. Wolfgang, "Cesare Lombroso", *Pioneers in Criminology* (dirigida por Hermann Mannheim), pp. 168-227.
[14] *Ideology and Crime*, p. 55.
[15] No es este estudio el lugar apropiado para debatir las contribuciones de Lombroso a la criminología ni calcular su influencia en las ideas europeas; lo que aquí me interesa es cómo se interpretó y simplificó a Lombroso en los Estados Unidos antes de 1900. Es bien sabido que en sus últimos escritos se muestra más cauto y pone de relieve un enfoque multifactorial.

cia en gran número de ellos la degeneración alcohólica y epiléptica. Sus centros nerviosos suelen estar pigmentados. Se sonrojan difícilmente. Su degeneración moral corre parejas con la física, sus tendencias criminales se manifiestan en la infancia por el onanismo, la crueldad, la inclinación al robo, una vanidad excesiva y un carácter impulsivo. El criminal es por naturaleza holgazán, licencioso, cobarde, incapaz de remordimiento, sin previsión; le encanta tatuarse; su escritura es peculiar, su firma complicada y adornada con floreos; su caló es sumamente difuso, abreviado y lleno de arcaísmos. En sus asociaciones retorna a formas sociales primitivas. La causa general de la persistencia de un tipo racial inferior es atávica. Como el criminal nato no tiene remedio, siempre hay que mantenerlo confinado, sin dejarle libertad provisional ni darle gracia; la tradición antigua, de enérgicas iniciativas, debe ser sostenida a medida que aumentemos la de la sociedad, que es todavía más severa. Es la naturaleza la que hace al criminal nato y la sociedad (en gran medida) la que produce el criminal por ocasión.[16]

MacDonald elogiaba a Lombroso, lo hallaba sincero y paciente, "experimentador diestro y una persona de agudeza filosófica". Saludaba la obra como vasta y verdadera, pero no aceptaba las apreciaciones lombrosianas relativas a la "incorregibilidad" y la "incurabilidad" de la mayoría de los criminales. "Ninguna de estas posiciones —escribía en su calidad de representante de la Oficina Federal de Educación— es sustentada por un número suficiente de hechos científicos." Como muchos de sus colegas científicos, MacDonald no podía aceptar la lógica fundamental de las teorías biológicas según las cuales los criminales son irrevocablemente constreñidos e inclinados al crimen.

Los pupilos de instituciones para los delincuentes y necesitados de ayuda difieren poco o nada de los individuos que están fuera... Uno de los principales objetos de la educación es erradicar o modificar tendencias indeseables y fomentar las favorables. Es una oportunidad para el método racional de tratamiento, que consiste primeramente en estudiar las características desfavorables y en segundo lugar, en investigar sus causas hasta donde sea posible.[17]

[16] *Abnormal Man*, pp. 44-45.
[17] *Ibid.*, pp. 12, 44-45. Reseñando *La criminologie*, de Garofalo, 1888, comentaba MacDonald que "la insistencia de Garofalo en la eliminación absoluta del criminal nato es extremosa; en primer lugar, porque da por supuesta la total falta de adaptación del criminal a la sociedad, cosa que no justifica un número suficiente de hechos; en segundo lugar, admitiendo su falta de adaptación, no vemos por qué en una sociedad donde la conciencia pública es altamente sensible no podría remplazarse por la detención perpetua; porque es una cuestión de utilidad social saber si el endurecimiento de la conciencia pública no será moralmente perjudicial", *ibid.*, p. 46.

En Inglaterra, las ideas y los datos de la llamada escuela italiana de criminología habían sido ya resumidos y dados a la publicidad por Havelock Ellis.[18] Un servicio parecido, pero mucho más superficial y menos duradero, fue el que prestó Robert Fletcher en un discurso ante la Sociedad de Antropología de Washington en 1891, donde dijo que la antropología criminal consistía en el estudio de los individuos que se ven impulsados a cometer crímenes a consecuencia de su "conformación física, taras hereditarias o medio ambiente de vicio, pobreza y malos ejemplos". Contemporáneamente se representaba al criminal como "una variedad de la especie humana degenerada material y moralmente". Hay algún debate, decía Fletcher, acerca de si el criminal es un tipo anatómico distinto, pero la mayoría de los expertos coinciden en que ciertas anomalías se observan con mayor frecuencia entre los criminales que en "la clase que se supone honesta". Como MacDonald, Fletcher se manifestaba optimista en lo tocante al significado de los datos lombrosianos:

Mientras las opiniones de observadores experimentados en casi todas las partes del mundo, basadas en resultados estadísticos, muestran cuán inútiles son los intentos de reformar al que es criminal por instinto, resulta agradable saber que en una institución (el Reformatorio del estado de Nueva York en Elmira) se han obtenido resultados más esperanzadores.[19]

Aunque la filosofía de la criminología preventiva y la defensa de la sociedad implicaba la maleabilidad humana, la mayoría de los criminólogos norteamericanos se preocupaban por la pertinacia de la "clase criminal". Hamilton Wey, médico influyente del reformatorio de Elmira, argumentaba ante la Asociación Nacional de Prisiones, en 1881, que los criminales eran "un tipo distinto de la especie humana". Por influencia de *Inquiry Into Human Faculty,* de Galton (1881), *Anatomical Studies Upon Brains of Criminals,* de Benedikt (1886) y el *Study of the Brains of Paranoiacs, Criminals, Idiots and Negroes,* de Mills (1886), Wey argumentaba posteriormente que los criminales incorregibles siempre serían "criminales por instinto y acto". Decía que el criminal suele ser "de corta estatura, de peso desproporcionado respecto de su talla, con una tendencia a tener pies planos. Es tosco de fibra y pesado de movimientos, y no tiene simetría anatómica ni belleza. Su cabeza es claramente asimétrica... cosa característica de una fisonomía degenerativa". Para corregir estas de-

---

[18] Havelock Ellis, *The Criminal.*
[19] Robert Fletcher, *The New School of Criminal Anthropology,* pp. 6, 8, 33.

ficiencias, o cuando menos contenerlas, Wey preconizaba los ejercicios físicos y militares.[20]

Charles Reeve, en otra reunión de la National Prison Association, atribuía las debilidades y deformidades de las "clases dependientes" a casamientos "erróneos y pervertidos", en que a muchos "hombres o mujeres enfermos por sus vicios se les permitía procrear. Tanto las leyes como la Iglesia, así como las costumbres sociales, han sido y son úlceras indoloras, cuyos exudados infectan todos los organismos políticos, sociales y eclesiásticos." Argumentaba Reeve que "ninguna mentalidad deforme o enferma por vicios o herencia" podía mejorar en un matrimonio donde faltara el "amor conyugal" y la "completa unión de las mentes". La única solución al problema, proclamaba Reeve, era reunir a todas las clases menesterosas en grandes instituciones rurales donde pudieran ser disciplinadas, gozar de la compañía de personas como ellas, y en cierto modo tener "sentimientos de afecto".[21]

Los penólogos norteamericanos apoyaban esta imagen peyorativa del criminal y recibían con entusiasmo las propuestas seudocientíficas para su reclusión.[22] Nathan Allen expresaba una opinión médica típica en la Conferencia Nacional de Caridad y Corrección, donde observaba que los criminales suelen ser incapaces de superar su destino biológico:

La historia entera prueba que la clase criminal en su conjunto se forma a partir de un estrato o tipo peculiar de la sociedad, a veces de las profesiones medias o comunes, pero más a menudo de los órdenes más bajos, sobre todo con ignorantes, incapaces, indolentes y disipados... Y si nuestro objeto es prevenir la delincuencia en gran escala, tenemos que dirigir nuestra atención a sus fuentes principales, a los materiales que hacen los criminales, a cegar las fuentes y cortar los suministros.

Proponía Allen más adelante que el crimen se reduciría si "podía impedirse que ciertas clases de personas viciosas pudieran propagarse." ¿Qué derecho tienen esos individuos a imponer al público tantas miserias, tanta vergüenza y tanto gasto?[23]

[20] Hamilton D. Wey, "A Plea for Physical Training of Youthful Criminals", *Proceedings of the Annual Congress of the National Prison Association, Boston, 1888*, pp. 181-93. La labor de Wey ha sido estudiada también por Fink, *Causes of Crime*, passim, y Vold, *Theoretical Criminology*, p. 58.

[21] Charles H. Reeve, "Dependent Children", *Proceedings of the Annual Congress of the National Prison Association, Boston, 1888*, pp. 101-13.

[22] Véase, por ejemplo, de Fink, *Causes of Crime*, pp. 188-210, sobre las actitudes criminológicas respecto de la esterilización.

[23] Nathan Allen, "Prevention of Crime and Pauperism", *Proceedings of the Annual Conference of Charities* (*PACC*), 1878, pp. 111-24.

La literatura sobre la "degradación social" fue en extremo popular entre 1870 y 1890, aunque la mayoría de aquellos "estudios" era poco más que toscas polémicas, amortiguadas con epítetos moralistas y juicios de valor preconcebidos.[24] La serie de trabajos de Richard Dugdale sobre la familia de los Juke, que llegó a ser modelo del procedimiento de estudio de casos, fue deformada, hasta dejarla casi irreconocible, por los partidarios antiintelectuales de las teorías de la herencia criminal.[25] Aunque Dugdale trataba de hacer ver la relación entre delincuencia y herencia, y a menudo se refería a la "raza" y la "casta" de los criminales como si se tratara de un ganado mal desarrollado, también se mostraba "profundamente convencido de que 'el medio' modificaría y acabaría por erradicar incluso formaciones tan hondamente arraigadas y considerablemente extendidas del vicio y el crimen como el grupo de los Juke".[26] Advertía Dugdale a sus lectores que sus apreciaciones eran provisionales y no conclusivas. Pero Robert Fletcher, en su discurso sobre la antropología criminal anotaba que la prueba suministrada por *The Jukes* era "tan sorprendente" que "parece imposible dudar de que las propensiones criminales puedan ser transmitidas a la descendencia".[27] Nathan Oppenheimer declaraba en 1896 que la familia de los Juke era un ejemplo manifiesto de criminalidad transmitida, y George E. Dawson también creía que el estudio estadístico de la herencia criminal utilizado en *The Jukes* tendía a dejar sentado el hecho de la degeneración de los jóvenes.[28] Franklin Giddings, en su introducción a la edición de 1910 de *The Jukes* comentaba que

prevalece casi de una manera general la impresión de que *The Jukes* es una demostración acabada de la "herencia criminal", el "pauperismo he-

---

[24] Roy Lubove, *The Professional Altruist: The Emergence of Social Work as a Career, 1880-1930*, pp. 1-21; Robert Bremner, "The Historical Background of Modern Welfare: Shifting Attitudes", en Mayer N. Zald, ed., *Social Welfare Institutions: A Sociological Reeder*, pp. 21-37.

[25] Richard L. Dugdale, "Heredity Pauperism as Illustrated in the 'Juke' Family", *PACC*, 1877, pp. 81-99; *The Jukes: A Study in Crime, Pauperism, Disease, and Heredity*.

[26] Introducción por Franklin H. Giddings a Richard L. Dugdale, *The Jukes: A Study in Crime, Pauperism, Disease and Heredity*, p. ix, 4a. ed., Nueva York, G. P. Putnam's Sons, 1910. Según Dugdale, "los que comprenden el proceso específico de la educación moral, que empieza con ciertos actos concretos que, por repetición y variación, organizan en la mente concepciones abstractas definidas y permanentes acerca de lo bueno y lo malo, verán inmediatamente que las bases del carácter moral han de ponerse en la más tierna infancia y tienen que comenzar por la educación de los sentidos", *ibid*, p. 118.

[27] Fletcher, *The New School*, p. 9.

[28] Citado por Fink, *Causes of Crime*, p. 182.

reditario", la "degeneración hereditaria", y así sucesivamente. Pero no es nada de eso, y su autor nunca pretendió que lo fuera.[29]

De todos modos, *The Jukes* se prestaba fácilmente a todo tipo de interpretaciones erróneas y de pensamiento a medida del deseo. Con la evidente influencia de Dugdale, Oscar McCulloch buscaba los datos de una familia de pobres, hijos ilegítimos, gitanos y criminales en Indiana y presentaba sus resultados a la National Conference of Charities and Correction en 1888. Decía en su trabajo: "Los individuos ya descubiertos son más de cinco mil... entrelazados por descendencia y matrimonios. Se desparraman por la sociedad como malas hierbas. Se agarra uno y siguen tras de él todos los cinco mil." McCulloch seguía las huellas del "parasitismo" y la "degradación social" de la "tribu de Ismael", como los llamaba, hasta la "antigua estirpe del convicto" que originalmente habían llevado allí de Inglaterra. Describía a sus sujetos como licenciosos, impúdicos, holgazanes e incestuosos, condiciones que él consideraba una forma de "reversión animal". Las soluciones que proponía para los problemas sociales causados por aquellas personas recordaban las "colonias penales" de Ernest Hooton y los "campos de reubicación" para los norteamericanos japoneses durante la segunda guerra mundial. "En primer lugar —decía McCulloch— tenemos que cerrar la puerta a la ayuda oficial al exterior. En segundo lugar, tenemos que comprobar la benevolencia privada e indiscriminada, falsamente denominada caridad. En tercer lugar, debemos apoderarnos de los niños."[30]

Ante la evidencia de Darwin, Galton, Dugdale, Caldwell y otros muchos discípulos de la imagen biológica del hombre, los profesionales de correccionales se vieron obligados a reconocer que "una buena parte de los infortunados niños que van a engrosar el gran ejército de los criminales no nacieron legítimos". Según Sarah Cooper, pionera del sistema de kindergarten en California, muchos niños crimi-

---

[29] Giddings, introducción a *Causes of Crime*, pp. III, IV.
[30] Oscar C. McCulloch, "The Tribe of Ishmael: A Study in Social Degradation", *Proceedings of the National Conference of Charities and Correction (PNCCC), 1888*, pp. 154-59. Compárese con la afirmación por parte de Ernest Hooton de que "la prevención del crimen gira en torno al tratamiento de los menores y cuando consigue ser realmente científica, tiene que empezar aún antes y ocuparse en la herencia familiar... Podemos dirigir y fiscalizar el progreso de la evolución humana, procreando mejores tipos y eliminando sin piedad los tipos inferiores, si de veras queremos descubrir y practicar una ciencia de la genética humana", *Crime and the Man*, pp. 391-396. Véase también la polémica de Thomas Szasz a propósito de los "campos de reubicación" para los norteamericanos de origen japonés durante la segunda guerra mundial, en *Psychiatric Justice*, pp. 61-65.

nales "vienen al mundo lastrados con malas propensiones y tendencias viciosas. Empiezan la carrera de la vida con desventaja".[31] Los reformadores penales adoptaron la retórica y la imaginería del darwinismo para subrayar la urgente necesidad de hacer frente al problema de la delincuencia antes de que se les escapara de las manos. Louise Wardner, de la Escuela Industrial de Illinois para Muchachas, estaba convencida de que la obra de Galton demostraba terminantemente que "la constitución original es un factor mucho más importante que la educación o el medio" en la determinación del carácter. Era "axiomático" para la señora Wardner que "cada muchacha impura y sin principios que se dejaba crecer y llegar a madre probablemente multiplicaría su casta por tres o cinco".[32]

Para 1890, los descubrimientos de criminólogos europeos como Lombroso, Lacassagne, Garofalo y Ferri, que se difundieron ampliamente por Estados Unidos, eran citados con frecuencia para justificar el argumento de que la delincuencia era determinada parcialmente por "malas propensiones congénitas y hereditarias". El doctor I. N. Kerlin, del Institute of Feeble-Minded Children, de Pennsylvania, concluía, ante la evidencia de los estudios europeos, que

si hubiera una clase de niños pequeños cuya herencia y cuyas aberraciones fueran tales que los predestinaran a nuestros manicomios y nuestras cárceles, adelantaríamos mucho en la disminución de la delincuencia y la insanía mediante un registro metódico y un adiestramiento de tales niños, o en caso de que esto fallara ¡aislándolos pronta y totalmente de la comunidad!.. Supongamos que esta imbecilidad moral es el padecimiento incurable de una víctima irresponsable, a quien debemos, píos cirineos de los pecados de la sociedad, generosos cuidados y protección contra sí mismo mediante un apartamiento grato y total de la comunidad, que, a su vez, tiene el derecho de exigirle que no dañe a nuestro tronco común con lacras permanentes en la sangre y la moral.[33]

En resumen, un golpe básico del pensamiento criminológico decimonónico en los Estados Unidos fue la insistencia en las cualidades inhumanas de los criminales. La retórica darwinista y lombrosiana indicaba que los delincuentes eran una clase "peligrosa"[34] e ignomi-

---

[31] "The Kindergarten as Child-Saving Work", *PNCCC, 1883*, pp. 130-38.
[32] Louise Rockford Wardner, "Girls in Reformatories", *PACC, 1879*, p. 188.
[33] "The Moral Imbecile", *PNCCC, 1890*, pp. 244-50.
[34] Theodore R. Sarbin, "The Dangerous Individual: An Outcome of Social Identity Transformations", *British Journal of Criminology*, 7, 1967, 285-95.

niosa, que quedaba fuera de los límites de las relaciones moralmente reguladas y de reciprocidad. Según Erving Goffman,

creemos que la persona que tiene un estigma no es del todo humana. Supuesto esto, ejercemos diversos tipos de discriminación, con los cuales reducimos, efectiva y a veces irreflexivamente, sus oportunidades de vida. Construimos una teoría del estigma y una ideología para explicar su inferioridad y exponer el peligro que representa, racionalizando en ocasiones una animosidad basada en otras diferencias...[35]

Las formas tradicionales de castigo y redención no eran apropiadas para personas que no merecían reconocimiento moral. Los delincuentes eran considerados pobres "despreciables",[36] que requerían de precauciones especiales y procedimientos extraordinarios de intervención.

NATURALEZA Y CRIANZA

La criminología norteamericana del siglo XIX era pragmática, cautelosa y algo desconfiada respecto de los esquemas teóricos. Las organizaciones más importantes en lo tocante a penología y administración de la justicia penal eran la National Prison Association y el Congress of Charities and Correction. Los delegados a estas organizaciones eran en su mayor parte médicos y técnicos que laboraban día tras día con las "clases dependientes". Solían dedicar sus conferencias anuales a asuntos de tipo práctico, y no les interesaban particularmente los credos intelectuales ni las justificaciones filosóficas para su labor.

La organización de los trabajadores de correccionales —por medio de sus representantes nacionales y su identificación con las profesiones establecidas, como el derecho y la medicina— operaba para neutralizar las pesimistas implicaciones del darwinismo social, porque las teorías de la herencia y el fatalismo en la delincuencia frustraban inevitablemente las aspiraciones profesionales de los funcionarios de correccionales, al mismo tiempo, aunque el trabajo de guardián requiere preparación, destreza o inteligencia mínimas, los que laboraban con delincuentes no querían considerarse a sí mismos como meros custodios de una clase de parias.[37]

[35] Erving Goffman, *Stigma: Notes on the Management of Spoiled Identity*, p. 5.
[36] David Matza, "Poverty and Disrepute", en Robert K. Merton y Robert A. Nisbet, eds., *Contemporary Social Problems*, pp. 619-69.
[37] Hechos análogos, en la aparición de la labor social como carrera profesional, trata Lubove en *The Professional Altruist*.

La imagen de sí mismos que tenían los reformadores penales, de doctores y no de guardias, y el predominio de la investigación criminológica en los Estados Unidos por médicos, contribuyeron a alentar la aceptación de los procedimientos "terapéuticos" en las prisiones y los reformatorios. Como ha observado Arthur Fink, "el papel desempeñado por los médicos en este fermento es inconfundible. Fueron ciertamente el agente dinámico... No sólo conservaban y aumentaban el conocimiento existente —puesto que su campo de acción tocaba a todos los confines de la ciencia— sino que contribuía a mantener y extender la metodología científica."[38]

Tal vez lo que sea más importante es que los médicos suministraban la retórica oficial de la reforma penal. Se reconocía que el criminal era un caso "patológico" y un "enfermo", pero la ciencia médica presentaba la posibilidad de curas milagrosas. Por eso era misión de los organismos correccionales hacer que todos los individuos se mantuvieran a sí mismos y se hicieron independientes para restringir "la prodigalidad y extravagancia del gasto de fuerza y sustancia humanas".[39] Aunque estaba difundida la creencia en la existencia de una "clase criminal" separada del resto del género humano por una "vaga frontera", no se veía la razón para que esta clase no pudiera ser identificada, diagnosticada, segregada, modificada y vigilada. El delito, como la enfermedad, se revelaba "en el rostro, la voz, la persona y el porte", de modo que un diagnosticador diestro y bien preparado podría detener las tendencias criminales. Según una junta estatal de caridad pública:

La marca de las disposiciones y los afanes criminales está impresa en todos los rasgos y movimientos del cuerpo —el vestido, el andar, la piel, los ojos, la forma de manos y pies, el tamaño y la configuración del cráneo, la voz, el pelo; todo los revela, no quizá con seguridad, pero sí con claridad suficiente para despertar sospechas y proporcionar indicios. La mejoría o el empeoramiento de un criminal son tan palpables como los de un loco. Si el personal de prisiones, como clase, tuviera la educación, la devoción y la capacidad de los superintendentes médicos, los principios que forman la base de todo tratamiento racional de la delincuencia serían tan bien conocidos y tan infaliblemente demostrados como los que subyacen al tratamiento de la locura.[40]

---

[38] Fink, *Causes of Crime*, p. 247.
[39] *First Biennial Report of the Board of State Commissioners of Public Charities of the State of Illinois*, p. 18, Springfield, Illinois, Illinois Journal Printing Office, 1871.
[40] *Ibid., Second Biennial Report*, pp. 195-96, Springfield, State Journal Steam Print, 1873.

A pesar de la amplia aceptación de la imaginería biológica, los reformadores subrayaban la posibilidad de redención mediante la intervención religiosa y médica. El deseo de favorecer el "bienestar de la comunidad y el futuro de la raza", el hincapié que se hacía en los métodos seudocientíficos de eliminar la delincuencia y la clasificación despiadada y mecánica de los delincuentes, debía confrontarse con la tradicional benevolencia cristiana, la indulgencia para con los ineptos y el "optimismo de la religión" (en comparación con el "pesimismo de la ciencia").[41] Charles Henderson, profesor de sociología en la Universidad de Chicago y presidente de la National Conference of Charities and Correction para 1899, resolvió este dilema observando que las leyes de la "selección natural" y los principios de la reforma educativa no eran antagónicos. Lastimar a las "clases defectuosas", decía Henderson, sería dañar al propio orden social; el progreso social tiene que apoyarse en la capacidad de las personas que tratan con esta clase para formar sentimientos altruistas. Pero el crimen no puede reducirse por reformas sociales súbitas, por cambios de gobierno, por la introducción de un nuevo sistema industrial, por el socialismo o la redistribución de la riqueza.

No todas las causas de defecto dependen de la industria y el gobierno. Existen con todos los modos de industria y de gobierno. En gran parte son biológicas y se hallan hondamente metidas en nuestras relaciones con la naturaleza. Un cambio rápido y somero en las leyes o los modos de emplear la mano de obra no afectaría a sus causas. Seguirían existiendo, y tan activas como antes.

El apoyo de Henderson al orden social existente se basaba en la creencia de que "la creciente oleada de pauperismo, insanía y crimen" estaba en trance de "anegar y tragarse" la civilización norteamericana. Y exhortaba a los delegados:

Tenemos que oponernos, por todos los medios que estén a nuestro alcance, al deterioro de nuestro linaje común, a la corrupción de la sangre y el azote de la herencia. Hay que incluir en nuestro plan que nacerán más niños con cerebro grande, nervios sanos, buen aparato digestivo y amor a luchar por su cuenta. Deseamos la extinción de la disposición parásita, las taras neuropáticas, las tendencias compulsivas, las enfermedades inmundas.[42]

[41] Charles Henderson, "Relations of Philanthropy to Social Order and Progress", *PNCCC, 1899,* pp. 1-15. Cf. Charles E. Faulkner, "Twentieth Century Alignments for the Promotion of Social Order", con Frederick H. Wines, "The Healing Touch", *PNCCC, 1900,* pp. 1-9, 10-26.
[42] Henderson, "Relations of Philantrophy", pp. 1-15.

Los trabajadores y administradores profesionales de la labor correccional fueron refutando gradualmente las monolíticas explicaciones de la delincuencia basadas en la imaginería biológica. En 1891, W. P. Fishback, presidente de la comisión de recepción de Indianápolis en la National Conference of Charities and Correction, saludaba a los delegados con la observación de que

si bien ustedes rechazan por completo la fría y dura filosofía de dejar hacer del señor Herbert Spencer, no se oponen menos al pesimismo igualmente falso y fatalista de algunos eclesiásticos, que afectan ver en el gran espectáculo de las miserias del mundo un prudente esquema para la edificación de unos cuantos santos escogidos, que algún día habrán de ser arrebatados y llevados, lejos de sus acojinados bancos de iglesia, al paraíso... La enfermedad, el vicio, la pobreza no están preordenados.[43]

Pero la mayoría de los delegados prefirieron aceptar una versión modificada y cauta del determinismo biológico, que admitía la existencia de "clases degeneradas" pero también reconocía la posibilidad de cambio y redención. Representante típico de este enfoque pragmático fue J. D. Scouller, superintendente de la Illinois Reform School, quien creía que podría reformar a dos tercios de los muchachos de su institución. El tercio restante lo constituirían los futuros criminales, los muchachos que "aman el mundo, la carne y al diablo". Esta clase de delincuentes casi "no tenían redención", pero tal vez fueran reformados si se llegaba a ellos cuando todavía eran "susceptibles a las lecciones morales". Decía Scouller que el Estado tenía el derecho natural de legítima defensa para controlar a todas aquellas personas que pudieran debilitar sus poderes. Como el objetivo de la clase criminal era "minar la confianza de la comunidad y debilitar la fuerza de la cosa pública", la delincuencia sólo podría reducirse "deteniendo la producción" de delincuentes y reglamentando la crianza de los niños con propensiones criminales.[44] Los administradores penales como Scouller no aclaraban cómo se identificaría a estos futuros criminales con cierto grado de seguridad o a quién podría confiarse el encargo discrecionario de determinar qué niños eran los redimibles y cuáles los sacrificables.

La tipología simplista y esmerada de Scouller fue confirmada por las experiencias de otros administradores de penales. Franklin Giddings, profesor de sociología en la Universidad de Columbia, trataba de refinar estos subjetivos esquemas mediante una tipología de las clases sociales desde una perspectiva darwinista. Se oponía al empleo

[43] Fishback, "A Welcome Address", *PNCCC, 1891*, p. 5.
[44] J. D. Scouller, "Can We Save the Boys", *PNCCC, 1884*, pp. 102-14.

arbitrario de la denominación de "clases sociales" para denotar superioridad o interioridad, diferencias de riqueza o de estatus económico, y diferentes interpretaciones de los "fenómenos de progreso, inquietud social, degeneración, pauperismo y delincuencia". Existe una "clase verdadera", decía, cuando "los objetos o individuos se agrupan con referencia a algunas características producidas por diferenciación evolutiva". La génesis del crimen interesa justificadamente a los sociólogos porque es

parte integrante del proceso general de diferenciación social... En el momento en que las asociaciones empiezan a obrar en individuos desigualmente dotados, reforzando y enriqueciendo la naturaleza social de algunos mientras endurece la naturaleza asocial o antisocial de otros, la sociedad empieza a comprender que en adelante ha de habérselas con las clases de pobres y delincuentes.

Aunque Giddings no estaba satisfecho con la falta de rigor científico en los análisis de los administradores correccionales, su propia tipología revelaba una tendencia semejante en sus juicios y una desconfianza de conservador respecto de la "clase de los criminales". Su tipología tenía cuatro clases, según la riqueza y el prestigio. La "clase social", decía, es "simpática" y cooperativa, "la aristocracia natural entre los hombres", cuyas "disposiciones y aptitudes le permiten e impulsan a hacer contribuciones positivas a esa suma de relaciones provechosas y actividades que llamamos sociedad".[45] La segunda clase es "asocial", y espera que "le lleguen e impulsen hacia arriba y abajo las irresistibles corrientes de la vida social", y la tercera clase es una categoría residual compuesta de indigentes "seudosociales". La cuarta clase se compone de "delincuentes antisociales" por quienes Giddings sentía poca simpatía. Decía:

El criminal no aparenta virtud social, porque desprecia francamente a la sociedad y todas sus costumbres. ¿Por qué habría un hombre de pedir mientras haya algo que robar, por qué habría de solicitar justicia pudiendo tomársela por su mano? Éstas son las cosas que el criminal no se cuida de entender.[46]

[45] Compárese esto con: "la clase normal de individuos que aventajan mucho a las demás clases en número; en toda comunidad constituyen éstos el elemento conservador y merecedor de confianza, y se puede decir que son la columna vertebral de la raza", como decía MacDonald, *Abnormal Man*, p. 9.
[46] Franklin H. Giddings, "Is the Term 'Social Classes' a Scientific Category?", *PNCCC, 1895*, pp. 110-16.

Aunque la tipología "científica" de Giddings confirmaba los temores y prejuicios privados de muchos administradores correccionales, la labor correccional iba cambiando lentamente de actitud y el determinismo ambiental no era tan rígido y esotérico como su contraparte biológica. El superintendente de la Industrial School of Reform de Kansas, por ejemplo, estaba convencido para 1898 de que las teorías hereditarias de la delincuencia eran archifatalistas. Decía a los delegados a una conferencia nacional: "Aunque creo que la herencia, de los rasgos morales como de los físicos, es un hecho, considero injustificable hacer de ella un coco para desalentar los esfuerzos de rescate. Sabemos que las tendencias de la herencia física pueden neutralizarse, y a menudo anularse, mediante las debidas precauciones contrarrestantes."[47]

E. R. L. Gould, sociólogo de la Universidad de Chicago, objetaba de modo semejante las teorías sobre la herencia de la delincuencia, basándose en que los datos empíricos no eran convincentes. Criticaba muchos de los llamados estudios científicos y los acusaba de poca claridad, morbosidad y sentimentalismo:

Encierra un gran peligro el exagerar la herencia a costa de minimizar la influencia del medio y la responsabilidad individual. Las consecuencias de esto pueden ser doblemente infortunadas. Se debilitará la fibra del individuo y se hará sentir a la sociedad con menos vigor la obligación de reformar el medio. ¿No es mejor postular la libertad de escoger que predicar la doctrina del libre albedrío, elevando así la criminalidad a sacrificio propiciatorio?[48]

El problema que se presentaba a los criminólogos, de "si es el hombre quien hace las circunstancias o éstas las que hacen al hombre", fue diestramente esclarecido por Charles Cooley en una alocución ante la National Conference of Charities and Correction, en 1896. Consideraba innecesario e inútil crear una dicotomía entre "naturaleza" y "crianza", y presumía que hay una selección de alternativas.[49] "Igual que el macho y la hembra son cada uno estéril sin el otro." Cooley tomó una posición dinámica y flexible en lo referente al modo de formación del carácter social:

[47] Peter Caldwell, "The Duty of the State to Delinquent Children", *PNCCC, 1898*, pp. 404-10.
[48] E. R. L. Gould, "The Statistical Study of Hereditary Criminality", *PNCCC, 1895*, pp. 134-43.
[49] Según Hofstadter, "la nueva psicología... era una psicología verdaderamente social... La insistencia en la irrealidad de una psiquis personal aislada de su entorno social era un principio central en la teoría social de Charles H. Cooley... La psicología antigua había sido atomista... La nueva, preparada para ver la interdependencia de personalidad individual y

La unión de naturaleza y crianza no es adición ni mezcla, sino crecimiento, por el cual se transforman los elementos para siempre en un nuevo todo orgánico. Nuestra naturaleza opera selectivamente en el entorno, asimilándose materiales propios para ella; mientras que al mismo tiempo, del entorno moldea la naturaleza y se forman hábitos que hacen al individuo independiente, hasta cierto punto, de los cambios que se produzcan en una y otro.

A manera de ejemplo de las imperfecciones que presenta el debate naturaleza-crianza señalaba Cooley, con mucha influencia del sociólogo francés Tardé, que en la vida social son la emulación y la imitación las que desempeñan un papel fundamental para "la vida unificada, comunicativa y cooperativa". Las instituciones sociales y el progreso social dimanan de la cooperación y la conformidad. "Tenemos la emulación por naturaleza, pero el rumbo por el que nos lleva la emulación depende por completo de los ideales que nos inspira nuestra experiencia social." Proponiendo una elemental teoría de la asociación diferencial, Cooley observaba que

el muchacho bien alimentado emula a su padre y a George Washington; pero el hijo del delincuente, por razones exactamente análogas, emula a *su* padre... o a cualquier otro ilustre pícaro. Las mismas facultades que sirven para elevar y ennoblecer a un chiquillo que vive entre buenas asociaciones pueden hacer un delincuente de quien vive entre mala gente. Nos elevamos o bajamos con la misma facilidad por nuestros instintos asociativos.

Hacía Cooley la importante observación de que el comportamiento criminal dependía tanto de las experiencias sociales y las circunstancias económicas como de la herencia de rasgos biológicos. El niño delincuente es constreñido por fuerzas más sociales que biológicas; pero en esencia, está constituido normalmente y "la clase delincuente es en gran parte el resultado del mal trabajo de la sociedad con un material bastante bueno". Cooley criticaba las teorías de la delincuencia basadas en particularidades físicas, y anotaba que había "un conjunto de pruebas, grande y merecedor de confianza", que sustentaba el hecho de que muchos de los llamados degenerados podían ser "ciudadanos útiles mediante un tratamiento racional".[50]

En resumen, el concepto del criminal por naturaleza se modificó al surgir una clase profesional de administradores de correccionales y

---

estructura institucional de la sociedad, estaba destruyendo esta noción en sentido único de causación social y criticando su individualismo subyacente", *Social Darwinism,* p. 150.

[50] Charles H. Cooley, "'Nature v. Nurture' in the Making of Social Careers", *PNCCC, 1896,* pp. 399-405.

asistentes sociales que promovieron un modelo médico del comportamiento discrepante y propusieron procedimientos para remediar las imperfecciones "naturales". El pesimismo darwinista se contrarrestaba con el espíritu de filantropía, el optimismo religioso y la creencia en la dignidad del sufrimiento.

EL DESENCANTO URBANO

Otra cosa que influyó mucho en las imágenes decimonónicas de la delincuencia fue el desengaño de la vida urbana. Se pintaba la ciudad como el principal criadero de criminales: el impacto de los horrores físicos de los guetos urbanos en los inmigrantes europeos, sin destrezas y deficientemente educados, "creaba" criminales. Se consideraba a los inmigrantes como "asocializados" y la impersonalidad de la ciudad aumentaba su aislamiento y su degradación. Decía Julia Lathrop: "Por alguna cruel alquimia, tomamos a los campesinos europeos más robustos y aniquilamos de golpe, en gran medida, su capacidad de criar en nuestro suelo a la primera generación de descendientes para que tengan un modo decente de vivir."[51] Los niños nacidos hacia el final del siglo XIX se encontraban frente a un modo de vida cada vez más complejo e industrial. Escribe Oscar Handlin que "el bracero al borde de la indigencia era más típico que el labrador acomodado".[52]

Para algunos reformadores sociales, los niños eran las víctimas inocentes del conflicto cultural y la revolución tecnológica. Charles Loring Brace sentía que los niños más desamparados y vagabundos

son muchas veces de muy buena sangre y proceden de honestos campesinos europeos que, en tierra extraña, han sido desafortunados. No son eslabones de una cadena de herencia criminal. Una familia de delincuentes en una ciudad grande se descompone rápidamente, mucho antes que en los distritos rurales.[53]

En general, sin embargo, los inmigrantes criminales de 1880 y 1890 eran considerados una especie humana inferior que se negaba a ajustarse a las tradiciones norteamericanas o bien era ínsitamente incapaz de hacerlo.[54] Un penólogo, William Douglas Morrison, comentaba típicamente que

[51] Julia Lathrop, "The Development of the Probation System in a Large City", *Charities*, 13, enero de 1905, 348.
[52] Oscar Handlin, ed., *Children of the Uprooted*, p. 3.
[53] "The 'Placing Out' Plan for Homeless and Vagrant Children", *PACC, 1876*, pp. 135-36.
[54] John Higham, *Strangers in the Land*, pp. 68-105.

es notorio que los pueblos del tipo de los italianos y los húngaros manifiestan mucho menos respeto por la vida humana que los de razas nórdicas. El contacto con las influencias humanizantes de la civilización norteamericana sin duda ha tenido un efecto saludable en la modificación del carácter y el temperamento de los hijos de emigrantes meridionales. Pero las características raciales y familiares no pueden ser borradas del todo por el entorno social, y no es nada improbable que la delincuencia juvenil del tipo más serio en los Estados Unidos haya de atribuirse en cierto modo a la ilimitada hospitalidad de sus riberas.[55]

Entre 1860 y 1900 crecieron súbitamente ciudades grandes y chicas que se desarrollaron con brutal rapidez y se extendieron por todo Estados Unidos. Mientras la población rural más o menos se duplicaba en la segunda mitad del siglo pasado, la población urbana aumentó casi siete veces. Chicago se expandió y su población se multiplicó con mayor rapidez que ninguna otra ciudad. Empezando como una factoría en la desembocadura del río de Chicago, se organizó como comunidad aldeana para 1833 (con una población de cosa de doscientos habitantes), recibió título de ciudad en 1837, y en 1840 tenía todavía menos de 2 000 residentes. Pero en los cincuenta años siguientes, su población se duplicó y aun más en cada década, salvo en la del gran incendio de 1871. Para 1890, más de un millón de personas vivían en Chicago y entre 1880 y 1910, la población aumentó medio millón cada decenio.[56]

En el culminar de sus aumentos de población, Chicago era un lugar de descomunal tamaño, variedad y actividad. Para Lincoln Steffens era "primera en violencia, honda en suciedad; ruidosa, licenciosa, desagradable, maloliente, irreverente, nueva; torpe poblacho grande, la ciudad 'dura', espectáculo para toda la nación".[57] Muchos reformadores penales y educacionales consideraban que la naturaleza humana operaba de un modo radicalmente diferente en la ciudad que en el campo. Por eso cumplía a los reformadores hacer que la existencia en la ciudad se asemejara más a la del campo, donde las relaciones sociales se consideraban sanas, honradas, exentas de depravación y corrupción. Jenkin Lloyd Jones, en una alocución ante la Conference of Charities de Illinois, en 1898, expresaba la esperanza de que la redistribución de la población remediaría algunos de los graves problemas sociales asociados con el industrialismo:

[55] *Juvenile Offenders*, p. 22.
[56] Richard Hofstadter, *The Age of Reform*, pp. 174-86; Ray Ginger, *Altgeld's America: The Lincoln Ideal Versus Changing Realities, passim;* Bessie Louise Pierce, *A History of Chicago*, vol. 3, *passim*.
[57] *The Shame of the Cities*, p. 234.

Las corrientes de la vida industrial y comercial han afluido tremendamente hacia la ciudad. Hacia allá corre con espantosa precipitación lo mejor del valor, el músculo y el cerebro del país, y el equilibrio será roto para siempre si no puede formarse una contracorriente en que los menos competentes, los desprotegidos, los desvalidos e inocentes puedan volver al principio, para ser restaurados y fortalecidos. Y la sobreacumulación de capital en las partes congestionadas no puede ser mejor o más normalmente empleada que en el restablecimiento del equilibrio, dando al dinero como a la vida el circuito que pasa de los centros urbanos a los rurales. De donde los más humildes guardianes del Estado sacarán en gran medida las actividades continuas necesarias para el cabal desarrollo, indicadas pero no plenamente realizadas en las ocupaciones del kindergarten, actividades que comandarán, aunque no siempre deleitarán, la energía por todo el santo día y todo el año, ocupaciones que pueden traer manos agrietadas, dedos helados y talones contusos; actividades que pueden ir acompañadas de lechos duros y tosca vestimenta y escuela insuficiente; actividades que tal vez dejen al niño con ese pudor vergonzoso que resulta deficiente frente a la etiqueta de la ciudad, pero con esa actividad y ese apartamiento forzoso llegará la verdadera educación... No rechacemos esta sugestión como imposible o impracticable.[58]

La concentración de la población en las ciudades, combinada con la inestabilidad económica, era cierto presagio de comportamiento criminal. Escribía Morrison:

Una comunidad de esta suerte produce una gran proporción de personas débiles e ineficientes, con una dotación física sumamente inadecuada para triunfar en la lucha por la vida. A consecuencia de sus deficiencias físicas, las personas de este género son incapaces de obtener un empleo regular, ni de conservarlo cuando llegan a obtenerlo. Las enfermedades de todo tipo se lo estorban y las incapacitan, y se ven arrastradas al más bajo estrato social, si acaso no nacieron en él.[59]

El niño que entra en semejante mundo social se ve impelido por las circunstancias, la tentación, el descuido de los padres y el afán de aventuras a una vida de delincuencia.

En la ciudad, las gentes viven en una "atmósfera de suspicacia y desconfianza", ven en el extraño un intruso y lo tratan con franca hostilidad. "Estas condiciones de existencia destruyen la cohesión social en sus formas más elevadas y tienen tendencia a desarrollar instintos egoístas hasta que rebasen el terreno limítrofe que separa el egoísmo

---

[58] "Who Are the Children of the State?", Illinois Conference of Charities, 1898, *Fifteenth Biennial Report of the State Board of Commissioners of Public Charities of the State of Illinois,* pp. 286-87, Springfield, Phillips Brothers, 1899.
[59] Morrison, *Juvenile Offenders,* p. 28.

de la delincuencia."[60] Los niños procedentes del campo que llegan a este tipo de medio ambiente están insuficientemente controlados y protegidos:

La mirada restrictiva de la comunidad aldeana ya no está ahí. En muchos casos, se hallan en una gran ciudad sin amigos, sin lazos familiares, sin pertenecer a un círculo social donde su conducta sea escrutada u observada. En la juventud, los instintos sociales son agudos, y de un modo u otro son satisfechos, pero el único modo de que el solitario morador de una vasta ciudad pueda lograrlo es en baratos salones de baile o cantinas... Desde un punto de vista moral, es indudable que la descentralización de la industria es una de las reformas más necesarias actualmente... Es altamente cuestionable el que el enorme incremento de la riqueza nacional que ha presenciado este siglo no se esté pagando a un precio demasiado elevado... En un mundo como el nuestro, donde en cuestiones internacionales manda la fuerza, es altamente peligroso minar la vitalidad de una nación simplemente para hacer que su población sea algo más opulenta...[61]

Aunque Morrison escribía para un público europeo, es de comprender que cuando Appleton lo publicó en Nueva York, en 1897, fuera saludado *Juvenile Offenders* por escritores y trabajadores correccionales norteamericanos con alegría. Su enfoque ecléctico y multifactorial, que subrayaba la interdependencia de las causas sociales y biológicas, y su fundamental desconfianza de la vida urbana, agradó a sus contemporáneos norteamericanos y apoyó los argumentos de los reformadores progresivos. La descripción por Morrison de la vida citadina correspondía a lo que sentían muchos reformadores de clase media, que lamentaban la declinación de la vida rural y con ella, de los valores propios de las pequeñas comunidades agrícolas.

La ciudad encarnaba simbólicamente todos los peores aspectos de la vida industrial moderna. No era un lugar adecuado para la inocencia del niño, y debilitaba, corrompía, equivocaba y mancillaba a la juventud. Anotaba un miembro de la Massachusetts Board of Charities:

Los niños adquieren un gusto pervertido por la vida de la ciudad y las calles llenas de gente; pero si se les introduce todavía tiernos en la vida del campo, el cuidado de animales y plantas y los placeres rurales es posible que les gusten y que tales asociaciones los hagan más sanos de cuerpo y mente.[62]

[60] *Ibid.*, p. 29.
[61] *Ibid.*, pp. 31-33.
[62] Clara T. Leonard, "Family Homes for Pauper and Dependent Children", *PACC, 1879*, p. 174.

Con el fin de prevenir el crimen, decía otro delegado en una conferencia nacional, las comunidades deberían crear escuelas, kindargarten y otras instituciones preventivas que contrarrestaran "las viviendas inmundas, las calles y callejuelas sucias de nuestras grandes ciudades [donde] el aire corrompido mina la vitalidad de los niños, envenena su sangre, siembra en sus organismos el germen de la enfermedad y hace a los inermes hospedantes, que colman todo mercado de mano de obra, físicamente ineptos para intervenir en la lucha por la existencia".[63]

Los niños habitantes en tugurios citadinos eran descritos como "enanos intelectuales", y "ruinas físicas y morales" cuyo carácter configuraba predominantemente su entorno material. Beverley Warner declaraba en 1898 a la Asociación Nacional de Prisiones que las organizaciones filantrópicas de todo el país estaban

haciendo esfuerzos para sacar a los niños de los tugurios, aunque sólo fuera una vez a la semana para llevarlos al esplendor de vidas mejores. Al ver la belleza de una existencia mejor, era posible que aquellos niños se dejaran guiar hacia el bien y no hacia el mal. Se ha hecho bien en llevar a esos niños a lugares donde ven damas bien vestidas, de manos y cara limpias, y sólo sacando al niño del pecado y la degeneración en que antes viviera, y poniéndolo en un círculo de vida que es el repudio de cuanto ve en su vida cotidiana, se puede influir en él.[64]

Las dos décadas comprendidas entre 1880 y 1900 representaron para muchos intelectuales y profesionales de clase media un período de descubrimiento de los "húmedos sótanos y las sombrías buhardillas en los sectores pobres de las ciudades populosas" y de "innumerables antros de miseria por todo el país".[65] Súbitamente se descubría que la

---

[63] R. Heber Newton, "The Bearing of the Kindergarten on the Prevention of Crime", *PNCCC, 1886*, pp. 53-58.
[64] Beverley Warner, "Child Saving", *Proceedings of the Annual Congress of the National Prison Association, Indianapolis, 1898*, pp. 377-78.
[65] William P. Letchworth, "Children of the State", *PNCCC, 1886*, p. 138. "Nacidos en hogares cómodos —decía Letchworth— y rodeados por las influencias protectoras de la Iglesia y la buena sociedad, somos lentos para apreciar la inmensa diferencia existente entre nuestro favorecido destino y el de los niños que desde la primera vez respiran una atmósfera de impureza moral y llena de privaciones..." (*ibid.*, 139). La imaginería urbana de los reformadores sociales a fines del siglo pasado es examinada también por Anselm Strauss en *Images of the American City*, pp. 215-45. La idea de que los intelectuales *descubrieron* la pobreza y la enajenación a consecuencia de su propia enajenación respecto de los centros de poder ha sido tratada cumplidamente por Hofstadter, *The Age of Reform*, pp. 148s. y Christopher Lasch, *The New Radicalism in America, 1889-1963: The Intellectual as a Social Type, passim.*

ciudad era un lugar de carencia, enfermedad, descuido, ignorancia e "influencias peligrosas". Sus tugurios eran "el último refugio de los miserables y los delincuentes"; la humanidad llegaba ahí al nivel más bajo de degradación y miseria.[66] Frederick Wines fue uno de los pocos criminólogos del siglo XIX que sintieron la relación entre desorganización urbana y conducta criminal en el contexto, más amplio, de los cambios tecnológicos y sociales de la vida norteamericana:

En la historia de los tiempos modernos hay tres o cuatro grandes hechos que descuellan sobre todos los demás a manera de señales características de nuestra actual vida social. Uno de ellos es la invención de máquinas que economizan la mano de obra y su adopción y empleo generales. Creo que la invención de la maquinaria ha modificado no sólo el aspecto del mundo sino también la relación entre los hombres. Otro es la acumulación de capital en las manos de grandes y acaudaladas corporaciones. El tercero es la tendencia, que se manifiesta por doquier, a la concentración demográfica en grandes centros, en pueblos y ciudades, en lugar de distribuirse como antes por una gran extensión rural. Tal vez pudiera añadir un cuarto, que a veces se denomina —aunque esta expresión no me gusta mucho— la emancipación de la mujer. En todo esto junto pueden verse las condiciones de nuestra vida social actualmente, que son y tienen que ser muy diferentes de lo que eran hace unos cien años. Nuestra súbita y rápida evolución en estos sentidos podría explicar hasta cierto punto la magnitud y las manifestaciones actuales de depauperación, insanía y delincuencia.[67]

Los sentimientos no comerciales y antiurbanos de los reformadores urbanos se han explicado como "un apego sentimental a la vida rural" y "una serie de nociones acerca de la vida y las personas en el campo". Originalmente, el "mito agrario" era una preocupación de los terratenientes del siglo XVIII, de los que habían recibido una educación clásica y comprendían la nobleza campesina culta. Un tema central del mito era la idea de que la ciudad era una excrecencia parásita del campo, que corrompía la tranquilidad, la independencia y la integridad moral del agricultor acomodado. El modo agrario de ver la ciudad predominó también en el siglo XIX y era especialmente el de los reformadores que temían que el modo tradicional de vivir, altamente idealizado, fuera denigrado por inmigrantes y extranjeros. Indica Richard Hofstadter que:

[66] R. W. Hill, "The Children of Shinbone Alley", *PNCCC, 1887*, p. 231.
[67] Frederick H. Wines, "Report of Committee on Causes of Pauperism and Crime", *PNCCC, 1886*, pp. 207-14.

Una de las claves del pensamiento norteamericano al finalizar el siglo pasado y empezar el nuestro era que las ciudades norteamericanas se estaban llenando, en parte muy considerable, de gentes del campo y de las poblaciones pequeñas. Todo el tono del pensamiento norteamericano en este período fue hondamente afectado por la experiencia de la mente rural ante los fenómenos de la vida urbana, su hacinamiento, su pobreza, su delincuencia, su corrupción, su impersonalidad y su caos étnico. Para el migrante rural, criado en respetable quietud y con los imperativos morales tan elevados del protestantismo evangélico, la ciudad no parecía sólo una nueva forma social o un modo de vida diferente, sino un peligro inaudito para la misma civilización... La mente progresiva... era preeminentemente protestante; y aun cuando buena parte de su fuerza estuviera en las ciudades, heredaba las tradiciones morales del protestantismo evangélico rural. Los progresivos todavía se estaban horrorizando ante los fenómenos que hoy consideramos resignadamente propios de la existencia urbana. Por prósperos que fueran, vivían en medio de todas las iniquidades que el mito agrario les había enseñado a esperar de la vida urbana, y se negaban a aceptarlas con sosiego.[68]

Algunos reformadores progresivos decían que la delincuencia disminuiría si los niños fueran controlados en sus casas, con lo que se restauraban las relaciones "naturales" destruidas por la ciudad. Anotaba la Boston Associated Charities:

Hasta ahora nos hemos ido alejando de las antiguas y democráticas relaciones sociales del campo... tanto que nos enorgullecemos de nuestra falta de conocimiento uno de otro y sobre la bienandanza de uno y otro. El recién llegado del campo, donde había conocido a todas las familias y todos los niños de la población, y se había acostumbrado a considerarlos a todos como vecinos cuyos intereses no podían separarse de los suyos propios, pronto es presa del vasto egoísmo que, como un vapor, se exhala de esas innaturales condiciones, que lo afecta sutil e imperceptiblemente y lo transforma de provinciano caluroso en cauto citadino.[69]

La preocupación por el criminal "nato" era remplazada por el interés por el criminal "hecho". Las constricciones del medio, a diferencia del determinismo biológico, sugerían cuando menos la posibilidad de prevenir la delincuencia manipulando las instituciones sociales. Salvo por un breve período en los treinta, la idea de que los criminales nacen y no se hacen desapareció de las polémicas correccionales.

[68] *The Age of Reform*, pp. 24-25, 176, 204.
[69] Citado por Lubove en *The Professional Altruist*, p. 15.

RESUMEN

En la imaginería del crimen se produjeron hechos importantes al finalizar el siglo pasado: *1]* el concepto del criminal como menos que un ser humano completo, ya fuera por naturaleza o por crianza, *2]* el desarrollo del profesionalismo en la labor de corrección, y *3]* la aceptación del modelo médico y el "ideal de rehabilitación", particularmente en lo relativo a la corrección de los niños y adolescentes "delincuentes".

1] Aunque había una gran diferencia de opinión en cuanto a las causas desencadenadoras del crimen, los expertos solían coincidir en que los criminales estaban condicionados *anormalmente* por factores biológicos y ambientales. Las primeras teorías subrayaban el carácter permanente, irreversible y heredado del comportamiento criminal. A la imagen de la depravación natural se sumaba la de la corrupción urbana. Los reformadores hacían hincapié en los rasgos desordenados de la vida urbana y alentaban programas correctivos que incorporaban los conceptos de grupo rural y primario. La vida en los tugurios se consideraba desordenada, viciosa y sin reglas sociales; y sus habitantes eran descritos como seres anormales y mal adaptados, que vivían en pleno conflicto y caos.[70]

2] El elemento de fatalismo que había en las teorías de la delincuencia se modificó al surgir la clase profesional de los administradores de penales y los trabajadores de asistencia social que promovían un modo evolucionista de ver el comportamiento humano. Las pesimistas implicaciones de las ideas darwinistas eran contrarias no sólo a la ética protestante sino también a quienes trabajaban con los delincuentes y que aspiraban al estatus profesional de doctores, abogados y otros funcionarios de servicio humano. Por suerte, como ha observado John Higham, el darwinismo era lo suficientemente flexible para acomodarse tanto a los modos filantrópicos como a los pesimistas de ver la vida social.[71]

---

[70] William Foote Whyte, "Social Disorganization in the Slums", *American Sociological Review*, 8, 1943, 34-39.

[71] "...el clima general de opinión en los primeros tiempos de la era darwinista inhibía las implicaciones pesimistas del nuevo naturalismo. Lo que resaltaba primeramente, como la gran lección social de la teoría de la selección natural, no eran los daños de la lucha por sobrevivir sino más bien la idea de 'la supervivencia del más apto'. A una generación de intelectuales impregnados de confianza, las leyes de la evolución les parecía garantizar que las razas 'más aptas' triunfarían con toda seguridad de sus competidoras inferiores... Por eso el darwinismo contribuía fácilmente al orgullo anglosajón, pero en la época de la confianza, difícilmente podía excitar la angustia anglosajona. En segundo lugar, el darwinismo suminis-

3] En los últimos cincuenta años, más o menos, ha habido un cambio en la política oficial en relación con la delincuencia. Se ha pasado de la acentuación de carácter penal de la delincuencia al "nuevo humanismo", que habla de enfermedad, malestar, contagio y así sucesivamente. La aparición de la explicación médica es de considerable significancia, ya que es una fundamentación poderosa para organizar la acción social en los más diversos aspectos comportamentales de nuestra sociedad.

El "ideal rehabilitativo"[72] presuponía que la delincuencia era un síntoma de "patología" y que los delincuentes debían ser tratados como pacientes irresponsables, como enfermos. Cuanto más viejo era un criminal, más crónica era su enfermedad; y análogamente, sus probabilidades de restablecimiento eran menores que las de una persona joven. Los criminales adultos, en particular los reincidentes, solían ser considerados no humanos. Pero era menos probable que se considerara no humanos a los niños, puesto que la ética universalista, sobre todo la del cristianismo, hacía casi imposible pensar que los niños estuvieran privados por entero de sentido moral.

Los reformadores sociales subrayaban la índole temporal y reversible de la delincuencia en los adolescentes. Como apuntaba Charles Cooley, "cuando un individuo emprende verdaderamente una carrera criminal, tratemos de agarrarlo en tierna edad y someterlo a una disciplina social racional, como la que ya ha tenido éxito en los suficientes casos para demostrar que podría ampliarse mucho su aplicación."[73] Si los criminales, como creían los salvadores del niño, están condicionados por la herencia biológica y por las condiciones irracionales de su existencia, es preciso tomar medidas profilácticas en sus primeros años. Debe impedirse que los niños delincuentes —los criminales de la generación siguiente— prosigan su carrera criminal. "Así nacieron", escribía en 1880 el penólogo Enoch Wines, "así los criaron. Pero hay que salvarlos."[74] En este tiempo se produjeron muchos hechos nuevos en penología, en el sistema de reformatorios, con el que se esperaba que los delincuentes se salvarían y restablecerían.

tró poca ayuda concreta, a quienes pensaban en la raza, en una condición esencial del racismo: la creencia de que la herencia preponderaba sobre el medio. Ciertamente, la moda de la biología a finales del siglo XIX estimuló la especulación en este sentido, pero la teoría de la evolución de ninguna manera descalificaba el modo de ver fundamentalmente ambientalista. Las especies de Darwin luchaban y evolucionaban por la adaptación al medio" (Higham, *Strangers in the Land*, pp. 135-36).

[72] Expresión utilizada por Francis T. Allen en *The Borderland of Criminal Justice*.
[73] Cooley, "Nature v. Nurture", p. 405.
[74] Enoch C. Wines, *The State of Prisons and of Child-Saving Institutions in the Civilized World*, p. 132.

3. LA NUEVA PENOLOGÍA

LA REFORMA DE LA JUVENTUD

Era con el sistema reformatorio con el que los salvadores del niño esperaban demostrar cómo los delincuentes eran susceptibles de ser convertidos en ciudadanos respetuosos de las leyes. El reformatorio se creó en Estados Unidos hacia la mitad del siglo XIX, a manera de una forma especial de disciplina en reclusión para los adolescentes y los adultos jóvenes. Sus principios fundamentales fueron formulados en Gran Bretaña por Matthew Davenport Hill, Alexander Maconochie, Walter Crofton y Mary Carpenter.[1] Escribía Max Grünhut: "Mucho más que cualquier país europeo, Estados Unidos se hallaban preparados para aceptar y desarrollar las nuevas ideas de individualización del tratamiento y una forma progresiva de disciplina en reclusión."[2] Si Estados Unidos no tenían grandes teóricos de la penología, contaban al menos con enérgicos administradores penales preparados para experimentar los nuevos programas. Los más notables preconizadores del plan de reformatorio en Estados Unidos fueron Enoch Wines, secretario de la Prison Association de Nueva York, Theodore Dwight, primer decano de la Escuela de Leyes de Columbia, Zebulon Brockway, superintendente del Reformatorio de Elmira en Nueva York y Frank Sanborn, secretario de la Board of Charities del estado de Massachusetts.

Se distinguía el reformatorio de la penitenciaría tradicional por una política de sentencia indeterminada, el sistema de "calificaciones" y la "persuasión organizada", en lugar de la "restricción coercitiva".[3] Sus administradores daban por supuesto que los individuos anormales y querellosos podían ser entrenados para convertirse en ciudadanos

---

[1] En este estudio no nos ocupamos en la penología europea sino para examinar sus influencias en la criminología norteamericana. Una buena visión general de las prácticas de correccional hasta mediado el siglo XIX se hallará en *From Newgate to Dannemora*, de W. David Lewis, pp. 1-28 Un libro muy citado sobre las prácticas penales es *New Horizons in Criminology*, de Harry Elmer Barnes y Negley K. Teeters, pp. 322-542. *The Dilemma of Penal Reform* es un estudio original y bien considerado, realizado por Hermann Mannheim.

[2] *Penal Reform*, p. 89.

[3] *Ibid.*, pp. 89-94.

útiles y productivos.[4] Wines y Dwight, en un informe a la legislatura de Nueva York, en 1867, proponían que el objetivo último de la política penal era reformar al criminal, cosa que sólo podía lograrse "poniendo el destino del preso, hasta donde fuera posible, en sus propias manos, permitiéndole, por su industria y buena conducta, elevarse paso a paso hasta una posición menos restringida; por otra parte, la mala conducta lo mantenía en un estado de coerción y restricción".[5]

Brockway dijo a los delegados a la primera reunión del famoso National Prison Congress, celebrado en Cincinnati en 1870, que la misión de la penología científica consistía en *"prevenir la delincuencia y reformar a los delincuentes"*. Pero no debía confundirse la "ciencia" con el "sentimentalismo enfermizo" y que "los delincuentes deben ser curados o mantenidos en restricción continua, para garantizar que no habrá otras depredaciones".[6]

Zebulon Brockway fue un representante típico de la nueva estirpe de reformadores penales. Nacido en Connecticut, hijo de un comerciante acaudalado que desempeñó cierto número de importantes puestos cívicos, entró en el servicio de prisiones poco después de cumplir los veintiún años y, a fuerza de trabajo, fue ascendiendo de guardián a oficinista y a superintendente auxiliar de las prisiones del estado de Rochester y Detroit. En 1876 fue superintendente en Elmira, puesto donde estuvo casi veinticinco años. Era hombre de poca instrucción y de una visión práctica, con un perfecto conocimiento de la administración penal y muy estimado por sus colegas. Otras proposiciones de Brockway al National Prison Congress eran una junta independiente de curadores que controlara las nuevas instituciones reformativas, escuelas primarias y de reformatorio para niños y jóvenes y un sistema graduado de reformatorios para adultos.[7]

[4] James A. Leonard, "Reformatory Methods and Results", en Charles R. Henderson, ed., *Penal and Reformatory Institutions*, pp. 121-28; O. F. Lewis, *The Development of American Prisons and Prison Customs, 1776-1845*, pp. 293-322.
[5] Citado por Grünhut, *Penal Reform*, p. 50.
[6] Este discurso está reproducido en *Fifty Years of Prison Service*, de Zebulon Reed Brockway, pp. 389-408; cursivas nuestras.
[7] *Ibid.*, pp. 3-22, 161s., 396-99. Brockway entendía por "una serie graduada de instituciones reformatorias": *1]* una Casa de Recepción donde "debían ser recibidos y mantenidos todos los presos hasta que se tuviera una información segura del historial de su familia, sus tendencias y propensiones constitucionales, su primera condición social y la probable influencia de esto en la formación de su carácter... para con todo ello poder esbozar un plan de tratamiento"; *2]* un Reformatorio Industrial donde "los prisioneros que lleguen a esta institución con buean salud física sean adiestrados en el trabajo de modo que se garantice su ulterior empleo remunerativo...";

La mayor autoridad de Estados Unidos en materia de reformatorios e instituciones para niños antes del siglo XX fue Enoch C. Wines. Nacido en Hanover, Nueva Jersey, en 1806, pronto pasó con su familia a Vermont, donde trabajó en la granja de su padre hasta llegar a la universidad. Después de graduado en el Middlebury College, con grados de doctor en teología y derecho, enseñó en varios colegios superiores experimentales de Nueva Jersey, pasó cierto tiempo de administrador educacional y por un breve lapso aceptó el puesto de maestro en una fragata escuela. Con ella viajó y visitó los países del Mediterráneo, donde estudió asiduamente las lenguas romances. En 1832 se casó con Emma Stansbury, quien le dio siete hijos, uno de los cuales, Frederick, también fue un famoso experto en delincuencia y penología.

En 1861 dejó la presidencia de la Universidad de St. Louis, fundada hacía poco, y volvió a la costa oriental para desempeñar el puesto de secretario de la Prison Association de Nueva York. Junto con Dwight, Brockway y Sanborn dio amplia publicidad al sistema irlandés de reforma de prisiones, alentó la adopción del sistema de reformatorio para delincuentes jóvenes y fue un delegado regular a las conferencias nacionales de filantropía y correcciones. En 1870 convocó a una reunión en Cincinnati con el fin de organizar la influyente National Prison Association y en 1872 fue honrado con la presidencia del Primer Congreso Penal Internacional, celebrado en Londres.[8]

Antes de su muerte, ocurrida en 1879, había estado reuniendo información sobre sistemas de prisiones y reformatorios de todo el mundo. El manuscrito fue revisado y preparado por su hijo, Frederick Wines, quien lo publicó después de su muerte, en 1880, con el título de *The State of Prison and of Child-Saving Institutions in the Civilized World*. Tratado inmenso y comprehensivo, fue inmediatamente reconocido como singular y autorizada obra de erudición. Representaba lo "mejor" del pensamiento del día y fue muy comentado y citado, porque comprendía un capítulo sobre el "sistema ideal de instituciones para la prevención y la represión del crimen". El libro de Wines presentaba una mezcla atrayente de sabiduría tradicional, dogma religioso y vigor reformista. Fue ampliamente utilizado hasta poco antes de 1905 y, si bien no contenía innovaciones notables, de todos modos condensaba y sintetizaba un gran cuerpo de teorías, opiniones y experiencias prácticas.

3] un Reformatorio Intermedio creado como una colonia cooperativa que desempeñaría la misma función que la prisión intermedia de Crofton, de "puesto avanzado al borde de la sociedad", *ibid.*, pp. 397-98.

[8] Negley K. Teeters, *Deliberations of the International Penal and Penitentiary Congresses, 1872-1935*, pp. 27-28.

Como Mary Carpenter en Inglaterra y Zebulon Brockway en Nueva York, Enoch Wines se esforzaba en la programación de un sistema penal ideal que, con los recursos financieros e institucionales adecuados, pudiera ser aplicado en la práctica. Proponía que las autoridades estatales se encargaran del control de los niños menores de catorce años no debidamente atendidos ni custodiados; su supervisión debía delegarse, decía, en ciudadanos privados y organizaciones de caridad, que deberían estar subsidiados por el Estado, con tal de que observaran ciertas normas mínimas.[9] Los reformatorios para niños deberían introducir, hasta donde fuera posible, las condiciones de la vida en el hogar, y estar edificados en el campo, porque "el lugar normal para educar a estos niños es la campiña". De preferencia deberían seguir el "plan de casitas", con 40 niños en cada institución; las instituciones para niños muy pequeños deberían ser manejadas exclusivamente por mujeres. "Así se provocaría más esfuerzo voluntario, más interés individual, más simpatía y celo."[10]

Frederick Wines heredó de su padre la energía incansable y la filosofía pragmática. En su calidad de secretario de la Board of Public Charities, realizó muchas reformas penales en Illinois, y encontraba tiempo a la vez para escribir artículos y libros, así como para asistir a muchas conferencias nacionales e intervenir en ellas. En 1878 lo nombraron comisionado especial de Estados Unidos para el segundo Congreso Penitenciario Internacional, celebrado en Estocolmo. Oyó allí a cierto número de reformadores penales influyentes, y principalmente a Mary Carpenter y T. B. L. Baker, exponer problemas relacionados con la prevención de la delincuencia juvenil. Le agradó el "giro peculiarmente práctico" del Congreso y tomó especial nota de las resoluciones sobre legislación preventiva. Se resolvió que los niños delincuentes no debían ser castigados, sino educados para permitirles "ganarse honestamente la vida y ser útiles, no perjudiciales para la sociedad". En los reformatorios debería enseñárseles a los niños moral, religión y trabajo... en forma semejante a la enseñanza que hubieran recibido en una "familia honesta". Debería separarse a los niños en reformatorios de acuerdo con la preferencia religiosa, y "el número de pupilos de una institución sería suficientemente pequeño para que el director pudiera en cualquier momento interesarse personalmente en cada uno de ellos". El programa de formación debería "corresponder

---

[9] Enoch C. Wines, *The State of Prisons and of Child-Saving Institutions in the Civilized World*, p. 608.

[10] *Ibid.*, pp. 609-10. El "sistema ideal" de Wines debe mucho a las ideas de Mary Carpenter. Véase de ésta "What Should be Done for the Neglected and Criminal Children of the United States?" en *Proceedings of the Annual Conference of Charities (PACC), 1857*, pp. 66-76.

al modo de vida de los trabajadores; comprendería instrucción primaria y se caracterizaría por la mayor simplicidad en comida, vestimenta y entorno, y sobre todo por el trabajo". Los niños deberían estar en los reformatorios indeterminadamente, hasta los ocho años, pero

hasta donde fuera posible, la colocación de niños viciosos en familias o en instituciones públicas debería efectuarse sin intervención de los tribunales... El Congreso aprueba los esfuerzos hechos en este sentido por algunos gobiernos para remplazar la acción judicial por la intervención de un organismo tutelar creado con tal fin.[11]

Asumiendo, pues, que la "crianza" pudiera superar la mayoría de los defectos de la naturaleza, los administradores de reformatorio se pusieron a la tarea de trazar programas concordantes con el objetivo de preparar a los delincuentes para que vivieran de acuerdo con la ley. En el Quinto Congreso Internacional de Prisiones, celebrado en París en 1895, se observó que los reformatorios eran capaces de borrar las lacras hereditarias y ambientales.[12] En una nueva y especial sección dedicada a la delincuencia, el Congreso propuso que los niños menores de doce años "siempre fueran enviados a instituciones de preservación y que los padres indignos sean privados del derecho de criar hijos... El lugar preponderante en el entrenamiento físico racional debe darse al trabajo manual, y en particular a las labores agrícolas en campo libre, para ambos sexos."[13]

La cuestión que ocupaba el cerebro de muchos trabajadores de correccionales era la de cómo llegar hasta el germen e impedir que se convirtiera en un mal autoperpetuante:

¿Es la tacha hereditaria demasiado propia de la constitución para que pueda detenerse y se asegure un desarrollo sano? ¿O son acaso las con-

---

[11] Frederick Wines, "Report on the International Penitentiary Congress, 1878", en Board of State Commissioners of Public Charities of the State of Illinois, *Fifth Biennial Report*, pp. 273-85, Springfield, Illinois, Weber, Magie & Co., 1879.

[12] Frederick Wines había empezado a aceptar esta posición varios años antes: "No pedimos, ni ninguna persona inteligente pedirá, que se reforme a todos los presos. Las influencias de la herencia, de las relaciones y los adiestramientos tempranos y de los hábitos adquiridos son en muchos casos demasiado fuertes para alentar cualquier esperanza razonable de que puedan ser contrarrestadas con éxito y superadas en prisión... Pero afirmamos que la experiencia de los funcionarios de prisiones no respalda la aseveración de que los esfuerzos por reformarlos sean inútiles" ("Reformation as an End in Prison Discipline", *Proceedings of the National Conference of Charities and Correction, PNCCC, 1888*, p. 193).

[13] Teeters, *Deliberations*, pp. 97-102.

diciones de su existencia tales que hacen imposible su elevación a la respetabilidad o la rectitud?[14]

La mayoría de los expertos contestaban con optimismo a estas preguntas, en parte como racionalización de sus propios empeños y en parte como reconocimiento del hecho de que los reformatorios parecían estar haciendo un buen trabajo de regeneración y readiestramiento. En la conferencia nacional de Charities and Correction de 1898 observaba Henry D. Chapin:

Primero debemos distinguir las deformidades patológicas de los estigmas comúnmente aceptados de degeneración... Cuanto antes se descubran estas propensiones, más podrá hacerse por la educación y atención especiales para corregirlos. El tipo adecuado de medio ambiente puede hacer mucho por corregir cualquiera de los vicios reconocidos de la herencia.[15]

Los superintendentes de los reformatorios tenían que vencer obstáculos ingentes para lograr una buena reforma. "Tenemos convicciones hondamente asentadas", escribía Levi S. Fulton, "acerca de la herencia, las deformaciones constitucionales, las limitaciones físicas y mentales."[16] Peter Caldwell, otro superintendente de escuela reformadora, observaba que se esperaba de los reformatorios que "remediaran los descuidos y vicios de los padres, el fracaso de las escuelas públicas, de las de misiones y dominicales, y otras entidades morales del mundo exterior". Se requería destreza y resolución para "hacer del vástago torcido un árbol recto, y transformar el criminal embrionario en un ciudadano excelente". Pero mediante el debido entrenamiento, el reformatorio podía ofrecer a un joven delincuente "una buena ocasión para su futura utilidad y respetabilidad". El residente típico de un reformatorio, decía Caldwell, "tuvo por cuna la infamia, mamó los gérmenes de apetitos depravados y se crió entre personas cuya vida era un crimen atroz contra la ley divina y los derechos de la sociedad". A fin de corregir y reformar a esta persona, el plan de reforma estaba ideado para enseñar el valor de la adaptación, la empresa privada, la lozanía y la confianza en sí mismo. "Para hacer un buen muchacho de este manojo de perversidades es preciso revolucionar todo su ser. Hay

---

[14] W. P. Lynde, "Prevention in Some of Its Aspects", *PACC, 1879*, p. 163.
[15] Henry Dwight Chapin, "Anthropological Study in Children's Institutions", *PNCCC, 1898*, pp. 424-25.
[16] "Education as a Factor in Reformation", *PNCCC, 1886*, p. 65.

que enseñarle a dominarse, a ser industrioso, a respetar los derechos de los demás y a sí mismo."[17]

Los administradores penales tenían gran fe en la capacidad de los reformatorios para hacer de los niños seres "virtuosos y honrados". Enoch Wines, por ejemplo, afirmaba que el plan de reformatorios tenía 60% de éxito, y algunos administradores declaraban hasta un 80%.

Nuestras prisiones han sido hasta ahora lugares de castigo, y en ellas se ha hecho relativamente poco por luchar contra la delincuencia; nuestras instituciones preventivas y reformatorias han luchado contra ella y en una gran mayoría de casos han forjado una reforma práctica de sus reclusos. Naturalmente, el material es mejor en estos establecimientos que en las prisiones: los reclusos son de edad más tierna, menos empedernidos, más fáciles de moldear y están mucho menos esclavizados por hábitos degradantes, pero esto no es todo. El espíritu de nuestros reformatorios es de esperanza y esfuerzo, mientras que en nuestras prisiones reinan con demasiada frecuencia la indiferencia perezosa o la desesperanza. Las sentencias de los delincuentes jóvenes son reguladas sabiamente para que se enmienden; no son absurdamente acortadas como si sólo significaran tanto aguantar sufrimientos vindicativos. Todo el mecanismo del establecimiento se dispone para la buena formación del niño, mientras que en las prisiones, con demasiada frecuencia se deja irritar y desgastar la naturaleza moral y congelar las mejores aspiraciones del convicto adulto. Estados Unidos no tiene mucho actualmente de qué envanecerse con sus prisiones; pero sí puede enorgullecerse de sus reformatorios para jóvenes, desde que empezaron a funcionar hace cincuenta años hasta ahora.

Los reformatorios eran la solución al "torrente de criminalidad que inunda el país". Allí podían los niños estar a salvo de "todo un repertorio de exposiciones, tentaciones y peligros".[18]

El sistema de reformatorio se basaba en el supuesto de que la educación debida podría contrarrestar las imposiciones de una vida familiar deficiente, de un medio ambiente corrupto y de la pobreza, al mismo tiempo que robustecía y preparaba a los delincuentes para la lucha que les esperaba. Escribía William Douglas Morrison:

El principio radical del método educativo para habérselas con la delincuencia juvenil es absolutamente bueno. Es un principio que reconoce el hecho de que el delincuente juvenil es en general producto de condiciones individuales y sociales adversas. De este hecho fundamental se

---

[17] Peter Caldwell, "The Reform School Problem", *PNCCC, 1886*, pp. 71-76.
[18] Enoch Wines, *The State of Prisons*, pp. 80-81, 125, 131-32.

saca la consecuencia evidente de que el único tratamiento efectivo de la delincuencia juvenil ha de consistir en poner al adolescente en medio de un entorno material y moral sano.[19]

A diferencia de las penitenciarías y las cárceles, los reformatorios repudiaban en teoría los castigos basados en la intimidación y la represión. La restricción y el castigo eran sólo los medios, y no los fines, de los programas penales. El castigo corporal, indicaba el inspector de la escuela reformada del estado de Connecticut, sólo debería infligirse como último recurso. "Han de evitarse todos los castigos ridículos y altamente artificiales. No debe ser tolerado ningún castigo que provoque burlas y ridiculización del castigado."[20]

En resumen, los reformadores penales de fines del siglo pasado utilizaban el plan de reformatorio para crear nuevas ideas acerca de la índole y los fines del encarcelamiento. Los primeros en beneficiarse de esta innovación fueron los adolescentes y los adultos jóvenes que más merecían y eran más susceptibles de reformarse.[21] El plan de reformatorio comprendía los siguientes principios:[22] *1]* Los delincuentes jóvenes tenían que ser separados de las influencias corruptoras de los criminales adultos. *2]* Los "delincuentes" tenían que ser apartados de su medio y encerrados por su propio bien y protección. Los reformatorios deberían ser santuarios custodiados, donde se combinarían amor y orientación con firmeza y restricciones. *3]* Los "delincuentes" deberían ser enviados al reformatorio sin proceso y con requisitos legales mínimos. No era necesario un proceso en regla, puesto que los reformatorios debían reformar y no castigar. *4]* Las sentencias serían indeterminadas, para que los reclusos fueran alentados a cooperar en su propia reforma y los "delincuentes" recalcitrantes no pudieran reanudar su infame carrera. *5]* No debería confundirse reforma con sentimentalismo. Sólo se requería el castigo mientras fuera conveniente para la persona castigada y después de haberse agotado todos los demás métodos. *6]* Los reclusos tenían que estar protegidos de la pereza, la indulgencia y el lujo, mediante el ejercicio militar y físico y una vigilancia constante. *7]* Los reformatorios deberían estar construidos en el campo y designados de acuerdo con el "plan de cabañas". *8]* El trabajo, la enseñanza y la religión constituyen la esencia del programa de refor-

---

[19] William Douglas Morrison, *Juvenile Offenders*, pp. 274-75.
[20] G. E. Howe, "The Family System", *PNCCC, 1880*, p. 223.
[21] William Howard Neff, "Reformatories for Juvenile Delinquents", *PNCCC, 1890*, p. 231.
[22] Un buen resumen del plan de reformatorios se hallará en A. E. Ellmore, "Report of the Committee on Reformatories and Houses of Refuge", *PNCCC, 1884*, pp. 84-91.

ma.[23] Los reclusos debían recibir una educación más que elemental. Deberían predominar en ella los conocimientos industriales y agrícolas. 9] Debería enseñárseles el valor de la sobriedad, la templanza, la inventiva, la prudencia, la ambición "realista" y la adaptación.

LA NUEVA EDUCACIÓN

La salvación del niño y la nueva educación formaban parte de un amplio movimiento social que iba más allá de las meras reformas instrumentales y tenía por meta la revitalización y la salvación de la sociedad. Era común a ambos movimientos una preocupación por el naturalismo, un modo antitético de ver la personalidad y la cultura, una creencia en el valor de la ayuda a sí mismo, y una romántica exageración de la importancia de la experiencia en el aprendizaje.

La educación progresiva tenía en su parte medular algo nuevo e importante. En contraste con los métodos educativos tradicionales, se negaba a aceptar la pasividad del niño en el aula, reducía algunos rasgos autoritarios del papel de la enseñanza y dejaba de subrayar la importancia del aprendizaje de memoria. "Tenía el gran mérito", escribe Hofstadter, "de ser experimental en un campo en que demasiadas personas consideraban que todas las verdades estaban ya averiguadas."[24]

John Dewey, cuyas ideas influyeron en los salvadores del niño, decía a un público de Chicago, en 1899, que la tarea de los maestros consistía en acabar con el mito de que la educación estaba reservada a una aristocracia intelectual. Decía que la educación debía modernizarse para ajustarse a las tremendas transformaciones sociales que acompañaban al industrialismo. Dewey tomaba nota de los grandes adelantos científicos de su siglo, la aparición de vastos centros de fabricación, la creación de medios de comunicación baratos y rápidos, el surgimiento de las metrópolis y la comercialización de modas y gustos. Y decía:

Incluso nuestras ideas y empeños morales y religiosos, los más conservadores por ser los más hondamente arraigados en nuestra naturaleza, se ven profundamente afectados. Es inconcebible que esta revolución no haya de afectar a la educación sino de modo sólo formal y superficial... Es inútil lamentarse de los buenos tiempos pasados del pudor, la reverencia y la obediencia implícita de los niños, si es que tratamos de hacerlos volver con meros lamentos y exhortaciones.

[23] *Second Biennial Report of State Commissioners of Public Charities of the State of Illinois*, pp. 199-204.
[24] Richard Hofstadter, *Anti-intellectualism in American Life*, p. 369.

No se oponía Dewey a la modernización ni al progreso científico, y daba la bienvenida "al aumento de tolerancia, a la latitud del juicio social, al mayor conocimiento de la naturaleza humana... y el contacto con mayores actividades comerciales". Pero estas adquisiciones no eran beneficiosas en general para los niños, y era preciso compararlas con la consiguiente declinación de la unidad e intimidad familiares, que tenían importantes consecuencias disciplinarias, educativas y de formación del carácter:

Los que estamos hoy aquí sólo tenemos que retroceder una, dos, a lo sumo tres generaciones para dar con el tiempo en que el hogar era prácticamente el centro donde se ejecutaban, o en torno al cual giraban, todas las formas típicas de ocupación industrial... Siempre había algo que era verdaderamente necesario hacer, y era necesario en verdad que cada miembro de la familia hiciera su parte puntualmente y en cooperación con los demás. Las personalidades que se mostraban eficientes en la acción eran gestadas y probadas con el medio de la acción. Tampoco podemos pasar por alto la importancia que para los objetivos educacionales tiene la estrecha, íntima relación con la naturaleza por experiencia propia, con las cosas y los materiales reales, con los procesos verdaderos de su manipulación y el conocimiento de nuestras necesidades y costumbres sociales.[25]

La idea del niño formada por los portavoces de la nueva educación era, como ha observado Hofstadter, "más romántica y primitivista que postdarwinista. Estaban con las cualidades naturales de la infancia y contra lo artificioso de la sociedad".[26] El acento puesto en lo natural alentaba un ingenuo sentimentalismo en educadores menos sutiles. Un salvador del niño consideraba que la "mayor mecanización" era la causa de la corrupción infantil. Decía Miriam Van Waters:

Los niños tienen que luchar con las cosas elementales del mundo —tierra, piedras, árboles, animales, agua corriente, fuego, espacios abiertos— en lugar de pavimentos, anuncios, terrenos subdivididos, casas de departamentos y cafeteras eléctricas. La civilización ha sido más dura con los niños.[27]

Dewey nunca fue muy claro acerca de los objetivos hacia los que tendían las nuevas técnicas educativas y, en las instituciones autoritarias,

---

[25] John Dewey, "The School and Social Progress", en Ray Ginger, ed., *American Social Thought*, pp. 19-21, 27.
[26] Hofstadter, *Anti-intellectualism in American Thought*, p. 363.
[27] "The Juvenile Court from the Child's Viewpoint", en Jane Addams, ed., *The Child, the Clinic and the Court*, p. 221.

los empleaban a manera de razones para domar el "espíritu de la juventud". El romanticismo de la nueva educación significaba que podría darse categoría poética al más simple trato.[28]

La idea de que los niños debían aprender de la vida tanto como de los libros era una innovación progresiva, pero se prestaba con demasiada facilidad al antintelectualismo de los educadores del "ajuste a la vida". La deficiencia más importante de la nueva educación era que resultaba primordialmente individualista y se utilizaba para que el pobre y el discrepante se contentaran con la vida que les tocaba.[29] La ambición, el propio esfuerzo y la iniciativa independiente habrían de ser recompensados tan sólo mientras tales aspiraciones concordasen con el estatus y la capacidad. Darwinistas sociales, neoeducadores y salvadores del niño coincidían en que la educación debía girar en torno al niño y no en torno al maestro, de modo que los estudiantes pudieran efectuar sus propias investigaciones y se les alentara a descubrir lo más posible con sus propios esfuerzos. "El notable éxito del *self-made man*", advertía Herbert Spencer en un ensayo reeditado en los Estados Unidos, era un testimonio en favor de este modo de enfoque:

Esta necesidad de repetir continuamente es consecuencia de nuestra estupidez, no de la del niño. Lo arrastramos lejos de los hechos que le interesan y que está asimilando activamente por sí mismos; lo ponemos ante hechos demasiado complejos para que él los entienda y que por eso le desagradan; al descubrir que no adquirirá voluntariamente estos hechos, se los metemos en la cabeza a fuerza de amenazas y castigos; al negarle así los conocimientos que ansía y abarrotarlo de los que no puede asimilar, ocasionamos un estado patógeno en sus facultades y la consiguiente aversión por todo conocimiento en general; y cuando, a consecuencia en parte de la todavía continua ineptitud en sus estudios, el niño no puede entender nada sin explicación y se convierte en un mero recipiente pasivo de nuestra instrucción, inferiremos que necesariamente

---

[28] Véase T. J. Charlton, "Report of the Committee on Juvenile Delinquents", *PNCCC, 1890,* pp. 227-29, en favor de una explicación de las cualidades "dignas" de los trabajos básicamente serviles.

[29] Según Hofstadter, *"Democracia y educación,* pese a su discusión generalizada sobre tiempo libre y clase obrera, casi no tenía nada que decir acerca de la estructura específica de clase de la sociedad norteamericana, ni de la relación de oportunidad educacional para aumentar la movilidad social y derribar las barreras de clase. En resumidas cuentas, su modo de ver el problema de la educación y la democracia no era económico ni sociológico, ni siquiera político, salvo en el sentido más lato del término... Según la teoría de Dewey, los fines de la educación democrática serán servidos por la socialización del niño, de quien ha de hacerse un ente cooperante y no uno competitivo, y 'saturado' del espíritu de servicio", *Anti-intellectualism in American Life,* p. 379.

la educación ha de proseguir así. Habiendo provocado la impotencia con nuestro método, hacemos de inmediato que la impotencia sea justificación de ese método.[30]

Creía Spencer que el niño alentado a aprender en forma independiente y a comprobar sus propios descubrimientos tenía garantizadas una vividez y permanencia de impresión que el método usual nunca podrá producir. Cualquier conocimiento que el alumno ha adquirido por sí mismo, cualquier problema que ha resuelto por sí mismo, se vuelve, por virtud de la conquista, mucho más cabalmente suyo de lo que podría ser de otro modo.

Al hacer del aprendizaje "un proceso de autoeducación", los niños tienen consciencia de que la vida es una lucha por la existencia, donde el éxito es para quienes son capaces de averiguar en forma independiente, de instruirse a sí mismos y de aplicar en forma original sus limitados recursos.[31]

La cuestión de la disciplina en la educación era de la mayor importancia, porque proporcionaba un criterio realista de educación democrática. Spencer no era partidario de los castigos crueles porque era probable que acostumbraran a los estudiantes al despotismo y la arbitrariedad, impidiendo así el progreso "natural" de la democracia. No obstante, se exigía de los maestros que impusieran una disciplina a su propia discreción, porque a los estudiantes debían enseñárseles las inevitables consecuencias de su mal comportamiento.[32] La nueva educación no discutía la total autoridad del maestro sobre los discípulos. La relación entre niño y padre, estudiante y maestro, delincuente y trabajador correccional sólo se veía como un proceso cooperativo en el sentido de que se les grabara a los niños que los adultos se preocupaban por su mayor bien. Ciertamente en los reformatorios, y aun en la mayoría de las escuelas, el impulso autoritario era dominante. La idea de que el "maestro" podía ser al mismo tiempo amigo y riguroso docente tuvo consecuencias de mucho alcance para el movimiento salvador del niño.

Como los educadores progresivos no confrontaron todas las implicaciones de sus supuestos acerca del proceso educativo en una democracia, han de ser considerados en parte responsables del mal uso que de sus ideas hicieron otros.[33] Los reformadores penales explotaban

---

[30] Herbert Spencer, *Education: Intellectual, Moral and Physical*, pp. 124-26.
[31] *Ibid.*, pp. 155, 166.
[32] *Ibid.*, pp. 174-75.
[33] Hofstadter, *Anti-intellectualism in American Life*, p. 367.

la retórica de la nueva educación para dar respetabilidad y legitimidad a los programas de enseñanza agrícola e industrial en los reformatorios. En la mayoría de éstos en los Estados Unidos, informaba J. T. Charlton en 1890, se enseñaban por lo menos doce oficios y destrezas manuales.[34] Decía Brockway que idealmente "cuando hay mil o más reclusos pueden enseñarse con utilidad treinta y seis oficios y ramas de oficios".[35] Era evidente el antintelectualismo de los ponentes del plan de reformatorio: Brockway alentaba a Hamilton Wey, en Elmira, a hacer a sus reclusos más musculosos que instruidos; el Congreso Internacional de Penitenciarías prefería el trabajo manual a la enseñanza superior; la mayoría de los administradores de reformatorio pensaban que los delincuentes no merecían más que una educación elemental; y el reformatorio ideal estaba en el campo y equipado como una escuela de formación agrícola. El inspector de la Escuela Reformada de Nueva Jersey consideraba, por ejemplo, que su trabajo consistía en

quitar de la cabeza a los muchachos citadinos que la vida del agricultor es servil y baja... Aun cuando el trabajo sea duro y por lo general lo hagan hombres o muchachos solos o en pequeñas cuadrillas, éste es uno de los aspectos beneficiosos.[36]

La educación industrial, como solía llamársele por eufemismo, se debía a nuevos hechos en la teoría educacional. El adiestramiento de "delincuentes" en trabajos manuales y de poca destreza se justificaba como una empresa educativa porque estaba de acuerdo con la retórica y los fines de los salvadores del niño. Los principios de la "nueva educación" eran malinterpretados y rebautizados en apoyo de la tesis de que el conocimiento es subordinado de la acción e inferior a la práctica.[37] Los beneficios educacionales de la formación industrial, comentaba el inspector del Asilo de Huérfanos de Nueva York, radicaban en su aptitud de formar a los niños para los trabajos comunes y corrientes.

Ninguna instrucción que pueda proporcionar un maestro de ciencia doméstica en la escuela de instrucción puede tener tanto valor como una

---

[34] Charlton, "Report of the Committee", pp. 214-30. Estas doce "industrias generales" eran lavar y planchar, cocinar, hacer pan y pasteles, la sastrería, la pintura, la fabricación y la reparación de calzado, la carpintería, la floricultura, el cuidado del ganado, la agricultura, la música y el montaje de calderas de vapor y la instalación de gas.

[35] Brockway, *Fifty Years of Prison Service*, p. 421.

[36] Ira D. Otterson, "General Features of Reform School Work", *PN-CCC, 1892*, pp. 169-71.

[37] Hofstadter, *Anti-intellectualism in America*, p. 362.

formación completa, por la experiencia práctica en la preparación, la elaboración y el servicio de comidas regulares de la cabaña, desde la cocina individual de la misma.[38]

La afición a los libros era un atributo indeseable, y la forma más baja de trabajo servil se racionalizaba como una experiencia educativa.[39] "Tenemos en nuestros reformatorios de Indiana un gran número de niños y niñas de color", decía Charlton a la National Conference of Charities and Correction en 1890.

En nuestra escuela para niños deseamos enseñar a "cocinar" y "servir a la mesa", así como el trabajo de lavandería para los muchachos de color... Este mundo es de la industria. Es nuestra obligación hacer lo que nos corresponde, ayudar a los infortunados, y enseñarles a ganarse la vida honestamente. Si después de esto se siguen negando a trabajar, no podrán acusar al Estado de su caída. Y si subsiguientemente escogen el camino de la delincuencia, tendrán que atenerse a las consecuencias... En esta vida no hay ninguna cabida para las personas holgazanas.[40]

De la educación nueva tomaron los reformadores penales la idea de que el propósito esencial en la educación es enseñar a los niños los valores de la clase media y del mundo de los adultos. El progreso social había de lograrse "mejorando la vida privada de las personas", abordando los problemas sociales, económicos y políticos con soluciones personales y llevando a las mentes juveniles hacia canales aceptados socialmente.[41] Lo que señalaban los teóricos de la educación más perceptivos acerca de la capacidad de originalidad, del orgullo de descubrir y de la orientación de sí mismos en los niños sólo tuvo una influencia mínima en las técnicas educativas en escuelas y reformatorios. En cambio, lo que más gustaba a maestros y trabajadores de correccional era la premisa paternalista de la nueva educación, su creencia en el progreso social por la ayuda individual a sí mismo, y su nostálgica alusión a la estabilidad y la sinceridad del modo de vida pre-

[38] R. R. Reeder, "To Cottage and Country", *Charities*, 13, enero de 1905, 365.
[39] Consideraba Dewey que los libros eran perjudiciales en lugar de la experiencia, pero indispensables para interpretarla y ampliarla. La mayoría de los partidarios de Dewey no se daban cuenta de esta distinción. Véase Ray Ginger, *Altgeld's America: The Lincoln Ideal Versus Changing Realities*, pp. 203-8.
[40] Charlton, "Report of the Committee", pp. 228-29.
[41] Christopher Lasch, *The New Radicalism in America, 1889-1963*, p. 163, Nueva York, Alfred A. Knopf, 1965.

industrial. El movimiento en dirección de la cabaña y el campo representaba otro modo de que los principios de la educación más progresiva fueran traducidos en hechos por los reformadores penales.

LA CABAÑA Y EL CAMPO

La tendencia del paso de la vivienda colectiva en la ciudad a la vida grupal en el campo representaba un cambio importante en la organización de las instituciones penales para los delincuentes jóvenes. La salvación para el "huérfano citadino" y el "pilluelo del barrio" sólo era posible si volvían a una "vida más simple y más sana", a la vida "normal" del campo y a "la simplicidad del agricultor". Con el fin de ayudar de verdad a los delincuentes, decía el presidente de la Conference of Charities de Illinois, en 1898, "hay que proporcionarles simplicidad, protección y aislamiento".[42]

Muchos penólogos convenían que los niños que vivían en "condiciones parentales normales" no tenían que ser enviados a un reformatorio. Decía William Douglas Morrison: "La disciplina de un hogar algo deficiente es siempre mejor que la disciplina de una institución, y es mucho más probable que resulten eficaces los esfuerzos de la solicitud paterna y materna en la regeneración definitiva de un niño descarriado, que cualquier tipo de maquinaria estatal."[43] En una alocución ante la National Conference of Charities and Correction señalaba Homer Folks, en 1891, que los reformatorios en muchos casos no remplazaban el afecto de los padres, y que incluso, podían animar a los padres a rehuir sus obligaciones morales y económicas para con sus hijos.

Adelantándose a teorías sociológicas recientes acerca del encasillamiento de los discrepantes señalaba Folks que era un "mal inherente" del sistema de reformatorio su tendencia a poner a sus reclusos un "estigma duradero":

El reformatorio es, ante todo y sobre todo, un lugar adonde se envía a los niños delincuentes para que los reformen; y lo que se sobrentiende, en el caso de cada niño de este modo enviado, es que la comunidad se vio obligada a ponerlo entre rejas para defenderse de él. Así como al criminal salido de prisión le resulta difícil o imposible reinstalarse en la sociedad, así el muchacho que sale del reformatorio lleva la marca in-

---

[42] Jenkin Lloyd Jones, "Who are the Children of the State?", *Proceedings of the Illinois Conference of Charities, 1898*, en *Fifteenth Biennial Report of the Board of State Commissioners of Public Charities*, pp. 283, 286-287, Springfield, Phillips Brothers, 1899.
[43] Morrison, *Juvenile Offenders*, p. 289.

famante de la delincuencia. Esto perpetúa el mal de la asociación, puesto que el muchacho exonerado de este modo busca para compañeros a quienes, mediante una disciplina y una educación semejantes, tienen los mismos intereses y simpatías.

El reformatorio, dice Folk, no prepara a la juventud para el mundo de fuera. En el momento de su liberación "lo arrojan en medio de las tentaciones, doblemente poderosas por la novedad. Es precisamente en ese momento cuando hay que retirar la disciplina estricta y quitarle la rutina de la vida que llevaba."[44]

Aunque Folks fue el más claro y constante crítico del sistema norteamericano de reformatorios, estaba más descontento con su desempeño que con sus principios fundamentales. Tenía que reconocer que la institución era un mal necesario, que podía convertirse en algo semejante al espíritu de la vida familiar. Pero muchos penólogos tenían pocas reservas acerca de la utilidad y los beneficios que reportaban los reformatorios; para ellos, un reformatorio siguiendo el plan de cabañas en el campo era más "natural" y sano que una vivienda en los barrios bajos. Apuntaba G. E. Howe:

Al sacar a un muchacho de un hogar insuficiente o malo para ponerlo en uno mejor o bueno, no violamos la ley natural, sino obramos de acuerdo con ella... De modo que si separamos a un niño de unos padres que virtualmente han hecho de él un huérfano, por su incapacidad, su descuido o su conducta cruel, y de un hogar antinatural y odioso, y lo llevamos a la adopción por padres más prudentes y mejores y a un hogar más natural, cómodo y lleno de benevolencia, no estamos obrando contra la naturaleza sino siguiendo los principios naturales.[45]

El plan de cabañas difería en varios respectos importantes del estilo de colectividad de las prisiones y cárceles tradicionales. Según William Letchworth, en una alocución pronunciada ante la National Conference of Charities and Correction, en 1886, los reformatorios debían alentar la individualidad y la conciencia de las responsabilidades para con la familia.[46] Esbozaba Howe los requisitos de un plan ideal de cabañas diciendo:

...se clasifica a los reclusos y se les pone en número limitado en cabañas [o casitas de campo] modestas pero bien construidas, libres de todo

[44] Homer Folks, "The Care of Delinquent Children", *PNCCC, 1891,* pp. 137-39.
[45] Howe, "The Family System", pp. 209-10.
[46] William P. Letchworth, "Children of the State", *PNCCC, 1886,* pp. 151-56.

lo que huela a cosa de prisión, con los muebles y todo lo necesario para la comodidad de un hogar bien ordenado, presididas por un caballero y una dama cristianos que, como marido y mujer, tengan la misma relación que padre y madre con los menores de la casa. Cada familia es distinta de las demás en todo lo tocante a su propia gestión, pero está unida con todas las demás con una dirección capital. Cada familia tiene su sala de clase, su dormitorio, su comedor y su terreno de juego. El gobierno de cada familia será por completo paternal y maternal, y la coerción física nunca será empleada a menos que hayan fallado todos los demás medios, y aun entonces, sólo será aplicada con el espíritu y genio humano de la familia.[47]

R. R. Reeder, superintendente del Asilo de Huérfanos de Nueva York, observaba que el reformatorio ideal debería contener "los elementos esenciales de un buen hogar".[48] Varios años antes, Mary Carpenter había sugerido también que debería ser

infundido por los funcionarios residentes y el esfuerzo benévolo voluntario el espíritu amoroso de la familia. El entorno de los jóvenes así llevados a una atmósfera artificial debería corresponder a su modo natural de vida, hasta donde fuera posible y compatible con las condiciones sanitarias, el orden y el decoro.[49]

Los principios tradicionales de la disciplina carcelaria eran considerados detestables para los delincuentes jóvenes y "un ultraje [a] la índole de la vida infantil". La prisión, con sus "cerrojos en la puerta, sus barrotes en las ventanas, su patio de altos muros, su sombría celda" y la "fuerza bruta", decía Howe, son contrarios a la reforma de los menores. "El niño ama y ansía la libertad. Todo contacto suyo con la naturaleza no es más que su comunión con una segunda madre." La prisión es "una residencia antinatural" y sus funcionarios "nunca son paternales ni fraternales, sino alguaciles y capataces suspicaces".

En instituciones basadas en el plan familiar era importante que el personal fuera seleccionado cuidadosamente por su carácter, su inteligencia y su "fuerte amor natural a los niños". Deberían ser "caballeros y damas cristianos" dotados de sentido común, y "refinamiento natural", y cultos.

El amor y el entusiasmo por el trabajo son siempre los mejores requerimientos en que se ha de insistir cuando se trate de escoger a los que

---

[47] Howe, "The Family System", p. 210.
[48] Reeder, "To Cottage and Country", p. 366.
[49] Mary Carpenter, "Suggestions on Reformatory Schools and Prison Discipline, Founded on observations Made During a Visit to the United States", *Proceedings of the National Prison Reform Congress, 1874*, p. 158.

serán autoridad y padres para estos niños y jóvenes; nada será despreciado como el espíritu mercenario en el candidato a estos puestos, y los meros buscadores de un empleo asalariado habrán de ser rechazados por indignos.

En réplica a la crítica de que en el sistema abierto o familiar el niño sentiría la tentación de fugarse, Howe apuntaba que "una prudente libertad se convierte en su propio defensor". Si la institución es tan confortable y amable como el hogar natural, ¿por qué habría un niño de querer huir de ella?

Pero supongamos que hasta 5 o 10% de los peores muchachos huyeran irreparablemente, ¿no debería nunca concedérsele al porcentaje restante el beneficio de la libertad? ... El muchacho o el hombre necesitado de un tratamiento en reformatorio está punto menos que perdido si ha de ser continuamente objeto de sospecha. La política de sospecha continua es irritante, odiosa y una traba que atenúa y frustra cualquier deseo que pudiera tener de ser *digno* de confianza... [En la prisión tradicional], el recelo y el espionaje han sido reducidos a ciencia, y el niño nunca está en condiciones de que se someta a prueba sin prejuicios su honor.[50]

Lo que ofrecía el plan de colectividad en economía y eficiencia era suficientemente compensado por la preservación de los instintos sociales del niño y las obligaciones familiares con el plan de cabañas.

La nueva penología subrayaba cuán corrupta y artificiosa era la ciudad; de la educación progresiva proviene el interés por el naturalismo, la pureza y la inocencia. Por eso no es sorprendente que el plan de cabañas también entrañara un movimiento hacia una ubicación rural. El objeto de los reformadores penales no era tan sólo la utilización del campo para enseñar las destrezas agrícolas. La confrontación entre los delincuentes depravados y la naturaleza impoluta debía producir un efecto espiritual y regenerativo. Decía Charles Loring Brace:

Con una atmósfera de amabilidad, simpatía, bienestar y respeto de sí mismo, muchos de sus vicios se desprenden de ellos como las antiguas vestimentas llenas de miseria que dejaron atrás... Todo el cambio de circunstancias parece limpiarlos de muchos malos hábitos... [En el campo] no es tan fácil que tropiecen con malas compañías, y tampoco están expuestos a los peligros de la holgazanería.[51]

---

[50] Howe, "The Family System", pp. 211-21.
[51] Charles Loring Brace, "The 'Placing Out' Plan for Homeless and Vagrant Children", *PNCCC, 1876,* p. 137.

En su famoso estudio sobre *Las clases peligrosas de Nueva York* contribuía Brace a crear el mito de que "los cultivadores de la tierra son la clase más sólida e inteligente de nuestros Estados Unidos... De acuerdo con esto, es de la mayor importancia para ellos criar niños que los ayuden en su trabajo y sean compañeros de sus propios hijos."[52] Era importante que las instituciones para niños estuvieran situadas en el campo, lejos de "la ciudad ruidosa, ajetreada y sucia", con sus "cantinas, sus lupanares y sus pandillas de hamponcetes". La pureza del campo frente a la corrupción de la ciudad era un tema recurrente en el movimiento pro salvación del niño. John P. Sloan, superintendente de la escuela de John Worthy, en Chicago, se quejaba en la Conference of Charities de Illinois, en 1901, de que era imposible reformar a los niños en la ciudad, donde había tentaciones por doquier, y donde los padres no enseñaban a sus hijos a respetar los derechos y las propiedades de los demás. E indicaba como el único remedio apropiado el cambio de ambiente.

Del hacinamiento en los tugurios de una población ruidosa y desordenada, donde setenta por ciento de los habitantes son de padres extranjeros, deberían ser enviados estos muchachos al campo libre, con una existencia metódica y regular y una formación y educación que cree y fomente hábitos de laboriosidad.[53]

Ophelia Amigh, superintendente del Home for Juvenile Female Offenders, del estado de Illinois, coincidía sustancialmente con sus colegas profesionales en que "el único plan, el único modo de salvar a estos muchachos y muchachas es alejarlos de las grandes ciudades".[54] Nelson McLain, superintendente recién nombrado para el Home for Delinquent Boys del estado de Illinois, proponía también que los delincuentes

sean alejados de las malas compañías y las tentaciones, de la podre y el contagio morales y físicos, de las luces de gas y del gas de los albañales; que los lleven a los bosques y los campos, lejos de la tentación y el contagio; que los saquen a la luz del sol y de las estrellas, y al aire puro y suave de los prados...[55]

---

[52] Charles Loring Brace, *The Dangerous Classes of New York and Twenty Years' Work Among Them*, p. 225.
[53] *Proceedings of the Illinois Conference of Charities*, 1901, en *Seventeenth Biennial Report of the Board of State Comissioners of Public Charities*, p. 232, Springfield, Phillips Brothers, 1902.
[54] *Ibid.*, p. 230.
[55] *Ibid.*, p. 300.

Esta preocupación por "la vida simple y natural" reflejaba el interés de los reformadores en alejar a los reformados de las corruptoras influencias de la tecnología y la vida urbana y por la exuberancia irrestricta de la adolescencia.[56] Pero los salvadores del niño no tardaron en señalar que no se debía confundir lo natural con la laxitud. Lo malo de la ciudad era que ofrecía demasiadas tentaciones e insuficiente vigilancia. Un reformatorio no era un "hogar meramente placentero" sino un lugar donde se enseñaba a los niños "descarriados" el valor de la disciplina y los "robustos hábitos de la frugalidad".[57]

TRATAMIENTO Y RESTRICCIÓN

La meta de la nueva penología era reformar o, como decía Brockway, "educar al hombre entero, su capacidad, sus costumbres y gustos, mediante un procedimiento racional".[58] El programa de reforma no era posible sin disciplina ni supervisión. Y así se introducía la sentencia indeterminada para alentar la cooperación por parte de los reclusos.[59] Aunque en teoría el reformatorio debía formar una exención de la fuerza punitiva, en la práctica se caracterizaba por un régimen de coerción y represión. Como los salvadores del niño profesaban buscar lo mejor para sus "pupilos", no era necesario que se formulara una reglamentación legal de derecho y deber de tratar, del mismo modo que habían sido reglamentados antiguamente el derecho y el deber de castigar. En efecto, la nueva penología reificaba el estatus dependiente de los niños al desconocerles sus derechos jurídicos.

La "edad de tratamiento" hacía una profesión y un mandamiento moral del "cambiar a la gente".[60] "La reforma", decía Brockway, "es la socialización del antisocial por el adiestramiento científico, al mismo tiempo que con el más cabal control oficial."[61] Hamilton Wey, médico residente en Elmira, completaba esta filosofía con un régimen de entrenamiento físico, baños calientes y "todos los instrumentos modernos

---

[56] El trasladar el reformatorio de la ciudad al campo significaba también que los delincuentes se volvían "invisibles" y quedaban apartados de la sociedad "civilizada".

[57] Howe, "The Family System", pp. 212-17.

[58] Brockway, *Fifty Years of Prison Service*, p. 423.

[59] *Ibid.*, pp. 401-2.

[60] Robert Martinson, "The Age of Treatment: Some Implications of the Custody-Treatment Dimension", *Issues in Criminology*, 2, otoño de 1966, 275-93.

[61] Brockway, *Fifty Years of Prison Service*, pp. 308-9, 393.

para la cultura científica".[62] Brockway exigía de igual manera que todos los reclusos observaran tácticas, ejercicios y desfile diario con uniforme, como en el ejército regular. Y decía orgullosamente:

El reformatorio se convirtió en una manera de guarnición con mil soldados prisioneros... Por medio principalmente de la organización militar... el tono general fue cambiando gradualmente del de una prisión para convictos al de una fortaleza con conscriptos... Era una comunidad de convictos con régimen militar y cuya guarnición formaban sus propios habitantes. Se iba persiguiendo vigorosa y totalmente el magno objeto del reformatorio; cada comienzo de declinación era rápidamente parado, y se vencía la aversión de los prisioneros individuales o obedecer. El régimen estaba planeado tanto para excitar como para restringir.[63]

Aunque se consideraba que Elmira era el reformatorio modelo norteamericano, llegó a ser tal la falta de espacio que la misión de reformar se volvió secundaria respecto de los problemas de manejo y control. Había sido edificada Elmira con 500 celdas, mas para 1899 albergaba hasta a 1500 reclusos. "Lo que había empezado como un experimento audaz", escribía Grünhut, "perdió el impulso que había inspirado a sus primeros promotores y se volvió trabajo rutinario y tratamiento masivo".[64] De todos modos, el movimiento de reformatorios se difundió rápidamente por los Estados Unidos, y los visitantes europeos atravesaron el Atlántico para inspeccionar y admirar los logros de sus pragmáticos colegas.[65] Mary Carpenter, que hizo una gira

[62] Hamilton D. Wey, "A Plea for Physical Training of Youthful Offenders", *Proceedings of the Annual Congress of the National Prison Association, 1888*, p. 193.

[63] Brockway, *Fifty Years of Prison Service*, pp. 310-11, 421. "El sistema militar... cuando fue puesto al mando el coronel Bryan, que tenía la ventaja de haber sido cadete en la Academia Militar Nacional de West Point, rápidamente reportó la precisión de la organización y los movimientos militares, con los consiguientes beneficios para todo el régimen disciplinario", *ibid.*, p. 302.

[64] Grünhut, *Penal Reform*, p. 92. Los elogios que prodiga Grünhut a Brockway, Dwight, Sanborn y Wines parecen algo exagerados. Hay en las historias de la penología norteamericana tendencia a considerar las innovaciones progresivas como el resultado de individuos carismáticos y no de sistemas sociales. Es fácil advertir que la nueva penología no estuvo a la altura de las ideas de sus preconizadores y que la rutina y el conformismo arruinaron las nuevas ideas. Más difícil es analizar las contribuciones de los reformadores penales a la corrupción de sus propias ideas. Lo que parece aún más probable con este breve examen de Brockway y Wines es que la nueva penología no era tan "nueva" y que comprendía muchos de los rasgos autoritarios de la penología "antigua".

[65] Véase, por ejemplo, *Proceedings of the Eleventh National Conference of Charities and Correction* (la conferencia se celebró en St. Louis en 1884).

por las instituciones norteamericanas en 1873, dio un informe de sus impresiones ante el Congreso Nacional de Prisiones en St. Louis. En general estaba satisfecha con "los grandes y generosos gastos que se habían hecho libremente para promover el bienestar de los reclusos y con amor a la religión". La mayoría de los problemas de corrección, en lo tocante a los delincuentes, comentaba, podrían remediarse si los reformatorios fueran construidos como escuelas de agricultura o "verdaderos hogares". En la Reform School de Massachusetts, en Westborough, halló una "total ausencia de espíritu familiar" y en Nueva York se quejaba de que no había "vida natural" en el reformatorio: "Todas las medidas tomadas son artificiales; en lugar de cultivo de la tierra, que prepararía a la juventud para buscar una esfera lejos de los peligros de las grandes ciudades, a los muchachos se les enseñan oficios que los confinarán en los grandes centros de una aglomeración sobrepoblada". Halló condiciones semejantes en Filadelfia, donde "centenares de jóvenes estaban bajo llave", pero alabó la Reform School de Connecticut por su "admirable sistema de formación agrícola".[66] Si hubiera visitado el reformatorio del estado de Illinois, en Pontiac, hubiera hallado una "penitenciaría menor" gravemente sobrepoblada, donde se obligaba a los reclusos a trabajar diez horas al día en la fabricación de zapatos, cepillos y sillas. En su conjunto, los visitantes extranjeros tendían a identificar las ideas de Brockway con *la* política norteamericana. Pero algunos penólogos alemanes criticaron la rigidez de los reformatorios basados en un régimen militar. El sistema de gradación les parecía demasiado mecánico y "el esfuerzo intenso y la competición que penetraban la vida entera estaba exclusivamente dirigido hacia la selección de los triunfadores".[67]

El plan de reformatorios requería la enseñanza de destrezas de clase baja y valores de clase media. Se presentaba a los "delincuentes" como "indiferentes a los derechos de los demás", "faltos de distincio-

---

La señora Concepción Arenal leyó un trabajo sobre el "abandono de los niños" en España; el juez presidente del alto tribunal de Varsovia, Alexandre de Moldenhauer, estudió problemas de tutoría en Polonia; G. F. Almquist, inspector general de las prisiones suecas, comunicó un trabajo sobre el sistema de reformatorios; Arthur G. Maddison, secretario de la unión de reformatorios y refugios de Inglaterra, describió el tratamiento que en este país se daba a los delincuentes juveniles; y T. B. Baker examinó las objeciones al envío de delincuentes a los reformatorios a su primer fallo condenatorio y qué otra cosa podría hacerse en su lugar.

[66] Carpenter, "Suggestions on Reformatory Schools", pp. 157-73.
[67] Citado por Grünhut, *Penal Reform*, p. 93. Para un informe detallado sobre el sistema de gradación, véase Zebulon R. Brockway, "Prison Discipline in General", *PACC, 1878,* p. 109.

nes morales, de ambición de hacerse alguien digno..., de fibra" y "codiciosos". Estas deficiencias sólo podían rectificarse por la formación de carácter —"mucho entrenamiento y ejercicio del dominio de sí mismo"— y los cambios en la personalidad.[68] Exhortaba un delegado a la conferencia anual de la National Prison Association en 1898:

Señálese a los niños todo lo bello de la naturaleza y el arte... Enséñeseles a amar a su madre y su hogar, y a esperar el cielo... Dese a los menores buenas compañías, alojamiento decente y cómodo, camas limpias y alimentación sana. Sonríaseles, hábleseles y hágase brillar el sol en sus almas.[69]

Otro trabajador en obras de caridad proponía que a los delincuentes se les enseñase "a manejar el dinero, la economía, a ser frugales y a tener confianza en sí mismos".[70] Un partidario del sistema de educación en kindergarten decía que debía acostumbrarse a los niños "a hablar amablemente, a obrar con educación, a mostrarse corteses, y a no permitirse groserías ni aspereza en sus palabras ni en sus obras".[71]

Prevalecía el mito de Horatio Alger: un niño pobre y delincuente podía elevarse a una posición de importancia social y económica por su voluntad, su trabajo intenso y su esfuerzo individual.[72] Al proponerse en el segundo Congreso Internacional de Prisiones, en 1878, que la educación en las instituciones especiales para niños "debía corresponder a las condiciones en que vive la clase obrera", un delegado norteamericano, Caleb C. Randall, rechazó esta recomendación porque se basaba en la "idea de castas". Dijo Randall que "tal idea no podría ser tolerada en Estados Unidos ni por un solo instante, ya que allí prevalece la igualdad de derechos y la idea de que el niño de más humilde origen puede llegar al puesto más elevado".[73] En las

[68] F. H. Nibecker, "The Influence of Children in their Homes after Institution Life", *PNCCC, 1895,* pp. 220-32, 229.
[69] R. C. Buckner, "Child Saving", *Proceedings of the Annual Congress of the National Prisons Association, 1898,* p. 279.
[70] Lynde, "Preventions in Some of its Aspects", p. 165.
[71] R. Heber Newton, "The Bearing of the Kindergarten on the Prevention of Crime", *PNCCC, 1886,* p. 27.
[72] R. Richard Wohl, "The Rags to Riches Story: An Episode of Secular Idealism", en Reinhard Bendix and Seymour Martin Lipset, eds., *Class, Status and Power: A Reader in Social Stratification,* pp. 388-95.
[73] Teeters, *Deliberations,* pp. 47-48. Muchos penólogos sostenían empero que los niños delincuentes debían ser preparados sólo para tareas bajas. Un importante penólogo educador observaba que "la pobreza, la miseria y el vicio de la próxima generación procederá en gran medida de los niños de tugurio. Lo que necesitan es que se les imbuyan hábitos de decencia, limpieza, decoro, los rudimentos de la civilización y la vida doméstica;

pláticas en conferencias nacionales, informes anuales de correccionales y folletos solían incluirse cortos bosquejos literarios y anécdotas relativos a niños que habían salido de un reformatorio o un orfanato para tener grandes triunfos financieros y sociales. Si a los niños se les enseñaban "las costumbres de los limpios y frugales hogares norteamericanos" mientras estaban en el reformatorio, sus probabilidades de éxito serían mucho mayores a su salida.[74]

Pero en la práctica era bien sabido que los trabajadores de correccional se afanaban en "calmar" a los delincuentes y en mostrarles el valor de "la abnegación y el ejercicio personal productivo".[75] La verdadera prueba de que un delincuente se había reformado, como dijo William Letchworth en la conferencia nacional de Charities and Correction, en 1886, era su adaptación sin quejas a su anterior medio ambiente: "Si se muestra verdaderamente reformado en medio de influencias adversas, logra la fuerza moral que hace su reforma permanente."[76]

Los delincuentes recalcitrantes que se negaban a apreciar el valor de la reforma recibían un "vigoroso tratamiento" para que "aprendieran los beneficios que reporta el seguir por la senda del bien". Se castigaban severamente los juegos de cartas y los relatos "obscenos".[77] Decía J.C. Hite, de la Escuela Industrial para Varones, de Ohio:

su instrucción no debe ser demasiado abstracta, ni técnica en el sentido de prepararlos para exámenes por oposición, empleos de oficina ni universitarios, sino más bien para el taller, la fábrica, las artesanías o el hogar" (Arthur MacDonald, *Abnormal Man*, p. 14). Otro ejemplo es la proposición de un superintendente de reformatorio en Illinois de que "las nueve décimas partes de estas personas deberían ser adiestradas para desempeñar un trabajo común y corriente..." *Seventeenth Biennial Report of the Board of State Commissioners of Public Charities*, p. 301, Springfield, Phillips Brothers, 1902.

[74] James Allison, "Juvenile Delinquents: Their Classification, Education, Moral and Industrial Training", *PNCCC, 1898*, p. 414. Los relatos de éxito solían adoptar la misma forma: "Del gran número de los que salieron de la institución para vivir por su cuenta podría reunirse buena cantidad de estadísticas maravillosas y sumamente satisfactorias. Entre ellos pueden hallarse abogados y médicos eminentes, así como miembros de otras honorables profesiones; algunos hicieron estudios universitarios con lauros y distinciones; otros no tardaron en convertirse en directores y propietarios de periódicos importantes; otros se hicieron diestros mecánicos y oficiales, muchos de ellos fueron industriosos agricultores y horticultores, y su interés en y conocimientos de estas nobles actividades los adquirieron en la escuela", Howe, "The Family System", p. 214.

[75] Brockway, *Fifty Years of Prison Service*, pp. 404-5.
[76] Levenworth, "Children of the State", p. 152.
[77] P. H. Laverty, "The Management of Reformatories", *PNCCC, 1884*, pp. 88-89.

Un reformatorio es un lugar de disciplina, es decir para instruir, educar, corregir y en algunos casos castigar... El principio de que el trabajo es honroso debe ser enseñado y afirmado puntualmente, pero a todo muchacho descarriado confiado a un reformatorio deben proporcionársele los tipos de trabajo que más exciten su mente y que lo hagan pensar con mayor rapidez... El trabajo cría músculo, y el músculo cría cerebro.[78]

La ideología de "tratamiento" del reformatorio se complicaba aún más con el repudio romántico y sentimental del complejo urbano-tecnológico. Los programas de "educación industrial" estaban sumamente apartados de las realidades agrícolas y económicas. Como la mayoría de las escuelas públicas en 1890-1900, padecían de un mecanismo anticuado y de técnicos anacrónicos, que "se aislaban con demasiada facilidad de la corriente principal de las innovaciones de la industria".[79] Los preconizadores del plan de reformatorios pasaban por alto el atractivo económico del trabajo en la ciudad y la superfluidad de los conocimientos agrícolas. Como advertía un economista a los reformadores en 1902:

Dígase lo que se quiera acerca de las ventajas de la vida agrícola para los jóvenes de nuestra tierra, y por mucho que se pueda lamentar que los (y las) jóvenes abandonen el campo y afluyan a las ciudades, no cabe duda de que el movimiento en dirección de las ciudades continuará mientras las mejoras en los procedimientos agrícolas hagan posible que, con un porcentaje constantemente decreciente de población, se proporcionen los alimentos y las materias primas que necesita el resto del género humano. En estas circunstancias es dudoso que el muchacho egresado de tal lugar... y puesto a buscar empleo en la agricultura, pudiera lograrlo, sobre todo si se recuerda que cada año les va resultando más difícil a los braceros agrícolas hallar empleo fijo y remunerativo para todo el año. Existe el grave peligro de que muchos egresados de la institución, incapaces de hallar empleo en actividades agrícolas, vuelvan a la ciudad, y al no encontrar en ella una oportunidad de aprovechar los conocimien-

---

[78] J. C. Hite, "Moral Elevation in Reformatories: What is Required to Produce it", *PNCCC, 1886*, pp. 60-61.
[79] "En los problemas citadinos de elevadísimo número de alumnos se mezclaban multitud de otras cuestiones. En los edificios escolares mal iluminados, insuficientemente calentados, a menudo antihigiénicos y llenos a reventar, inmigrantes jóvenes de una docena de países engrosaban la riada de niños del campo recién llegados. Los superintendentes hablaban esperanzados de reducir el tamaño de las clases a sesenta por maestro, pero en la mayoría de los casos se trataba sólo de una pía esperanza" (Lawrence A. Cremin, *The Transformations of the School: Progressivism in American Education, 1876-1957*, p. 57).

tos técnicos adquiridos, se desalienten y vuelvan a sus antiguas compañías y ocupaciones de delincuentes.[80]

Aunque el plan de reformatorios estaba "corrompido" en la práctica por el hacimiento, la mala gestión, la "mordida", los insuficientes recursos económicos y los problemas para encontrar personal técnico, conviene entender que su ideología básica era dura e intransigente. La represión y la disciplina eran partes integrantes del programa de "tratamiento" y no meramente expedientes aproximativos.[81] Los ejercicios militares, el "adiestramiento de la voluntad" y las largas horas de trabajo tedioso eran la esencia del plan de reformatorios. Los que trabajaban en correccionales combinaban las funciones de doctor en medicina y agente de seguros: estaban empleados para tratar a los clientes, pero su obligación primordial consistía en reportar los clientes recalcitrantes y creadores de problemas a la "compañía".[82]

Parece evidente que el movimiento pro salvación del niño iba mucho más allá de meras reformas instrumentales en el control social de la juventud. Fue también un movimiento simbólico que parecía estar defendiendo la santidad de las instituciones fundamentales: la familia, la comunidad agrícola, el "nativismo" protestante, la domesticidad de la mujer, la disciplina de los padres y la asimilación de los inmigrantes. En el capítulo siguiente examinamos cómo estas expresivas preocupaciones estaban relacionadas con las necesidades de los emprendedores reformistas que participaban en el movimiento redentor del niño.

[80] *Proceedings of the Illinois Conference of Charities*, 1901, pp. 232-33. También Cremin señalaba este punto: "Los que trabajaban la tierra habían sido 'el pueblo de Dios'. Ahora los antiguos lemas suenan algo huecos al bajar los precios de las propiedades agrícolas a lamentables profundidades y multiplicarse las heredades abandonadas. Pese a todo cuanto se dice de la nobleza de la agricultura, no se podían pasar por alto las tristes realidades: la tierra barata había desaparecido; los empleos, el dinero y las oportunidades se habían trasladado a la ciudad", *The Transformation of the School*, p. 75.

[81] De parecido modo argumentan Harvey Powelson y Reinhard Bendix en "Psychiatry in Prison", en la obra, dirigida por Arnold M. Rose, *Mental Health and Mental Disorder*, pp. 459-81.

[82] James Carey y Anthony Platt: "The Nalline Clinic: Game or Chemical Superego?", *Issues in Criminology*, 2, otoño de 1966, pp. 223-44. Véase también el comentario de Lee Rainwater, de que "la proliferación de policías en las escuelas, de escuelas especiales para niños 'incorregibles', y así sucesivamente, dan fe de las funciones carcelarias que sustentan la retórica educacional, y cada vez plantean más urgentemente la cuestión de la ideología natural, de que la 'educación' cura todos los males", "The Revolt of the Dirty-Workers", *Trans-action*, 5, noviembre de 1967, 2.

4. LA JUSTICIA MATERNAL

EL LUGAR DE LA MUJER

El movimiento pro salvación del niño se formó gracias a los esfuerzos de un grupo de reformadores feministas que contribuyeron a la aprobación de leyes especiales para los menores y la creación de instituciones nuevas para reformarlos. Sus actividades eran en esencia una "empresa moral", puesto que esperaban robustecer y redificar la fábrica moral de la sociedad.[1] Había amplio apoyo público para la idea de que era incumbencia de la mujer participar en la reglamentación de la asistencia a los niños. Las mujeres eran consideradas "curadoras por naturaleza" de los niños descarriados, y en la nueva penología entraban funciones maternales en el plan de reformatorios. La aspiración de las mujeres a la atención oficial de los niños tuvo alguna justificación histórica en el siglo XIX, y su papel en la crianza de los niños se consideraba fundamental.[2] En general se tenía a las mujeres por mejores maestros que los hombres, y también tenían más influencia en el manejo de los problemas de disciplina en el hogar. El hecho de que la educación pública estuviera principalmente en manos de maestras aumentaba el predominio de la mujer en la educación de los niños.[3]

Los mismos antifeministas consideraban que la redención del niño incumbía a la mujer. Las circunstancias sociales que estaban detrás de esta apreciación del maternalismo fueron la emancipación de la mujer y los cambios concomitantes en el carácter de la vida de familia tra-

---

[1] Howard S. Becker, *Outsiders: Studies in the Sociology of Deviance*, p. 145, Nueva York, Free Press Paperback ed., 1966.
[2] Geoffrey Gorer opina que el papel vestigial del padre y el dominante de la madre en la crianza del niño son la causa de la dominancia matriarcal en la sociedad norteamericana. "El aspecto idiosincrásico de la conciencia norteamericana es el ser principalmente femenino. Debido al papel más importante desempeñado por la madre en la disciplina del niño, en recompensarlo y castigarlo, se han incorporado muchos más aspectos de la madre que del padre. El deber y la conducta adecuada se hicieron figuras femeninas", *The American People: A Study in National Character*, pp. 54-56.
[3] Robert Sunley, "Early Nineteenth-Century American Literature on Child Rearing", en Margaret Mead y Martha Wolfenstein, eds., *Childhood in Contemporary Cultures*, p. 152. Véase también Orville G. Brim, *Education for Child Rearing*, pp. 321-49.

dicional. Las mujeres de clase media estaban ya mejor educadas y tenían más tiempo libre, pero las carreras a que podían aspirar no eran muchas. La salvación del niño, sin embargo, era una tarea digna para cualquier mujer que deseara aplicar a la comunidad sus funciones de guardiana del hogar sin impugnar los estereotipos antifeministas acerca de la naturaleza y el lugar de la mujer.[4] Escribe Christopher Lasch en su estudio del radicalismo norteamericano:

Es otra ironía el que las ideas relativas a la naturaleza femenina a que todavía se adherían algunos feministas, a pesar de su oposición al sojuzgamiento de la mujer en el hogar, eran los mismos estereotipos que durante tanto tiempo se utilizaron para tenerla allí. El supuesto de que las mujeres eran moralmente más puras que los hombres, más capaces de altruismo y abnegación era el meollo del mito de la domesticidad al que se oponían las feministas... Parecían coincidir curiosamente los supuestos feministas y los antifeministas.[5]

Las mujeres de clase media experimentaron al cambiar el siglo una revolución de estatus compleja y de vasto alcance. Sus funciones tradicionales estaban dramáticamente puestas en peligro por el debilitamiento de los roles domésticos y el reajuste especializado de la vida familiar.[6] Los salvadores del niño tenían conciencia de que su defensa de marginados sociales tales como los inmigrantes, los pobres y los niños no estaba motivada totalmente por ideales desinteresados de justicia y equidad. La labor filantrópica llenaba un vacío en su vida, un vacío creado por la declinación de la religión tradicional, el aumento del ocio y el aburrimiento, la aparición de la educación pública y la

---

[4] "Pero si su existencia inclinaba a algunas mujeres a la piedad, a otras las acicateaba hacia la rebeldía. Señalaba Veblen que este resultado era particularmente común entre las gentes acomodadas. Las mujeres de clase baja estaban amarradas a una vida de tráfago que les proporcionaba 'algo tangible y determinado que hacer' y ocupaban su vida tan cabalmente que no les quedaban tiempo ni energías para rebelarse. Pero las de la clase superior se veían obligadas a una vida de ocio vicario en honor de sus esposos; los cánones de la buena reputación las excluían de todo trabajo útil y las condenaban a pasar sus días en 'futilidad ceremonial'. En estas circunstancias empezó a afirmarse el 'antiguo hábito de la actividad con un fin determinado', el instinto del trabajo bien hecho, y algunas mujeres trataron de formarse un modo de vida que tuviera un significado", Ray Ginger, *Altgeld's America: The Lincoln Ideal versus Changing Realities*, p. 236, Chicago, Quadrangle Paperbacks, 1965.
[5] Christopher Lasch, *The New Radicalism in America, 1889-1963*, pp. 53-54.
[6] Talcott Parsons y Robert F. Bales, *Family, Socialization and Interaction Process*, pp. 3-33.

desintegración de la vida comunal en ciudades impersonales y llenas de gente.

El trasfondo, la forma de vida y los intereses de los salvadores del niño eran notablemente semejantes y se daban en todas las afiliaciones políticas. Las mujeres que tenían una carrera y los filántropos de sociedad, los clubes de mujeres y los centros de colocaciones, y los grupos políticos y apolíticos laboraban juntos en los problemas de los cuidados a los niños. Las organizaciones militares consideraban la salvación del niño como un problema de los derechos de la mujer, mientras que sus contrarios aprovechaban la oportunidad de tener a la mujer en su lugar debido. La salvación del niño era esencialmente un movimiento de clase media, puesto en marcha por la "clase ociosa" en ayuda de quienes ocupaban posición menos afortunada en el orden social.[7]

En general, los salvadores del niño eran gente culta, que había viajado mucho y que tenía acceso a los recursos políticos y financieros. Louise Bowen y Ellen Henrotin estaban las dos casadas con banqueros; el esposo de la señora Potter Palmer era un influyente corredor de bolsa y dueño de hoteles; el marido de la señora Perry Smith era vicepresidente del ferrocarril de Chicago y el Noroeste; y los padres de Jane Addams y Julia Lathrop eran senadores republicanos en la legislatura de Illinois. Los salvadores del niño contaban con pericia legal por el padre de Julia Lathrop, el esposo de Lucy Flower y Alta Hulett, la primera abogada de Illinois. Las profesionistas —como la doctora Sarah Hackett Smith, la doctora Julia Holmes Smith y la señora Andrew MacLeish, directora del elegante Seminario de Rockford— añadían a la reputación profesional del movimiento redentor del niño. Los esfuerzos públicos de las reformadoras fueron más adelante reconocidos durante la administración del gobernador Altgeld, quien nombró a Julia Lathrop para el patronato estatal de obras de caridad y a Florence Kelly como la primera inspectora de fábricas en Illinois.

Los ejecutivos del movimiento pro salvación del niño contaban con los filántropos y los clubes cívicos para sanción legal. El Club de Mujeres de Chicago, fundado en 1876, apoyaba la legislación sobre tribunales para menores, hizo campañas en favor de mejores condiciones en las cárceles y de instituciones especiales para niños, y colectó dinero para las causas de beneficencia infantil. Los miembros del club eran principalmente amas de casa de clase media que vivían con familias pequeñas, de dos niños o menos, en zonas residenciales suburbanas.[8]

[7] Para un análisis semejante del movimiento pro templanza véase Joseph R. Gusfield, *Symbolic Crusade: Politics and the American Temperance Movement.*

[8] Dorothy Edwards Powers, *The Chicago Woman's Club,* pp. 55-58.

Louise Bowen, uno de los miembros del club de mayor prominencia social, laboraba estrechamente con Jane Addams y Julia Lathrop en Hull House, lo que proporcionaba un importante lazo de unión entre las organizaciones del común y el mundo de la riqueza y la influencia política.

Aunque las salvadoras del niño se aburrían en su casa y se sentían insatisfechas por su falta de participación en el "mundo real", defendían vigorosamente la virtud de la vida familiar tradicional y subrayaban la dependencia del orden social en la debida socialización de los niños. Propagaban la opinión de que las mujeres eran más morales y amables que los hombres, mejor dotadas para proteger la inocencia de los niños y más capaces de regular su educación y su recreo. Decía Louise Bowen: "Las mujeres con sentido de responsabilidad en negocios públicos se resienten cuando les dan con la puerta en las narices y se hace pasar a los servicios del Estado el trabajo que iniciaran y mantuvieran durante largo tiempo."[9]

Los reformadores feministas empleaban los estereotipos antifeministas para promover su propio destino. Para Francis Lieber, por ejemplo,

la influencia de las mujeres, como esposas y madres, en su familia... es en general mayor que la de los hombres... Una madre prudente y moral puede, en gran medida, contrarrestar en su familia las desdichadas consecuencias de la vida intemperante o disoluta de su esposo, mucho más de lo que es posible a un marido honesto y trabajador contrarrestar los tristes efectos de la mala conducta de una mujer inmoral... Si ella no tiene principios, la casa entera está perdida...[10]

La participación de las salvadoras del niño en los asuntos públicos se justificaba como una prolongación de las funciones de manejo de la casa, de modo que no se veían a sí mismas —ni las veían los demás— como competidoras en menesteres por lo general desempeñados por los hombres. En una reunión del Friday Club en Chicago, la señora Bowen decía a su público que si bien el lugar de una mujer era la casa, con toda seguridad tenía derecho a opinar sobre la eliminación de la basura, la limpieza de las calles y el cuidado de la educación de los niños.

[9] Mary E. Humphrey, ed., *Speeches, Addresses, and Letters of Louise de Koven Bowen*, I, 164-67 (en adelante lo citaremos como *Bowen Speeches*).

[10] Francis Lieber, "Introducción" a la obra de Gustave de Beaumont y Alexis de Tocqueville, *On the Penitentiary System in the United States*, pp. 8-9. Para comentarios semejantes en este sentido véase *Eighth Biennial Report of the Board of State Commissioners of Public Charities of the State of Illinois*, pp. 162-74, Springfield, Illinois, H. W. Rokker, 1885.

Si en nuestros patronatos de caridad tuviéramos más mujeres conocedoras de la vida cotidiana de los pobres, serían muy valiosas en el trabajo de beneficencia y construcción. Si una mujer gobierna bien su casa, también debe ser capaz de gobernar esta casa más grande...[11]

Los salvadores del niño argüían que la mujer era especialmente apropiada para el trabajo con delincuentes. Un reformatorio sin una mujer, decía Lucy M. Sickels, de la Escuela Industrial para Muchachas en el estado de Michigan, es "como un hogar sin madre: un lugar de desolación. En la labor de reformatorio, la mujer es la buena madre. Las pulsaciones de la escuela o del hogar vibran en su pecho. Es aquella a quien todos buscan cuando necesitan consuelo y ayuda."[12] El plan de cabañas también necesitaba una mano femenina. Según G. E. Howe,

aquí se abre el camino a las más amplias oportunidades para la trascendente influencia de la mujer. El corazón universal de los hombres reconocerá el extraño poder que tiene la madre en el carácter en desarrollo del niño, y sobre todo, su duradera influencia en el muchacho. Aquí pues, en este sistema, damos al muchacho necesitado de *madre* un *hogar*, cosa olvidada en las precisiones del plan penal; y en especial adquiere esta consideración una importancia trascendental porque sabemos que muchos de los consignados son niños de tierna edad. Entonces, si podemos tener un sistema de reformatorio que ponga un oído femenino a escuchar los pequeños dolores, una mano femenina a suavizar los rigores de la vida del tierno huérfano, y el cetro del amor suave y encantador de la mujer a gobernar ese extraño reino que es el corazón de un niño, ¡la ganancia será inmensa![13]

George Hoover, superintendente de la American Home-Finding Association, decía en la Conference of Charities, de Illinois, en 1898, que "no hay ninguna institución tan bien adaptada para desarrollar los mejores elementos del carácter humano como la institución creada por Dios, o sea el hogar familiar, con una madre para amar y un padre para guiar y controlar".[14] James Allison, superintendente de la Casa Refugio de Cincinnati, decía en la conferencia nacional de Charities and Correction que la misión de los interesados en el bien de los niños era rehacer las familias, y proteger a los niños de familias corruptas.

---

[11] Humphrey, *Bowen Speeches*, 2, 633.
[12] Lucy M. Sickels, "Woman's Influence in Juvenile Reformatories", *Proceedings of the National Conference of Charities and Correction, PNCCC, 1894*, p. 164.
[13] G. E. Howe, "The Family System", *PNCCC*, pp. 212-13.
[14] *Fifteenth Biennial Report of the Board of State Commissioners of Public Charities*, p. 322, Springfield, Illinois, Phillips Brothers, 1899.

"Tenemos que rodear [al niño] del cálido sol de una verdadera vida de hogar. Necesariamente habrá de ser un hogar humilde... impregnado de los elementos de fuerza paterna y directiva, con la calidez y la seriedad del afecto materno."[15] Y Frederick Wines pensaba también que "la seguridad de la sociedad depende de la salvaguarda del hogar, que debe ser ante todo un hogar sano."[16]

Las delegadas a las conferencias nacionales filantrópicas y penales comprendían que el plan de reformatorios señalaba posibilidades para carreras provechosas. La señora W. P. Lynde declaró ante la conferencia nacional de Charities and Correction en 1879 que las instituciones para niños presentaban "el campo más apropiado y noble para las actividades públicas de las mujeres en el tiempo que puedan ahorrar de sus primordiales obligaciones domésticas". De las mujeres que tenían esposo e hijos que atender, no podía esperarse que descuidaran su hogar, pero muchas mujeres tenían tiempo de sobra para dedicarlo a sus fines filantrópicos:

No tienen ni desean influencia ni puestos políticos, pero están dispuestas a dedicar parte de sus aptitudes y su tiempo a fines benévolos o caritativos como los que pueden hallarse dentro del círculo de su vida. En gran parte se trata de mujeres que no tienen una obligación superior de vida doméstica que exija su primer pensamiento; viudas, mujeres solteras, o bien sin hijos, con aptitudes, y a menudo con dinero, amén de un deseo consciente de hacer algo que llene su vida y contribuya al bien de la humanidad... El beneficio de esta experiencia, que en ningún lugar puede aprenderse tan bien como en el propio hogar, junto a la cuna de sus hijos, el Estado no podría comprarlo nunca, pero ellas están dispuestas a darlo.[17]

La salvación del niño requería también "abnegación y trabajo paciente" por parte de las mujeres casadas que se dedicaban a la labor correccional. Era un puesto para mujeres de clase media dotadas de inteligencia, sentido de altruismo y voluntad de trabajar. Según Clara T. Leonard, "Simplificando el vestido y las diversiones, recortando un poco aquí y otro poco allá de nuestros lujos, podemos cambiar del todo el curso de muchas vidas humanas."[18] Se exhortaba a las mujeres a hacer de sus vidas algo útil, participando en programas de benefi-

---

[15] James Allison, "Juvenile Delinquents: Their Classification, Education, Moral and Industrial Training", *PNCCC, 1898*, p. 413.
[16] *Proceedings of the Annual Congress of the National Prison Association*, Chicago, 1907, p. 11.
[17] W. P. Lynde, "Prevention in Some of Its Aspects", *Proceedings of the Annual Conference of Charities, 1879*, p. 167.
[18] "Family Homes for Pauper and Delinquent Children", p. 175.

cencia, prestando voluntariamente tiempo y servicios y tratando con grupos menos privilegiados. Se les animaba a buscar empleo en instituciones que eran "como la vida familiar con su múltiple desenvolvimiento y sus diversos intereses y ocupaciones, y donde el elemento femenino impregna la casa y suaviza la atmósfera social con ternura maternal".[19]

Dijo C. D. Randall en una conferencia nacional, en 1884, que a las mujeres se debían muchas reformas sociales. Que la mujer tenía una singular capacidad para entender los problemas humanos y para entregarse abnegadamente a la ingeniería social. "Siempre que y doquier la encontramos, es apóstol de la verdad, sin miedos ni concesiones, y profeta inspirado de una humanidad más alta y mejor." En las instituciones, decía el señor Randall, las mujeres eran indispensables, debido a que "la nación más fuerte es aquella donde más fuerte se siente el amor al hogar. Todo esfuerzo benévolo por purificar y fortalecer la vida del hogar está bien orientado."[20] Anotaba el superintendente de una escuela reformatorio oficial que los reformatorios deberían estar divididos en familias, dirigidas por "un hombre y una mujer temerosos de Dios". Las mujeres debían ser nombradas educadoras y administradoras, porque

no puede ser sobrestimada la influencia de una cristiana pura en la reforma permanente de los delincuentes. Con otras dotes, debe poseer un conocimiento de la música, suficiente al menos para tocar sus acompañamientos, cantar con los niños y enseñarlos a cantar... Estas cabezas de familia femeninas en nuestra escuela hacen al mismo tiempo de madre, ama de gobierno y maestra.[21]

El tema a tratar en la conferencia nacional de Charities and Correction de 1892 fue "la mujer en la filantropía". Anne B. Richardson, miembro del Board of Lunacy and Charity de Massachusetts, tranquilizó a los delegados prometiéndoles que las mujeres profesionales no descuidarían de ningún modo sus obligaciones de "guardianas del hogar". Dijo que las mujeres no aspiraban a "usurpar los derechos y privilegios del sexo fuerte y su llamada mejor mitad". La señora Richardson se disociaba de aquellas "terribles doctrinas" de las sufragistas y distinguía entre derechos políticos y servicios sociales a manera de justificación para la participación de las mujeres en actividades públicas. Este argumento era un dudoso tipo de racionalización y

[19] Lynde, "Prevention in Some of Its Aspects", pp. 165-66.
[20] C. D. Randall, "Child-Saving Work", *PNCCC, 1884*, p. 116.
[21] Ira D. Otterson, "General Features of Reform School Work", *PNCCC, 1892*, p. 172.

reflejaba el conflicto y el sentimiento de culpa de la mujer profesionista por el abandono de sus obligaciones domésticas. No obstante, era una buena estrategia práctica para subrayar el hecho de que las instituciones públicas, como los reformatorios, necesitaban de las destrezas del ama de casa, la orientación maternal y la ternura femenina para complementar, no remplazar, la autoridad paternal. Decía Anne Richardson:

La única declaración de derechos que se hace aquí es la del igual derecho que el hombre a atender a y laborar por los enfermos, los que padecen, los desvalidos, los depravados... Debido a la aptitud para desempeñar los puestos a que se hace referencia, debería nombrarse por igual a hombres y mujeres, tanto unos como otras, y no se trata para nada de una cuestión de sexo... No es que se quiera preconizar el nombramiento de mujeres para las juntas directivas con la intención de hacerlas avanzar como mujeres, sino de un medio de poner en útil actividad todas las cualidades femeninas que complementarían las de los hombres y redondearían en proporciones armoniosas las organizaciones formadas para facilitar la labor de caridad.[22]

En resumen, el movimiento salvador del niño recibió fuerte influencia de las mujeres de clase media que prolongaban su función de amas de casa al servicio público y ponían sus amplios contactos políticos y recursos económicos al servicio de la causa del bienestar infantil. Las salvadoras del niño defendían la importancia del hogar, de la vida familiar y de la vigilancia de los padres, puesto que eran tradicionalmente estas instituciones las que habían suministrado un objeto a la vida de una mujer. El movimiento pro salvación del niño se organizó de acuerdo con intereses de clase más que con los de partidos políticos y trascendió el faccionalismo entre grupos cívicos y feministas.

RETRATO DE UNA REDENTORA DEL NIÑO: LOUISE DE KOVEN BOWEN

Louise de Koven Bowen tipificaba a los filántropos acomodados y de pensamiento cívico que transformaron la salvación del niño de entretenimiento respetable en empresa apasionada y de tiempo completo.[23]

[22] Anne B. Richardson, "The Cooperation of Woman in Philanthropy", pp. 216-22.
[23] Para esta semblanza de Louise Bowen hemos consultado: Henriette Greenbaum Frank y Amalie Hofer Jerome, *Annals of the Chicago Woman's Club for the First Forty Years of its Organization;* Mary E. Humphrey, ed., *Speeches, Addresses, and Letters of Louise de Koven Bowen;* Bowen, *Safe-*

Como muchas de sus contemporáneas del Chicago Woman's Club y diversas asociaciones cívicas, procedía de una familia rural protestante, había sido educada en forma, en escuelas y universidades privadas, había viajado mucho, tenía relaciones tradicionales con el Partido Republicano y evolucionaba en los más altos círculos sociales y políticos.

Niña pálida y anémica, pasó su tranquila infancia en la comodidad y el retiro de un rico suburbio de Chicago. Después asistió al elegante seminario de Dearborn, donde le enseñaron a apreciar el valor de la gentileza y la abnegación, cualidades que más adelante la ayudaron en sus contactos con los pobres. Su vida en el hogar era elegante y lujosa. A la edad de doce años, pidió a su padre que contratara un cochero y un lacayo para el carruaje de la familia, de modo que no la afeara su refinada prima, que los visitaba de Nueva York. Su padre le permitía gastar su dinero ataviando a sus sirvientes con exóticas libreas, aunque el cochero decía que aquello le recordaba la esclavitud. Los Bowen eran gente del campo, de todo corazón, inclinados al protestantismo evangélico y de fuertes convicciones morales. Recordaba Louise Bowen:

Después de todo, si *estábamos* hechos al campo, teníamos ciertas normas y ciertos ideales de acuerdo con los cuales tratábamos todos de vivir y que con toda seguridad hacían genuino el carácter y buena la ciudadanía. No se servían licores en ninguna de las fiestas dadas en Chicago en aquellos lejanos días, y si se veía a algún joven alterado por el alcohol, nunca se le volvía a invitar a ninguna parte.[24]

Muchos de los parientes de Louise eran importante gente de sociedad del oeste medio y del este. Dos de sus tías de Nueva York se casaron con hombres de profesión, y otra con un negociante. Su abuelo, Edward Hadduck, que fue a Chicago de Ohio en 1830, hizo su fortuna especulando con tierras, y después poseía varios molinos. Louise solía ver a su imponente abuelo cuando él llegaba a casa después de su trabajo:

Figura interesante, llevaba prendas de fino paño negro con un cuello alto, un bastón negro de tipo antiguo y, desgraciadamente, un gran diamante solitario en la pechera. Su alto sombrero siempre estaba brillante,

---

guards for City Youth at Work and at Play; Bowen, *Growing Up With a City;* Bowen, *The Road to Destruction Made Easy in Chicago;* Bowen, *The Straight Girl on the Crooked Path: A True Story;* Bowen, *The Colored People of Chicago;* Bowen, *Our Most Popular Recreation Controlled by the Liquor Interests: A Study of Public Dance Halls;* Bowen, *Open Windows.* Estas referencias se mencionarán sólo en citas largas.

[24] Bowen, *Growing Up With a City,* p. 44.

y también la manga derecha de su levita, que le servía de cepillo para el sombrero. Cuando llegaba de noche estaba todavía cubierto de polvo blanco del molino... Yo bajaba corriendo las escaleras y él se quitaba el sombrero, que estaba lleno de papeles de todo tipo, alquileres, escrituras, hipotecas, billetes de banco y hasta el periódico de la mañana, y por lo general algo que había llevado para mí.

Él le daba mucho dinero, y la hacía rica e independiente. Un día volvió de trabajar y dijo a su nieta: "Vendí la esquina de la calle de Washington y la avenida Wabash [a Marshall Field and Co.] por una buena cantidad de dinero y la voy a dividir entre tú y tu madre." Entonces sacó muchos billetes y cheques e hizo una división justa.[25]

Después de su matrimonio con un banquero, Louise Bowen fue gradualmente consagrándose a las labores de caridad. Aparte de atender a cuatro niños y de organizar empresas filantrópicas, tuvo tiempo para aprender a tocar el piano, y estudiaba con afán las labores de aguja y tapicería. Junto con su marido había viajado por Egipto, Grecia, Francia, Italia, Turquía y México. Estaba acostumbrada a recibir y atender a altos funcionarios y había conocido a los presidentes Lincoln y Arthur; también conoció a Roosevelt, Wilson y Harding. Recordando su primer encuentro con un presidente escribe:

Abraham Lincoln fue presidente cuando yo era una niñita, y yo lo veía mucho porque su hijito, Tod Lincoln, era aproximadamente de mi edad y muy amigo mío. Cuando los Lincoln venían a Chicago siempre paraban en un hotelito llamado Clifton House, en la esquina de Madison Street con Wabash Avenue. Estaba sólo dos puertas más allá de la casa de mi abuelo, donde yo vivía, y Tod y yo muchas veces jugamos juntos en la casa de los Lincoln, donde el señor Lincoln iba y venía, y me decía algo amable al pasar.[26]

La juventud de Louise Bowen en general estuvo dedicada a la ociosidad y la frívola ostentación, recibiendo amistades, asistiendo a dispendiosas fiestas y viajando. Hasta su casamiento con un rico banquero y su contacto con elegantes clubes femeninos en Chicago no se había interesado en obras de caridad.[27] Sus primeros escritos se refieren a la fecundación de las flores, los viajes por Europa y los asuntos "de sociedad". Lo que descubrió después acerca de las condiciones de vida en los barrios bajos, por su membrecía del Woman's Club de

[25] *Ibid.*, pp. 8-9.
[26] *Ibid.*, p. 142.
[27] En su autobiografía da a entender Louise que ya de niña tenía inclinaciones filantrópicas. Esta explicación retrospectiva de su "vocación" no concuerda con datos conocidos de su juventud y su enseñanza.

Chicago, fue una experiencia turbadora que la preocuparía por el resto de su vida.

Fue Louise Bowen una benefactora decimonónica en sentido estricto. Era generosa con su dinero y ayudaba a muchas causas y organizaciones. Un día de 1924 recibió 69 cartas en que había de todo, desde una petición de que fundara una escuela de música hasta una invitación para que pronunciara un discurso político en apoyo de unos candidatos a la relección. En calidad de maestra de escuela dominical descubrió que muchos de sus alumnos tenían pocas oportunidades de recreo; encontró un antiguo estudio y lo reamuebló y le puso mesas de billar y otras diversiones. E incluso contrató un administrador que cuidara del edificio todas las noches. Cuando llegó a presidenta del patronato del Maurice Porter Hospital, la inquietaba el ver a los niños dolientes, y a fin de aliviar sus propios sufrimientos dio dinero para la construcción de un ala más.

Describe un incidente revelador ocurrido una Navidad, cuando estaba afiliada a la Hull House. Era costumbre de la casa distribuir pavos a los pobres por uno de los periódicos de Chicago, pero en aquella ocasión todavía no llegaban las canastas de regalo, ya anochecido. Los pobres esperaban ansiosamente afuera, hasta que Jane Addams telefoneó al periódico... y le dijeron que ya habían entregado todos los pavos. Finalmente, telefoneó a Louise, quien le dijo que en su lugar diera dos o tres dólares a cada quien. Pero en el establecimiento no había dinero y todos los bancos estaban cerrados. Escribe Louise:

Eran las diez de la Nochebuena. Busqué al boticario de la vecindad y le pedí consejo. Dijo que había un banco abierto toda la noche en su vecindad. Fui allá, dí mi cheque y saqué algo de dinero, pero desgraciadamente sólo eran billetes de cien dólares. No había pequeños. Entonces telefoneé al presidente de mi banco y le conté mi aprieto. Me dijo que aquellas pobres gentes tendrían su dinero aquella noche. Telefoneó a un empleado, le hizo salir de la cama, lo envió al banco y me entregaron varios cientos de dólares en billetes de a dólar. Llegamos a Hull House a eso de la medianoche, y las cuatrocientas personas que estaban esperando fueron a su casa felices porque podrían comprarse una comida de Navidad, en una de sus tiendas vecinas, a la mañana siguiente.[28]

Louise recibía el mayor placer de la realización de este tipo de servicio público. Se unión al Woman's Club de Hull House y, al aumentar súbitamente la membrecía, hizo un auditorio, el Bowen Hall, donde cabían cómodamente sentadas 800 personas.

[28] Bowen, *Growing Up With a City*, pp. 77-78.

Aunque Louise Bowen sólo convencionalmente era religiosa, iba a la iglesia todos los domingos, ayudaba a las obras de caridad eclesiásticas y enseñaba en la escuela dominical, pero prefería la atmósfera secular de un establecimiento entre los tugurios a la tranquilidad y meditación de la iglesia.

Con frecuencia sentía en aquel club de Hull House que ni siquiera en la iglesia tenía tanta inspiración ni deseo de servir como cuando presidía una reunión en el club y me sentaba en la tribuna y veía los rostros de 800 ó 900 mujeres reunidas, todas con intensa seriedad y suma ansiedad, quizá por plantear algún proyecto en que tenían interés.[29]

Le parecía Hull House la esencia de la filantropía y la camaradería: "me abría una nueva puerta hacia la vida". Mostró su gratitud adquiriendo 29 hectáreas en el campo, donde construyó un club campestre de Hull House para niños pobres de la ciudad.

Obraba de acuerdo con su conciencia, y una vez convencida de que una injusticia necesitaba corrección, abordaba el problema con todos sus recursos y toda su energía. Admiraba grandemente a Jane Addams por su dedicación, su altruismo, su empeñosa labor y su tristeza; ella también deseaba ser "un receptáculo donde se virtieran todos los males del distrito". La labor social estaba haciendo "algo que valía la pena" para los pobres, un medio de crear una relación de simpatía entre "los acomodados y los que no tenían mucho". Lo que se necesitaba era el cabal entendimiento de ambos lados y no defender a una clase contra la otra.

En aquellos primeros días la señorita Addams era en realidad un intérprete entre los trabajadores y la gente que vivía lujosamente al otro lado de la ciudad, y también daba a las personas de su propia vecindad una idea totalmente diferente de los hombres y las mujeres que ordinariamente eran llamados "capitalistas".[30]

Durante cierto tiempo, Louise Bowen se avergonzó de que la reconocieran en su labor de caridad como una persona de gran riqueza, y en sus visitas a Hull House siempre llevaba sus prendas de vestir más simples y menos ostentosas, y viajaba en un cochecito ligero. Después comprendió que esto era un error, porque a los pobres, como a los niños les gustaba que los favorecieran y mimaran sus superiores:

Las mujeres deseaban buenos vestidos, querían verme bien vestida, les gustaba que yo llegara en automóvil y verlo parado frente a la casa del club en Polk Street. Siempre decía a mis amistades que tenía que

---

[29] *Ibid.*, p. 85.
[30] *Ibid.*, pp. 81-93.

desempeñar cierto número de actividades sociales para que en el Woman's Club de Hull House se alegraran de ver mi nombre en los periódicos. "Vimos en el periódico que había ido usted a la ópera." "Nos alegró saber que la presidenta de nuestro club había estado en un baile." "Da gusto saber que tenemos por presidenta una dama que va tanto a cosas de sociedad."[31]

La señora Bowen estaba afiliada a muchas organizaciones filantrópicas y cívicas, ocupaba más de treinta puestos oficiales, y era presidenta del Hull-House Woman's Club, de las Lower North-Side District United Charities, de la Asociación Protectora de los Menores, auditora de la Asociación Nacional pro Voto para la Mujer, presidenta del club femenino republicano Roosevelt, único miembro femenino del Consejo de Defensa del estado de Illinois, presidenta de la Woman's World Fair, y delegada por Illinois a la conferencia de la Casa Blanca sobre niños desvalidos y salud infantil.

La mayoría de los salvadores del niño creían que las mujeres tenían la obligación de pasar su tiempo "útilmente", de mantenerse lejos de la política partidaria pero de purificar las prácticas políticas corruptas y de participar en la vida pública de acuerdo con sus talentos peculiarmente femeninos. Louise Bowen sentía poca simpatía por la mujer que "desea estar en la 'santidad del hogar', al abrigo de los intereses y las preocupaciones de la época en que vive."[32] Era más activa en la política corriente que la mayoría de sus amistades del movimiento pro salvación del niño, y a veces laboraba por el Partido Republicano en calidad de oradora, a favor de los candidatos locales. Una vez le propusieron postularse para alcaldesa de Chicago, pero no se sentía a gusto en el papel de señuelo político:

Había encabezados en que se decía cómo se había solicitado mi nominación por el Partido Republicano, y los reporteros me trataban muy bien. Hablaban de mi capacidad, mi conocimiento de los asuntos públicos y cosas parecidas.

A todo esto, el Partido Republicano iba de acá para allá buscando un hombre para el caso de que yo declinara. Finalmente, cuando supe que habían elegido a un hombre bueno, Arthur Leuder, que después fue nuestro director de Correos, respondí que estaba segura de que en él hallarían un hombre idóneo para el puesto. Todo este asunto era interesante y esclarecedor. No me hicieron prometer nada y fueron sumamente corteses, pero en política hay demasiadas componendas para que me guste. Yo nunca sería un buen político.[33]

[31] *Ibid.*, p. 101.
[32] Humphrey, *Bowen Speeches*, I, 164.
[33] Bowen, *Open Windows*, p. 174.

Aunque se llevaba bien con los funcionarios públicos locales y podía convocar a 6 000 miembros del Club Republicano Femenino de Chicago, su fuerza política independiente sólo era eficaz cuando sus opiniones coincidían con las de las máquinas convencionales del partido. Se puso en ridículo políticamente cuando trató de que un bufete jurídico reputado acusara al gobernador de Illinois, Len Small, por haber nombrado a políticos corruptos para jefes de instituciones estatales. Estaba dispuesta incluso a pagar el monto de un anticipo (10 000 dólares) de la tesorería del club. El abogado le dijo que la mayoría de sus clientes se irían si su bufete aceptaba el caso, y le declaró: "Hay grandes utilidades que no podrían continuar sin concesiones de los funcionarios estatales. Sería imposible que los atacáramos a todos. Eso arruinaría nuestro negocio."[34]

Mientras se consagraba a los "problemas sociales" de los pobres, los desempleados y los niños impedidos, Louise se mantenía neutral en los combates de los partidos políticos. Ella misma no actuaba políticamente cuando llevaba ayuda a los desvalidos y daba comidas gratis a los desempleados. "Me gustó mucho", escribe, "que un hombre me dijera que se iba a suicidar pero que lo que yo le había dicho el domingo anterior le impidió hacerlo." Siendo presidenta de una comisión de Hull House, pudo juntar 12 000 dólares para pagar la leche que hacía distribuir gratis a los niños de los trabajadores del vestido, que se habían puesto en huelga. Escribe: "Pronuncié muchos discursos en aquel tiempo para sacar dinero, sin ponerme de parte de nadie en la controversia, pero sentía que los niños no eran combatientes y tenían derecho a recibir alimento suficiente para sustentar su vida."[35]

La mayoría de los salvadores del niño convenían en que la mujer tenía el derecho de votar, aunque había considerable diferencia de opinión acerca de los medios para conseguir la igualdad de derechos. Algunos miembros influyentes del Woman's Club de Chicago creían que las delegadas enviadas a buscar reformas de los funcionarios de la ciudad, el condado y el estado serían recibidas con mayor respeto si consideraban sus intenciones apolíticas e imparciales. Otras creían que la capacidad de votar daría respetabilidad y legitimidad a sus demandas. Louisa Bowen concedía que "la política es algo sucio", pero argüía que era obligación de la mujer ayudar a que se ejerciera un control sobre el peculado y la corrupción en el gobierno. En una reunión sufragista, en Nueva York, criticó las ideas sentimentales de los antisufragistas que "no se daban cuenta de la marcha de los aconte-

---

[34] *Ibid.*, p. 177.
[35] Bowen, *Growing Up With a City*, pp. 96-97.

cimientos y de que las condiciones estaban cambiando. Pensaban que la mujer debía estar en el hogar, como hace años, cuando vivía en una casa rodeada de jardín en una calle de pueblo..."[36] Según los salvadores del niño, se necesitaba urgentemente que la mujer participara en la vida pública, debido a su singular capacidad para custodiar la moral pública.[37]

El principal interés filantrópico de Louise Bowen era la protección y el bien del niño. Su esposo consideraba el interés de su mujer por el niño simplemente como otro capricho más. ¿Qué podía haber de más admirable y apolítico que las mujeres que dedicaban sus organizaciones cívicas a allegar recursos para los niños pobres de la ciudad? Los salvadores del niño atribuían el aumento de la delincuencia juvenil a las corruptoras influencias de la vida en la ciudad, donde la suciedad, el hacinamiento, todo lo similar e impersonal, privaban a los niños de su inocencia.[38] Se "atraía" fácilmente a los niños "hacia todo tipo de maldad" e inmoralidad.[39] A dondequiera que se volvieran hallaban engaños e inesperadas tentaciones:

[36] Humphrey, *Bowen's Speeches*, I, 282.

[37] "Otro argumento trasnochado, semejante al de los militares, es el pretender que las mujeres no pueden realizar labores de policía, porque cualquier estudioso de las condiciones sociales en una gran ciudad comprende que tal vez sea la ausencia de mujeres en la policía la causa de algunos de nuestros peligros sociales. Incluso los conservadores que estudian la administración municipal están ahora preconizando una policía de las costumbres, cierto número de cuyos miembros deberían ser mujeres, para que una ciudad protegiera debidamente a las jovencitas de las muchas trampas y acechanzas que se tienden intencionalmente a sus incautos pies; si se quisiera tratar adecuadamente en cualquier sentido la prostitución, ese grave peligro para la salud y la moral pública; si se quisiera incluso tratar con decencia a las mujeres que constantemente están yendo a las delegaciones de policía por delitos menores, y que a menudo son sometidas al mismo desprecio y los mismos ultrajes con que se trata a las 'mujeres de la calle'. Ciertamente, se ha comenzado a hacer algo aquí, en Chicago, con matronas de la policía en todas las delegaciones, y sería una mera ampliación de sus funciones hacerles buscar y sacar a las jovencitas llevadas con engaños a hoteles y casas de huéspedes de mala fama; que estuvieran presentes en los tribunales cuando se juzgara a las muchachas; y que llevaran a las condenadas y sentenciadas a las instituciones adonde debían ser enviadas", *ibid.*, I, 161-62.

[38] *Ibid.*, I, 110-11.

[39] "Hallamos galerías fotográficas empleadas con fines inmorales, halagadoras de todo cuanto era malo para los niños. Teníamos a gente nuestra en las salas de espera de las tiendas de departamentos, donde hallamos a hombres dedicados a la trata de blancas. En todos estos casos se detuvo a las personas, y los que habían violado la ley fueron sometidos a proceso. Me parecía que había años en que yo simplemente ¡vadeaba en el lodo!" Bowen, *Open Windows*, p. 144.

En Chicago, una gran ciudad que se extiende por un vasto territorio, habitada por gentes de muchas naciones, tenemos lo que llamamos el centro del comercio mundial. Nuestros altos edificios tienden sus torres al cielo. Nuestro parques y campos deportivos son los principales del mundo. Nos estamos convirtiendo en el centro de la literatura, las artes plásticas, la música y la medicina. Se dice que vamos a ser la ciudad más grande y bella del mundo, pero ¿de qué servirá si nuestros niños pierden su alma?[40]

Las salvadoras del niño estaban horrorizadas de que "el camino al aniquilamiento" fuera tan fácil en Chicago. En burdeles, libros de historietas, alcohol, parques de diversiones y otros "vicios comercializados" se veía la ubicua amenaza a la fragilidad de la juventud. Decía Louise: "A menos que se remedie este estado de cosas, los niños, para saciar su sed de alegría, inspirarán hondamente este venenoso material que por doquier se les ofrece, y acabarán por caer en una desmoralización total."[41] Louise Bowen y sus amigas definían esta crisis como un problema de higiene personal y social y no de poder político.[42] Su solución al "problema del crimen" eran campos deportivos, recreos vigilados, "policía de la moral", kindergarten, visitas al campo, leyes más estrictas y mejor cumplimiento de las mismas. El problema de la delincuencia juvenil, decía Louise, se reduciría mediante el estricto cumplimiento de la ley y la formación de un "carácter" resuelto en la juventud.[43]

[40] Humphrey, *Bowen's Speeches*, 2, 799.
[41] *Ibid.*, p. 144.
[42] "Lo que necesitamos en este país", dijo Louise Bowen en el Congreso Panamericano de Mujeres, en 1922, "y en todos los países es buen gobierno, y buen gobierno significa calles limpias y callejuelas limpias; significa seguridad en la calle y en la casa; significa salud y felicidad para las mujeres que trabajan, significa buenas escuelas y recreos sanos; significa una vida de comunidad bien ordenada, que conduzca al bienestar nacional", *ibid.*, 2, 655.
[43] "No es el dinero, las casas ni las tierras lo que hace a un hombre: es su carácter; y no es lo que hacemos ni lo que pensamos, ni lo que decimos ni lo que creemos lo que contará en favor o en contra cuando la vida haya acabado, sino lo que somos: el carácter. Los padres son los formadores del carácter del niño, y ellos tienen la responsabilidad de formarlo bien. También deberían cuidar de que al llegar a la edad viril y, a causa de las injusticias con él cometidas en su juventud, el niño no se encuentre con la fuerza quebrantada y el intelecto embotado, sino fuerte y vigoroso de cuerpo y de espíritu, capaz y ansioso de pelear debidamente en las luchas de la vida y de hacer lo que le toque de las tareas del mundo", *ibid.*, 1, 97.

RETRATO DE UNA SALVADORA DE LA INFANCIA: JANE ADDAMS

Si Louise Bowen era un ejemplo típico de filantropía convencional, Jane Addams era la personificación de la filantropía profesional. Las mujeres como Jane Addams, Julia Lathrop, las hermanas Abbott y Florence Kelly hicieron de sus intereses reformistas una carrera de tiempo completo. Enfocaban los problemas sociales con una independencia fríamente objetiva y un código ético que habían aprendido de niñas después de la Guerra de Secesión.[44]

Tanto la familia de Jane Addams como la de Julia Lathrop tenían antecedentes de política y de idealismo cuákero. William Lathrop era un miembro republicano del senado de Illinois así como un abogado y negociante próspero. La madre de Julia Lathrop era ardiente sufragista, y "en el hogar había siempre una atmósfera de libertad, donde todos los niños exponían francamente sus opiniones y donde se les animaba a trabajar en lo que les gustase sin intervención de los padres."[45] Su padre gozaba fama de honestidad política y de "vivir de acuerdo con sus creencias". La primera abogada de Illinois, Alta Hulett, aprendió el derecho en su bufete y redactó el proyecto de ley para permitir que las mujeres pudieran entrar en la abogacía. Julia Lathrop nació en 1857 y tuvo cinco hermanos. Jane Addams nació dos años después y a 56 km de allí.

Como muchas salvadoras del niño, Jane Addams nació y se crió en el campo y pasó su infancia y adolescencia en la pastoral comunidad de Cedarville, en el norte de Illinois.[46] Sus primeros recuerdos eran de "un escenario de belleza rural" donde ella y su hermanastro "hacían juegos y campañas que duraban semanas, y aun veranos enteros, como sólo pueden hacer los niños que se crían en entera libertad en el campo". Siempre que se hablaba de cómo estaban las grandes ciudades zapando el "espíritu de la juventud" volvía nostálgicamente a su tema favorito y recordaba las aldeas en los linderos de la civilización donde los niños jugaban "como era natural", en los bosques vecinos.

La identificación de Jane Addams con los pobres y oprimidos se debía en parte a su propio alejamiento de las amables convenciones

---

[44] Ginger, *Altgeld's America,* p. 113.
[45] Jane Addams, *My Friend, Julia Lathrop,* p. 23.
[46] Buena parte de lo que aquí se dice de Jane Addams está basado en los siguientes libros y folletos: Addams, *Twenty Years at Hull-House;* Addams, *The Spirit of Youth and City Streets;* Addams, *My Friend, Julia Lathrop;* Addams, ed., *Hull-House Maps and Papers.* A manera de fuentes secundarias se utilizaron estudios de Christopher Lasch y Ray Ginger.

de la sociedad de clase media. Era una niña fea, con los dedos de los pies deformados por el raquitismo y la columna vertebral torcida, lo que le impedía tener hijos. Su madre murió siendo ella niña y su padre no tardó en volverse a casar, con una viuda de buena posición social. Su educación en el seminario de Rockford, que tenía una fuerte tradición misionera, le ocasionó una actitud ambivalente respecto del protestantismo superficial, que al final resolvió decidiendo la fundación de Hull House. A la muerte de su padre y después de un agotamiento nervioso se dejó bautizar tardíamente como presbiteriana, a los veinticinco años. Pero esta conversión ritualista le procuró poco consuelo; entonces hizo un largo viaje a Europa con su madrastra y algunos amigos de la familia.

La teología tradicional decimonónica no atraía mucho a Jane y sus coetáneos en la universidad. Como quiera que el progresivismo representaba una forma diferente del moralismo de Nueva Inglaterra, la filantropía le suministró el equivalente secular de lo que en esencia eran impulsos religiosos. Muchas amigas de Jane se consagraban "a las obligaciones de la buena ciudadanía y a despertar energías sociales que dormían en toda vecindad abandonada al industrialismo". Una de sus colegas fundó una escuela en el Japón, otra se hizo misionera en Corea y otra enseñaba en una escuela para niños ciegos. Las nuevas profesionales aplicaban "una energía moralizada" a los complejos problemas de las ciudades industriales, y esto compensaba "la fatal ausencia de armonía entre su teoría y sus vidas, una falta de coordinación entre acción y pensamiento".[47]

Para Jane Addams, la retórica teológica sólo podía volverse significativa en la actividad de una fundación. No es sorprendente entonces que sus amigas presentaran a Jane Addams como "una mujer hondamente religiosa" que no lo manifestaba asistiendo a la iglesia sino

siguiendo los pasos del Fundador de la Religión Cristiana. Incluso durante la guerra, cuando se declaró pacifista, de acuerdo con su enseñanza cuáquera, sufrió un perfecto martirio por la tormenta de desaprobaciones que aquello le acarreó. Nunca se sintió agraviada por el modo como a veces la trataban y con frecuencia daban de ella una imagen engañosa...[48]

Muchos escritos de Jane reflejan una preocupación por disculparse de su suerte, de haber nacido rodeada de riqueza y lujo. Había heredado de su padre la franca integridad moral y el orgullo de su propia rectitud. Se decía de la carrera política de su padre "que nunca le ofrecieron cohecho porque los malos, instintivamente, le temían".

[47] Addams, *Twenty Years at Hull-House*, pp. 91-100.
[48] Bowen, *Growing Up With a City*, p. 92.

Recordaba esto ella muchos años después, en ocasión de que una asociación informal de fabricantes se acercó a ella para pedirle que dejara de agitar en favor de una ley de talleres de explotación a cambio de una donación filantrópica de quinientos mil dólares. Escribe Jane en su autobiografía: "Me di cuenta de que me ofrecían un soborno y aumentó enormemente mi vergüenza cuando recordé aquel dicho. ¿Qué había sido de la hija de mi padre, para que pudiera sucederle una cosa así?"[49]

Reconocía Jane que su generación, y en especial las mujeres, carecía de una "herencia de noble obligación" y se sentía impulsada a un "deseo de acción" y de "enderezar los entuertos y aliviar los padecimientos". La nueva religión del servicio social —"este renacer del humanismo cristiano antiguo"— estaba hecha para dar salida a las "facultades activas" de un "creciente grupo de jóvenes cultos" de vidas sin energía ni objeto. Comentaba tristemente Jane la tendencia de tantas muchachas a rendir sus talentos "altruistas" y retirarse a su casa:

Hay unas cuantas muchachas que, para cuando están "educadas", olvidan sus antiguos deseos infantiles de ayudar al mundo y de jugar con las niñas pobres "que no tienen juguetes". Los padres son a menudo inconsecuentes; las ponen deliberadamente en contacto con las miserias de este mundo; las mandan a oír alocuciones de misioneros acerca del hambre en China y la India; las acompañan a conferencias sobre los padecimientos de Siberia; agitan juntos sobre la región olvidada del Este londinense. Además de esto, cultivan persistentemente, desde la más tierna infancia, las tendencias altruistas de estas hijas. Les enseñan a olvidarse de sí mismas, y a sacrificarse, a considerar el bien general antes que el particular. Pero cuando toda esta información y cultura da sus frutos, cuando la hija vuelve de la universidad y empieza a ver claramente su actitud social respecto del "estrato más mísero" y a dar muestras de una disposición para hacerla realidad, se afirma enérgicamente la actitud de la familia y se le dice que sus esfuerzos no tienen justificación y son mal aconsejados.[50]

El interés de Jane Addams por los niños era parecido al de Louise Bowen. Le parecía que los niños eran obligados a una independencia prematura porque se apreciaba más su capacidad de trabajo que su "inocencia" y su "tierna belleza". Veía a Chicago "vistosa y sensual", con sus "baladíes cuentos de amor, sus sombreros emplumados, la épica barata de los revólveres expuestos en las vitrinas de los prende-

[49] Addams, *Twenty Years at Hull-House*, p. 39.
[50] *Ibid.*, pp. 93-94.

ros". La ciudad engañaba y explotaba a los niños. "Nunca hubo hasta ahora tantos muchachitos ganando dinero... y sintiéndose libres de gastarlo como quisieran, en medio del vicio deliberadamente disfrazado de placer". Advertía Jane a sus colegas que no se dejaran engañar por el falso brillo de la ciudad: "Debemos conocer a la ciudad moderna en sus debilidades y maldades, y a continuación tratar de rectificarla y purificarla hasta que quede libre cuando menos de las tentaciones más groseras que ahora asedian a los jóvenes que viven en sus casas de vecindad y trabajan en sus factorías."[51]

Paradójicamente, Jane comprendía que los niños de la ciudad se veían abrumados por los "ideales del puritanismo" y sin embargo alentaba la "normalización del placer" en Hull House insistiendo en el estricto acompañamiento de las muchachas solteras, prohibiendo el consumo de licor y "ciertos tipos de baile" y regulando la mayoría de danzas y fiestas. Los fideicomisarios de Hull House restringían también la pertenencia a los clubes sociales a ciertos tipos de niños, y a dos muchachas de catorce años que habían sido rescatadas de un burdel en Virginia se les negó la entrada, "no tanto por el peligro de contaminación como porque los padres de los miembros del club se hubieran sentido sumamente afectados por su presencia."[52]

Según Jane Addams, el recreo aliviaría los problemas de delincuencia, y la educación resolvería las querellas laborales. El objetivo de los reformadores educacionales y sociales era "alimentar el cerebro del obrero, elevarlo por encima de la monotonía de su trabajo y ponerlo en relación con el vasto mundo que estaba más allá de su entorno".[53] Indicaba además que el recreo público "reuniría a todas las clases de una comunidad de la ciudad moderna, por desgracia tan llena de cosas para tener a los hombres separados".[54] Apelaba Jane a la buena voluntad de los hombres y trataba de establecer una sociedad basada en la fraternidad cristiana. Las relaciones personales eran más importantes para ella que los tratos económicos, y daba a entender implícitamente que éstos sólo podrían lograrse si se mejoraba la calidad de la vida privada de las personas. "Parecería evidente", escribía, "que con el fin de asegurar la asistencia social en una comunidad orientada por los ideales de la industria tuviera que apelarse a las antiguas sanciones espirituales de la conducta humana..."[55] Incluso su apoyo al movimiento obrero era cauto, sometido a autorrecriminaciones esporádicas y a menudo ambivalentes. Aunque la desconcertaba que "el capitalista

[51] Addams, *The Spirit of Youth and City Streets*, p. 14.
[52] Addams, *Twenty Years of Hull-House*, p. 112.
[53] *Ibid.*, p. 209.
[54] Addams, *The Spirit of Youth and City Streets*, p. 96.
[55] *Ibid.*, p. 148.

hubiera sido tan lento en conceder [el] derecho [de representación] a los trabajadores", le parecía que la relación democrática del patrón con el empleado estaba puesta en peligro por la tendencia de los sindicatos a carecer de "fuerza ética" y "sentido de proporción". Sus simpatías por el movimiento obrero estaban impregnadas de sentimiento de culpabilidad, porque no podía aceptar las tácticas políticas "sucias", de los pobres ni de los ricos:

Una ojeada al movimiento obrero muestra que le ha dado la fuerza preponderante a lo que puede llamarse acción negativa. Los sindicatos utilizan su poder para frustrar los designios de los capitalistas, para causar problemas a las corporaciones y al público, como los que acarrea, por ejemplo, una huelga de ferrocarriles. Con frecuencia me ha parecido el único medio de llamar la atención hacia sus demandas; pero en Estados Unidos, cuando menos, han fiado demasiado en ello.[56]

Aunque Jane Addams escribía con perspicacia de los muchos modos en que cosificaba a los niños el industrialismo contemporáneo, siempre evitaba las soluciones políticas insólitas y se resistía a aceptar las consecuencias lógicas de sus argumentos, que apuntaban a acusar al capitalismo. Se mantenía dentro de los límites de la acción política ortodoxa —un historiador señala que le parecía políticamente ingenua y "aceptaba sin pensar el elegante republicanismo de su familia"— y sus actividades reformistas apuntaban a consolar a los menesterosos y a adaptarlos a un modo de vida que, reconocía, era opresor e injusto.[57]

LA DEPENDENCIA DE LA JUVENTUD

El movimiento pro salvación del niño proporcionaba a las mujeres de clase media un vehículo para promover roles "públicos" aceptables y para restaurar algo de la autoridad y la influencia espiritual que las mujeres parecían haber perdido con la urbanización de la vida de familia.[58] Puede entenderse la redención del niño como una cruzada con funciones simbólicas y ceremoniales para los norteamericanos natos de clase media. Aquel movimiento no fue tanto una ruptura con el pasado como una confirmación de fe en las instituciones tradicionales.[59]

[56] Addams, *Hull-House Maps and Papers*, pp. 183-204.
[57] Lasch, *The New Radicalism*, p. 35.
[58] Richard Hofstadter puntualiza lo mismo acerca del clero al finalizar el siglo pasado; *The Age of Reform*, pp. 151-52.
[59] Un historiador, Alan P. Grimes, sugiere que el movimiento pro voto femenino fue cooptado por organizaciones conservadoras y nativistas, y que en forma predominante era instrumento de los norteamericanos blancos y

La autoridad de los padres, la educación del hogar, la vida rural y la independencia de la familia como unidad social se ponían de relieve porque parecían amenazadas en aquel tiempo por el urbanismo y el industrialismo. Los salvadores del niño elevaban la familia nuclear, y en especial a las mujeres, a la categoría de pilares de la familia, y defendían el derecho de la familia a fiscalizar la socialización de los jóvenes.

Aunque la salvación del niño tenía importantes funciones simbólicas para preservar el prestigio de las mujeres de clase media en una sociedad que cambiaba rápidamente, tuvo también considerable significancia instrumental para legitimizar las nuevas carreras que se abrían a las mujeres. El nuevo rol de trabajadora social combinaba elementos de un rol antiguo y en parte ficticio —defensora de la familia— con otros de un rol nuevo: el de servidora social. La labor social y la filantropía eran así una afirmación de caros valores y un instrumento para la emancipación de las mujeres.

Una de las importantes consecuencias del movimiento redentor del niño fue la lograda cosificación de la juventud. Muchas de las reformas de los salvadores del niño apuntaban a imponer sanciones a los jóvenes de conducta impropia y a no conceder a los jóvenes el beneficio de los privilegios de que gozaban los adultos. Los salvadores del niño se ocupaban más en restringir que en liberar, con su proteger al niño tanto de las debilidades morales como de los peligros materiales. La austeridad del derecho y las instituciones penales no era su principal preocupación, ni tampoco les interesaban sobremanera los problemas relativos a los delitos "clásicos" contra la persona o la propiedad. Su interés principal era el comportamiento normativo de la juventud: sus recreos, sus ocios, su educación, sus perspectivas en la vida, sus actitudes para con la autoridad, las relaciones familiares y la moral personal.

Aunque los salvadores del niño lograron que se hicieran algunas reformas mínimas en cárceles y reformatorios, su mayor actividad y éxito fue en hacer llegar el control del gobierno a toda una serie de actividades juveniles anteriormente pasadas por alto o tratadas informalmente. Sus reformas apuntaban a definir y regular el estatus de dependencia de los jóvenes.[60] Eran prohibicionistas en sentido general

---

protestantes para contrarrestar el creciente poder de votación de los inmigrantes (*The Puritan Ethic and Woman Suffrage*).

[60] El novelista Frank Conroy describe bien la consecuencia de esta dependencia: "Los niños están en la curiosa posición de tener que hacer lo que les dicen, quieran o no. Un niño sabe que tiene que hacer lo que le mandan. Importa poco que la orden sea justa o injusta, puesto que el niño no tiene confianza en su aptitud para apreciar la diferencia. La justicia no

y creían que el progreso social dependía de la eficiente imposición de la ley, la estricta vigilancia de los ocios y recreos de los niños y el poner coto a los placeres ilícitos. Orientaban sus esfuerzos a salvar al niño de instituciones y situaciones (teatro, salones de baile, cantinas, etc.) que amenazaban a su "dependencia". El movimiento también planteaba la cuestión de la protección del niño frente a muchas instituciones "desviantes": y así, sólo podía protegerse a los niños del sexo y el alcohol acabando con burdeles y cantinas.[61]

Los salvadores del niño definían la delincuencia como un problema más social que político, que requería remedios "terapéuticos" y no una redistribución del poder. Veían la salvación del niño como una vocación ética y humanitaria, alejada del mundo de las componendas políticas y las disputas partidarias. Pero, como han señalado Horowitz y Liebowitz: "La decisión de tratar la discrepancia como un problema social es en sí una decisión política, que representa la capacidad política de un grupo de dictaminadores para imponer sus sentimientos axiológicos en las decisiones relativas a la discrepancia."[62] Además, los salvadores del niño aprovechaban amplios contactos políticos y profesionales para aplicar sus reformas y así apartar a la juventud del ruedo político. La consolidación del estatus dependiente del joven "problemático" era total. A los jóvenes se les negaba la opción de retirarse de las instituciones que regían su vida, o de cambiarlas. Su opo-

---

es lo mismo para los niños que para los adultos. En efecto, todas las órdenes son moralmente neutras para un niño. Pero como el niño constantemente está siendo amedrentado por los mayores, no tarda en aprender que si en algún nivel superior de referencia todas las órdenes son igualmente justas, no son igualmente fáciles de cumplir. Algunas le llenan de alegría, y otras son tan visiblemente injustas que para no reconocer su índole, debe paralizarse y quedar de golpe sordo, ciego y mudo. Frente a una orden que saben injusta los niños simplemente quedan atorados, como muertos", *Stop-Time*, p. 50.

[61] "Los niños necesitan protección y guía a todas las edades. Aunque bastantes niños se hacen ciudadanos útiles a pesar del mal entorno, unos cuantos pueden llegar a ser un peligro para la sociedad por muchos esfuerzos que se hagan para ayudarlos. Después de la influencia religiosa, es válida todavía la regla de que un buen hogar, una buena educación y un buen medio ambiente, el empleo sano y el recreo, en condiciones morales, son muy deseables, y es una verdadera desgracia no tenerlos. Las influencias inmorales son frecuentemente inculcadas a los niños por las perniciosas actividades de personas inmorales, y debido a la falta de protección, de las debidas instrucciones normadoras por parte de quienes deberían preocuparse hondamente por el bien del niño", The Vice Commission of Chicago, *The Social Evil in Chicago*, p. 235.

[62] Irving Louis Horowitz y Martin Liebowitz, "Social Deviance and Political Marginality: Toward a Redefinition of the Relation Between Sociology and Politics", *Social Problems*, 15, 1968, 281.

sición a la escuela, el reformatorio o el centro de recreo, o su desilusión respecto de ellos, se trataban como un problema de mal ajuste moral, que provocaba la creación de programas terapéuticos por parte de los redentores del niño. En el capítulo siguiente veremos con detenimiento lo que fue de uno de tales programas.

5. EL MOVIMIENTO SALVADOR DEL NIÑO EN ILLINOIS

LOS NIÑOS DELINCUENTES

Mucho antes de la puesta en vigor del tribunal para menores, en 1899, había ya en Estados Unidos disposiciones especiales para la protección y custodia de los niños "delincuentes" apartados de los adultos. Las doctrinas jurídicas y los métodos de pronunciar sentencia del siglo XIX tomaban en cuenta la inmadurez y las incapacidades de los niños.[1] Cuando Illinois fue admitido en la Unión, en 1817, un niño menor de siete años no era considerado responsable de un acto criminal, pero podía ser azotado como un esclavo por negarse a obedecer a sus padres.[2] En una revisión del código del estado en 1827 se elevaba la edad de responsabilidad penal a diez años,[3] y cuatro años después, los menores de dieciocho años estaban excluidos por ley de la penitenciaría del estado. Las sanciones típicas contra los niños eran castigos corporales, multas, y breves sentencias de encarcelamiento.[4]

En 1833, en el código penal se incluía por primera vez una disposición según la cual

las personas menores de 18 años no seran castigadas con reclusión en la penitenciaría por ningún delito salvo robo, escalo o incendio premeditado; en todos los demás casos donde haya que disponer o esté dispuesto un castigo en penitenciaría, la persona menor de 18 años será castigada con reclusión en la cárcel del condado por un período no superior a 18 meses, a discreción del tribunal.[5]

No hubo más legislación relativa al tratamiento de los delincuentes menores hasta 1867, en que se aprobó un decreto que disponía la

---

[1] Véase Apéndice, pp. 201-217.
[2] Esta cuestión es tratada sin detenimiento por Andrew A. Bruce, "One Hundred Years of Criminological Development in Illinois", *Journal of Criminal Law and Criminology*, 24, 1933, 11-49. Para un análisis más general véase Wiley B. Sanders, "Some Early Beginnings of the Children's Court Movement in England", *National Probation Association Yearbook* 39, 1945, 58-70. Véase también Leslie A. Cranston, *Early Criminal Codes of Illinois and their Relation to the Common Law of England*.
[3] "An infant under the age of 10 years shall not be found guilty of any crime or misdemeanor", Revised Laws of Illinois, 1827, sec. 4.
[4] Revised Laws of Illinois, 1827, secs. 29, 46, 47, 48, 50. Véase también Helen Rankin Jeter, *The Chicago Juvenile Court*, pp. 1-2.
[5] Revised Laws of Illinois, 1833, sec. 158.

creación del Reformatorio Estatal de Pontiac, para muchachos entre ocho y dieciocho años que vivieran fuera del condado de Cook.[6] En Chicago había ya un reformatorio (fundado en 1855) y se empleó para muchachos del condado de Cook hasta 1871, en que lo destruyó un gran incendio. Un decreto de 1872 autorizaba el traslado de todos los muchachos que estuvieran cumpliendo una sentencia definida en la Reform School de Chicago al reformatorio del estado.[7] El reformatorio de Pontiac fue creado para "la disciplina, la educación, el empleo y la reforma de delincuentes menores y vagabundos". El decreto de 1867 dispone además que "todos los tribunales de jurisdicción competente están autorizados para ejercer su discreción y enviar a los delincuentes menores a las cárceles del condado, de acuerdo con las leyes hechas y dispuestas, o enviarlos a la Reform School".[8] La creación de la escuela reformatorio estatal hizo innecesario el uso de la penitenciaría para personas menores de dieciocho años condenadas por robo, asalto o incendio voluntario. Se dejaba a la discreción de los tribunales el envío a la cárcel de condado por estos y otros delitos. Lo que daba a entender claramente esta disposición era que las cárceles de condado se utilizarían para los que cometieran delitos menores y la escuela reformatorio para delincuentes más peligrosos.[9]

La Reform School de Pontiac era en todos los sentidos una penitenciaría menor. Comentaba la Junta de Public Charities de Illinois: "El verdadero objeto de la asamblea general fue disponer la erección de una prisión... con vistas a aliviar a la penitenciaría y las cárceles del estado los males que ocasiona el exceso de reclusos."[10] Apoyaba, indirectamente, este modo de ver la Suprema Corte de Illinois, en una causa en que estuvo implicada la Reform School de Pontiac, que administraba una junta de curadores nombrada por el poder judicial de la ciudad. El reformatorio, que costó aproximadamente a la ciudad 35 000 dólares, fue diseñado para muchachos de seis a dieciséis años culpables de delitos menores. Las sentencias eran indeterminadas y los muchachos podían ser retenidos en la institución, según su conducta y actitud, hasta los veintiuno. Padres y guardianes tenían facultad para mandar a sus hijos a la Reform School con autorización de la

---

[6] *Ibid.*, 1867, sec. 16.
[7] *Ibid.*, 1872, secs. 1, 2, 3.
[8] *Ibid.*, 1867, sec. 16.
[9] Indican esto Elizabeth Francis Hirsh, en *A Study of the Chicago and Cook County School for Boys*, pp. 3-13, y Evelyn Harriet Randall, en *The St. Charles School for Delinquent Boys*, pp. 2-13.
[10] *First Biennial Report of the Board of State Commissioners of Public Charities of the State of Illinois* (en adelante diremos BRPCI), p. 72, Springfield, Illinois Journal Printing Office, 1871.

junta de tutela y el superintendente.[11] Los tribunales podían también enviar a niños que se hallaran "privados de la debida atención de los padres o que vivan de la mendicidad, en la ignorancia, la vagancia o el vicio".

El 9 de septiembre de 1870 publicó el actuario de la Suprema Corte del condado de Cook un auto de prisión por el cual se enviaba a Daniel O'Connell a la Reform School de Chicago. El padre del muchacho pidió a la Suprema Corte un mandamiento de habeas corpus y el juez Thornton decidió que el auto en cuestión era anticonstitucional porque se había recluido al muchacho, sin vista de su causa, en lo que era en realidad una "penitenciaría para niños" y "un mal necesario, cuya vecindad desean evitar las personas decentes". El juez preguntaba también:

¿Puede el Estado, como *parens patriae*, sobrepasar la facultad de los padres naturales, salvo en castigo de un crimen? Estas leyes disponen que el niño esté "bajo custodia"; ordenan su "auto de prisión", y sólo una "licencia para salir de la cárcel" o la discreción, incontrolada, de una junta de tutela permitirá al muchacho encarcelado respirar el aire puro del cielo fuera de los muros de su prisión, y sentir los instintos de la virilidad por el contacto con el mundo activo. La reclusión puede ser de uno a quince años, según la edad del niño. La clemencia del poder ejecutivo no puede abrirle las puertas de la prisión, porque no ha cometido ningún delito. El auto de habeas corpus, que asegura la libertad, no puede ayudarle, porque el poder soberano del Estado, como *parens patriae*, ha determinado su aprisionamiento sin posibilidad de anulación. Esta restricción de la libertad natural es opresión y tiranía. Si sin delito, sin fallo de culpabilidad, los hijos del Estado se ven así confinados por el "bien de la sociedad", valdría más reducir ésta a sus elementos originales y reconocer que el gobierno libre es un fracaso... Hay que tomar en cuenta también el bienestar y los derechos del niño... Los mismos criminales no pueden ser condenados y aprisionados sin el debido proceso.[12]

Las organizaciones de salvación del niño consideraban la causa de O'Connell una decisión irresponsable, destinada a desacreditar y retrasar sus esfuerzos. La Asociación de Maestros del estado quería una institución adonde los padres y otros adultos "responsables" pudieran enviar a muchachos con sentencias indeterminadas.[13] La junta de Public Charities argumentaba que la Reform School era en realidad una "casa refugio" donde se trataba a los menores con "tierna piedad". La decisión de la Suprema Corte, decía Frederick Wines, "lesionaba gravemente la moral y la utilidad de la institución" y era "irremedia-

---

[11] *Ibid.*, p. 167.
[12] *People v. Turner*, 55 Ill., 280, 1870.
[13] BRPC4, p. 149, Springfield, Illinois, D. W. Lusk, 1877.

blemente desastrosa para los internados". Pese a las protestas de los redentores del niño, el decreto de Reform School del estado fue revisado en 1873 para incorporar la decisión de O'Connell y hacerla conforme con las garantías constitucionales. Se quitó a los tribunales el derecho de sentencia durante la minoría, y otro tanto se hizo con la facultad de enviar a un niño a la institución por falta de adecuada atención de los padres, mendicidad, ignorancia, vagancia o vicio. Fue también suprimido el derecho de tutoría a los fiduciarios. En su lugar se dispuso que cualquier muchacho entre diez y dieciséis años de edad reconocido culpable de cualquier delito que, si hubiera sido cometido por un adulto, le hubiera valido el encierro en la cárcel del condado o la penitenciaría, podría ser enviado a la Reform School por no menos de un año ni más de cinco. También se daba poder discrecional a los tribunales para autorizar sentencias de cárcel para delitos menores.

Tras de haber sido asignados terreno y dinero, la escuela reformatorio estatal se inauguró por fin en 1871 en Pontiac, a cosa de 150 km de Chicago. El doctor J. D. Scouller, que había sido ya médico y ayudante de superintendente en la Reform School de St. Louis, fue nombrado superintendente e inmediatamente contrató con la industria privada la mano de obra barata de los reclusos. Aunque la ley prohibía a los fideicomisarios del reformatorio "alquilar la mano de obra" de los reclusos por más de seis horas al día, se firmó un contrato con una compañía zapatera de Chicago por la mano de obra de cincuenta muchachos que estarían empleados siete horas diarias. Se celebró un contrato parecido con Clark and Hill and Company para la fabricación de cepillos. Anulados estos contratos por dificultades legales, muchos de los reclusos fueron empleados en hacer sillas de mimbre para la Bloomington Manufacturing Company, dirigidos por los funcionarios de la escuela. Tal fue el principal programa "educativo" del nuevo reformatorio. En los cuatro primeros años después de abrirse la institución, la legislatura asignó unos 23 000 dólares, que en su mayor parte se gastaron en mejorar la tierra y el capital agrícola, no las condiciones de vida.[14]

El 30 de septiembre de 1876, la Reform School del estado albergaba a 180 muchachos.[15] A los seis años, estaba gravemente sobrepoblada, con unos 250 muchachos. "La insuficiencia del espacio en la institución es tal que los muchachos duermen en literas pegadas unas a otras... El comedor, las aulas y la capilla, todo es insuficiente y causa de hacinamiento."[16] Para 1888, la población casi se había dupli-

[14] *Ibid.*, pp. 152-56.
[15] BRPG10, p. 10, Springfield, Springfield Printing Company, 1888.
[16] BRPG7, p. 92, Springfield, H. W. Rokker, 1883. Dos años después, se informaba que "los muchachos duermen uno sobre otro en literas de dos

cado, y cinco años después aumentó aún más al aprobarse una ley por la que cualquier tribunal criminal del estado podía sentenciar a la Reform School —entonces conocida ya oficialmente con el nombre de Reformatorio del estado de Illinois— a cualquier delincuente, de edad entre 16 y 21 años, culpable de un primer delito. La junta de administración del reformatorio, en concordancia con eso, quedó facultada para enviar a la penitenciaría a cualquier "preso que parezca incorregible y cuya presencia en el reformatorio resulte gravemente perniciosa para el buen funcionamiento de la institución".[17]

Frederick Wines, secretario de la Board of Public Charities de Illinois, fue nombrado comisionado especial de Estados Unidos para asistir al Congreso Internacional de Penitenciaría, celebrado en Estocolmo en 1878. Lo impresionaron mucho las recomendaciones del Congreso para el trato a los delincuentes menores, y visitó varios reformatorios en Inglaterra, entre ellos el Hardwicke Court Reformatory "buena ilustración de lo que podían hacer la inteligencia y el entusiasmo en la reducción del volumen de la criminalidad..." En otras instituciones, como la Escuela Agrícola de la Sociedad Filantrópica, en Surrey, le agradó ver a los reclusos "ocupados en cultivar los campos con pala... porque el empleo del arado había sido prohibido para que los muchachos experimentaran la saludable influencia del contacto personal con la tierra". Wines llegó de Europa convencido de que la obligación de las organizaciones consagradas a la salvación del niño era sustraer los reformatorios a la jurisdicción del derecho penal:

El objeto de las instituciones de reformatorio está bien claro: no es el castigo por los delitos pasados, sino el adiestramiento para la utilidad futura... El modo de funcionamiento de la ley en Illinois es positivamente perjudicial. Obedece a una sensibilidad morbosa en lo tocante a la cuestión de la libertad personal, y a una idea equivocada de la relación entre el delincuente menor y la sociedad, así como de la finalidad perseguida al enviarle al reformatorio. Quita poder a las instituciones empleadas en reformarlo al alentar en su mente la esperanza de que la resistencia obstinada a su influencia, por un lapso de tiempo relativamente breve, le permitirá triunfar de la autoridad y pasar a una vida de viciosa indulgencia. Otra sabia sugestión en conflicto con la práctica

camas, puestas una junto a otra, lado con lado y pie con pie, con pasillos en los extremos para permitirles trepar hasta su cama. El comedor apenas tenía lugar suficiente para que comieran en pie, y no bastaba para que estuvieran sentados mientras comían. Desde cualquier punto de vista, sanitario como disciplinario, este arreglo es sumamente perjudicial y vergonzoso para un estado grande y rico", BRPC8, p. 64, Springfield, H. W. Rokker, 1885.

[17] Hirsch, *Study of School for Boys*, p. 5.

adoptada en nuestro estado es que hasta donde sea posible, la colocación de niños viciosos en familias o en instituciones públicas debería realizarse sin intervención de un proceso formal. Los estatutos de Illinois no reconocen el hecho de que el confinamiento y el control tienen un aspecto humano tanto como otro severo, ni distinguen entre el confinamiento para protección de la sociedad y el destinado a proteger al individuo mismo. Esta distinción fue claramente percibida por el Congreso, y la aplicación del principio en Illinois es muy deseable.[18]

Para 1885, Illinois no tenía un reformatorio para muchachas delincuentes, y el reformatorio para muchachos era esencialmente una prisión en miniatura, basada en "el grave principio de la retribución por los delitos cometidos contra el código penal".[19] La Board of Public Charities encargó a Wines de investigar las instalaciones públicas y privadas para niños delincuentes. En 1886, la junta comunicaba que las instalaciones institucionales eran insuficientes en tamaño y recursos. Proponían que se manejara a los "delincuentes" de acuerdo con la ley de tutela y que la atención institucional se hiciera extensiva a "esos y otros niños que pululan por las calles, se reúnen en muelles y desembarcaderos y con seguridad sienten que su oficio será la delincuencia".[20] Idealmente, los salvadores del niño querían intervenir en la vida de los niños "predelincuentes" y tenerlos controlados hasta dejarlos inmunizados contra la "delincuencia":

Si es más importante la prevención del delito que su castigo, y si esa prevención sólo puede asegurarse rescatando a los niños del ambiente criminal, antes de que su carácter y sus hábitos criminales hayan quedado firmemente asentados, es evidente que la escuela reformatorio estatal no puede lograr todo cuanto deseamos, ya que no recibe a los niños a una edad suficientemente temprana, ni tampoco a los que todavía ocupan el territorio debatible entre delincuencia e inocencia, que todavía no han cometido ningún acto punible, pero a cada momento están en peligro inminente de convertirse en delincuentes.[21]

LOS NIÑOS DEPENDIENTES

Antes de la última parte del siglo XIX, la atención pública para los niños dependientes o necesitados de ayuda en Illinois estaba en su mayor parte delegada en casas de caridad u hospitales de condado.

---

[18] BRPC5, pp. 273-99, Springfield, Weber, Magie and Co., 1879.
[19] BRPC9, p. 52, Springfield, T. W. Rokker, 1887.
[20] *Ibid.*, pp. 52-84.
[21] BRPC6, p. 104, Springfield, H. W. Rokker, 1880.

Para 1875, Illinois estaba muy atrasado respecto de Ohio, Michigan y Massachusetts, donde se habían creado hogares de condado e instituciones estatales para los niños dependientes. Illinois fue también en extremo lento en aprobar leyes que autorizaran la salida de los niños de las casas de caridad.[22] La casa de caridad del condado de Cook, que se empleaba como asilo para todas las edades, fue descrita, en la investigación de un gran jurado, en 1853, como "totalmente inadecuada", sobre todo dado que "la sección dedicada a mujeres y niños está tan llena que es sumamente afrentosa".[23] Según el informe del Board of Charities en 1880, aproximadamente 13% de los recluidos en las casas de caridad de los condados en Illinois eran niños.[24]

Entre 1850 y 1870, el sistema de casas de caridad se completó por organizaciones privadas y sociedades de "salvamento".[25] Estos celadores autonombrados de la integridad moral y física de los niños proporcionaban la máquina administrativa para la aplicación y el cumplimiento de las leyes de beneficencia, que de otra manera no hubieran podido hacerse respetar. Las sociedades de salvamento, empezando por Nueva York con la creación de la Sociedad de Lucha contra la Crueldad para con los Niños, en 1875, daba "protección organizada a los niños dependientes" y "un carácter oficial al enjuiciamiento de los padres u otras personas que maltrataban y golpeaban a los menores e indefensos".[26] Las organizaciones privadas y los individuos habían proporcionado atención desde 1850 y tantos en alguno de los estados orientales, y principalmente Charles Loring Brace en Nueva York.

La autoridad y la utilidad de las sociedades privadas salvadoras del niño fue reconocida en la legislatura de Illinois, que aprobó varias leyes para prevenir y castigar las injusticias contra niños, prohibir la venta de tabaco a los menores, impedir el abandono de los niños (1877), prohibir la venta de licor y el juego en presencia de niños (1879), impedir la venta de "armas mortíferas" a los menores (1881) y disponer que el pago de multas recibidas de los procesamientos por crueldad con los animales o los niños sirviera para sostener sociedades privadas protectoras y humanitaras (1885). A pesar

[22] *Ibid.*, pp. 102-4. Véase también James Brown, *The History of Public Assistance in Chicago, 1833-1893*, pp. 32*s.*, y Arlien Johnson, *Public Policy, and Private Charities: A Study of Legislation in the United States and of Administration in Illinois*, pp. 91*s.*
[23] Brown, *History of Public Assistance in Chicago*, p. 33.
[24] BRPC6, p. 290.
[25] Para un excelente panorama de estas organizaciones en Chicago véase Bessie Louise Pierce, *A History of Chicago*, 3, 423-66, Nueva York, Alfred A. Knopf, 1957.
[26] Margaret Kenney Rosenheim, "Perennial Problems in the Juvenile Court", en Rosenheim, ed., *Justice for the Child*, p. 5.

de aprobarse esta legislación, los cuidados institucionales a los niños dependientes siguieron en manos de entidades privadas, la mayoría de ellas con auspicios de sectas religiosas. James Brown comentaba, en un estudio de la historia de la asistencia pública en Chicago, algunas implicaciones de los subsidios estatales para las organizaciones religiosas:

Los ciudadanos que se negaban a permitir el hacinamiento de los niños en la casa de caridad común y mixta, probablemente hicieron un mal servicio a las generaciones futuras de niños dependientes con su generosidad al suministrar otras, parte de ellas asilos privados. No puede criticárseles por haber querido compensar la poca actividad en materia de disposiciones públicas, ya que sencillamente seguían las huellas de grupos privados semejantes en los antiguos estados orientales. La posibilidad de un programa público que satisficiera las necesidades de todos los niños dependientes no fue tomada en consideración. El ambiente era ideal para el desarrollo de los intereses creados, y la formación de un sistema de subsidios, y años después se ilustrarían las enormes dificultades que presenta abandonar la carrera una vez lanzados a ella.[27]

El Board of Public Charities de Illinois tenía conciencia de las desmoralizadoras condiciones en que se mantenía a los niños en las casas de caridad y proponía otras soluciones, como la adopción, el contrato por tiempo determinado y la "colocación" fuera. La población infantil de la casa de caridad en el condado de Cook fue declinando gradualmente debido al gran número de entidades privadas de cuidados a los niños que había en Chicago. Para 1880, había doce de ellas, y sólo cinco no tenían una política sectaria. Pero como observaba Homer Folks, incluso estas organizaciones eran consideradas por los miembros de las iglesias no protestantes como sectarias y protestantes.[28]

En 1876, planeó la primera escuela industrial de Illinois la Women's Centennial Association, la cual, "hallándose excepcionalmente en posesión de 500 dólares al terminar sus tareas", decidió que "nada sería más apropiado que crear una institución de algún tipo para nuestras muchachas".[29] La señora Louise R. Wardner, miembro de la Centennial Association, había mostrado siempre interés por el problema de las muchachas desamparadas, cuando ella y sus colegas de Illinois meridional hallaban dificultades para "colocar" a las mucha-

---

[27] Brown, *History of Public Assistance in Chicago*, pp. 36-37.
[28] Johnson, *Public Policy and Private Charities*, p. 4.
[29] Helen L. Beveridge, "Reformatory and Preventive Work in Illinois", *Proceedings of the National Conference of Charities and Correction*, 1881, p. 276.

chas que salían de un orfanatorio local. Inspeccionó varias instituciones para niños delincuentes y dependientes en Wisconsin, pero "en ninguna parte halló nada para muchachas de más de doce años que podían convertirse en delincuentes si las dejaban sin vigilancia".

La idea de una escuela industrial para muchachas fue apoyada con entusiasmo por varios grupos de salvadores del niño. Después de donado el terreno a la Centennial Association, se incorporó una escuela en 1876 y se formó una asociación a escala estatal para la provisión de ayuda económica.[30] Al finalizar el primer año de la escuela se habían inscrito 41 muchachas, que eran dirigidas con "influencias purificadoras y acrisoladas" y en la "atmósfera de un hogar cristiano". El objetivo de la escuela, dijo la señora Wardner a la National Conference of Charities en Chicago, en 1879, era impedir que las muchachas crecieran "depravadas", "sin principios" e "impuras" para reproducir su "ralea multiplicada por tres y aun por cinco".[31]

El financiamiento de la escuela presentaba un problema, porque la única fuente de ingresos era una membrecía de un dólar anual, tan insuficiente que "sólo gracias a los incansables esfuerzos de las fundadoras de la institución se mantenía ésta en vida". Otra dificultad a que debía enfrentarse la asociación era que no tenía autoridad legal para retener a muchachas dependientes. Con el fin de hallar solución a estas limitaciones económicas y jurídicas, la junta directiva nombró al juez Bradwell y a su señora, así como al ex gobernador Beveridge, para una comisión de investigación. El resultado de esta investigación fue la redacción de la "Ley de escuelas industriales para muchachas", que al cabo de alguna oposición fue aprobada por la legislatura en 1879.[32]

Esta ley permitía que siete o más personas, la mayoría de ellas mujeres, pudieran crear una escuela industrial para muchachas y aceptar a muchachas dependientes enviadas por el tribunal de condado. Se definía la muchacha dependiente así:

Toda niña que pide o recibe limosna mientras está vendiendo o haciendo que vende algún artículo en público, o que frecuenta cualquier calle, callejuela u otro lugar con el fin de pedir o recibir limosna; o que no teniendo lugar de residencia fijo, el debido cuidado de los padres o tutores o suficientes medios de subsistencia, o por cualquier otra causa, vaga por calles y callejuelas y otros lugares públicos; o que vive con,

[30] Johnson, *Public Policy and Private Charities*, pp. 95-96.
[31] Louise Rockwood Wardner, "Girls in Reformatories", *Proceedings of the Annual Conference of Charities, 1879*, pp. 185-89.
[32] *Annual Report of the Illinois Industrial School for Girls,* 1885; citado por Johnson, *Public Policy and Private Charities*, p. 97.

frecuenta o se asocia a, ladrones conocidos u otras personas viciosas, o que es hallada en una casa de mala reputación o en una casa indigente.

La ley autorizaba a cualquier residente "responsable" a pedir al tribunal de condado que averiguara la supuesta dependencia de una muchacha y especificaba que la cuestión de su dependencia fuera determinada por un jurado de seis personas. Si se la declaraba dependiente debido, por ejemplo, a que "el padre o tutor no es una persona adecuada para tener la custodia de semejante niña", ésta podía ser enviada a una escuela industrial, donde quedaría hasta cumplir los dieciocho años, a menos que la pusieran en libertad antes. Se requería al condado que pagara diez dólares mensuales por su enseñanza y supervisión.[33]

En 1886 se hizo un esfuerzo para transformar la escuela industrial para niñas en una institución estatal, porque la junta directiva tenía dificultades para juntar dinero sin ayuda de grandes dotaciones. Pero el proyecto de ley no fue aprobado por la legislatura, porque la Board of Public Charities suscitaba diversas objeciones, y decía así:

No negamos la propiedad y utilidad de tal institución... Enviar a delincuentes menores del sexo femenino a una cárcel, casa de corrección o penitenciaría de condado es un error craso y patente... Pero preferiríamos mucho que todas estas delincuentes no fueran enviadas por un período de tiempo definido, sino durante su minoría de edad, como en el caso de muchachas que simplemente son dependientes. [Y reiteraba que] la necesidad de tutela por parte del estado es mayor en el caso de niños delincuentes que de los no delincuentes... El hogar propuesto para delincuentes menores nos parece de carácter demasiado positivamente penal, y en este respecto, el proyecto de ley necesita una revisión radical.[34]

La escuela siguió operando como organización privada con un programa de trabajo industrial y escolar. En 1884 albergaba a 104 muchachas, y los inspectores estatales la declaraban "perfectamente bien atendida", aunque los edificios necesitaban importantes reparaciones. Se permitía el castigo corporal "como el que una madre infligiría a una chiquilla refractaria", y las muchachas "desobedientes" eran encerradas en sus habitaciones.[35] La permanencia de la escuela quedó asegurada después de aprobada una ley, en 1879, que le suministraba un ingreso mínimo procedente del condado. En 1883, la junta directiva compró 16 hectáreas de tierra a 24 kilómetros de

---

[33] Revised Laws of Illinois, 1879, pp. 309-13.
[34] BRPC9, pp. 83-84.
[35] BRPC10, pp. 131-32.

Chicago, pero no adquirió fondos suficientes para formar una institución allí sino en 1909. La creación de una institución fue diferida en parte por quejas de que la escuela era "un criadero de vicio y holgazanería". La Board of Commissioners del condado de Cook nombró una comisión averiguadora, que informó que la escuela "necesitaba urgentes reparaciones" y estaba mal organizada: "Nada justifica el título de 'Escuela Industrial' para esta institución, ya que la única industria que parecen conocer las reclusas es la labor doméstica corriente relacionada con la gestión de la institución."[36]

Mientras tanto, el arzobispo católico de Chicago, Patrick A. Feehan, había organizado la Escuela de Formación de Santa María, para muchachos, en Des Plaines, cerca de Chicago, y unos representantes de esta institución no tardaron en presentar el "proyecto de ley Escuela de Formación de Feehanville" a la legislatura. Según su redacción original, el proyecto tenía una sección en que se disponía que los tribunales,

al decidir el envío de un muchacho dependiente a la escuela propuesta deberían tener en cuenta la religión del muchacho, y siempre que fuera hacedero, enviarlo a una escuela donde estuvieran encargadas de él personas de la misma creencia religiosa que aquella a que el muchacho pertenece o debería pertenecer...

Esta cláusula fue omitida en el proyecto de ley aprobado porque, según un miembro de la legislatura, "estaba calculada para fomentar las escuelas sectarias y... la legislatura debía navegar totalmente alejada de este escollo". Pero la omisión de esta cláusula no impidió que se desarrollaran las escuelas industriales siguiendo lineamientos sectarios, y para 1929, sólo seis de las veintisiete escuelas industriales y de formación de Illinois estaban dirigidas por personas no sectarias.[37]

Una "ley para suministrar ayuda y escuelas de formación para muchachos", aprobada en 1883, permitía enviar a ellas a muchachos dependientes hasta la edad de veintiún años. Una institución protestante, la Illinois Industrial Training School for Boys, fue organizada en 1887 y celebró su "primer Cuatro de Julio con doce muchachos indómitos y cerriles". La señora Ursula Harrison, superintendente, introdujo un programa de instrucción militar, así como talleres industriales para la fabricación de escobas, de calzado y la talla de madera. Al cabo de seis meses había un centenar de muchachos en el congestionado hogar, pero los problemas de espacio y financiamiento pronto fueron aliviados con el patrocinio de Milton George, quien había

[36] Johnson, *Public Policy and Private Charities*, p. 140.
[37] *Ibid.*, pp. 97-99, 135.

hecho una fortuna en el negocio del papel de periódico. George donó a la escuela 121 hectáreas de tierra agrícola que, según el presidente de la junta ejecutiva, tenía "fértil suelo" y "hermosos boscajes". Se estimaba el valor de la tierra en 90 000 dólares y la junta consiguió allegar otros 40 000 para la erección de construcciones. El presidente de la junta, Oscar L. Dudley, dijo a los delegados a la conferencia nacional de Charities and Correction, en 1891, que

la escuela de formación no es de ninguna manera una prisión, ya que no tiene barrotes ni cerrojos; en su lugar, los muchachos son gobernados por el amor y la amabilidad, ya que nuestro objetivo es cultivar en ellos los buenos modales, la limpieza personal, el lenguaje decente, los hábitos de laboriosidad, y la apreciación de las buenas costumbres y la actividad, con el fin de capacitarlos para entrar en hogares donde puedan hacerse hombres y adquirir las cualidades esenciales del buen ciudadano.[38]

A estas tres instituciones —la de formación para niños, de Santa María, la industrial para muchachas, de Illinois, y la de formación industrial para muchachos, de Illinois— se añadió otra organización católica, la Escuela Industrial para muchachas, de Chicago, creada en 1855 con el fin de confiar el cuidado de las muchachas dependientes a la Casa del Buen Pastor, el Asilo de Huérfanos de San José y el Hogar de Expósitos de San Vicente. La "escuela" era tan sólo una institución nominal que representaba los intereses católicos en el tribunal de condado. Estas cuatro escuelas fueron las únicas organizadas de acuerdo con la legislación de escuelas industriales antes de 1910.[39]

Entre 1882 y 1917, la Suprema Corte de Illinois fue llamada cuando menos nueve veces a interpretar la constitucionalidad de las leyes de escuelas industriales. La validez de esas leyes era impugnada por las siguientes razones: *1]* que las instituciones creadas de acuerdo con la ley eran en realidad instituciones penales y, por ende, el enviar a alguien a ellas era un castigo que tenía por consecuencia la privación de libertad, sin el derecho constitucional a un proceso en debida forma; *2]* que las instituciones violaban la sección 3 del artículo VIII de la constitución del estado, que prohibía la otorgación de dineros públicos a instituciones de tipo religioso por parte del gobierno, estatal ni local; *3]* que la responsabilidad del mantenimiento de los niños dependientes no debía ser impuesta al condado.[40]

En dos acciones presentadas en 1882 —una por un individuo y la

---

[38] "The Illinois Industrial Training School for Boys", *Proceedings of the National Conference of Charities and Correction, 1891*, pp. 146-50.
[39] Johnson, *Public Policy and Private Charities*, pp. 100s.
[40] Jeter, *The Chicago Juvenile Court*, p. 3.

otra por un condado— la Suprema Corte mantuvo la constitucionalidad de la Escuela de Formación Industrial para Muchachas, de Illinois.[41] En la primera causa, el juez Sheldon decidió que la escuela no era una prisión:

Difícilmente advertimos mayor restricción de libertad que la que se halla en cualquier escuela bien reglamentada. Este grado de restricción es esencial para la buena educación de un niño, y en ningún sentido legítimo es infringir los derechos inherentes e inalienables de la libertad personal... El poder otorgado por la ley en cuestión al tribunal de condado tiene el mismo carácter que la jurisdicción ejercida por el tribunal de cualquier tipo sobre las personas y propiedades de los niños, se fundamenta en la prerrogativa de la Corona, y dimana de su facultad y obligación generales de "parens patriae" para proteger a quienes no tienen otro protector legal.

En otro caso, en 1882, fue impugnada la ley porque permitía la organización de escuelas para fines de tipo religioso. El juez Mulkey, defendiendo la constitucionalidad de la Escuela Industrial de Illinois para Muchachas, sostuvo que "es derecho incontestable y deber imperativo de todo gobierno ilustrado, en su calidad de *parens patriae*, proteger y disponer la comodidad y el bienestar de aquellos ciudadanos que, por razón de infancia, entendimiento defectuoso u otra desgracia o defecto físico son incapaces de cuidar de sí mismos."[42] Fue nuevamente necesaria, en 1888, una interpretación de la sección 3 del artículo VIII de la constitución estatal en que la junta de comisionados del condado de Cook se negó a pagar una cuenta de casi 20 000 dólares por la enseñanza, la manutención y el vestido de 73 muchachas confiadas por el tribunal del condado a la Escuela Industrial de Chicago para Muchachas. Se demostró que la escuela era una organización tapadera, "una mera servidora de dos instituciones... controlada por la Iglesia Católica Romana". El juez Magruder, al fallar en favor del condado, sostenía que la decisión de ninguna manera pretendía repercutir en los funcionarios y fundadores de la escuela:

Las mujeres cuyos nombres están escritos en este expediente son movidas por las más puras intenciones. Están consagradas al mejor y más santo de los trabajos, que es reformar a los malos y cuidar a los desafortunados... [Pero] cualquier designio, aunque lleve la bendición de la Iglesia, que vaya contra la voluntad del pueblo plasmada en su ley

---

[41] *In the Matter of the Petition of Alexander Ferrier,* 103, Ill., 367, 1882; *County of McLean v. Humphrey,* 140, Ill., 379, 1882.
[42] Citado por Johnson, *Public Policy and Private Charities,* p. 106.

orgánica, tiene que hacerse pedazos como la espuma del mar contra las rocas de la costa.[43]

Frederick Wines y unos miembros de la junta de Public Charities, muy explícitos en su desaprobación de las leyes de escuelas industriales y de formación, dieron la bienvenida a la decisión de la Suprema Corte. Para 1886, la junta estaba convencida de que la Escuela Industrial de Chicago para Muchachas era una organización anticonstitucional.[44] Cuando la Suprema Corte confirmó esta impresión en 1888, la junta recomendó el control y la vigilancia estatales de los niños dependientes:

El Estado tiene para con ellos una obligación que no ha cumplido, ni siquiera reconocido. No puede delegar el cumplimiento de esa obligación en otras manos... Los gobiernos que esquivan sus deberes pueden tener la seguridad de perder el respeto y la confianza de la gente... Si el gobierno considera necesario o expediente crear y conservar una institución caritativa o penal, que lo haga totalmente por cuenta y a expensas suyas, y no reciba ninguna forma de ayuda de partes privadas... Las obras a las que el Estado concede ayuda pecuniaria deben estar totalmente controladas por el Estado, con funcionarios y empleados del Estado, en edificios propiedad del Estado... Si se le propone atender a los niños por mediación de órdenes religiosas de la Iglesia, o por esfuerzos asociados fuera de ésta, santo y bueno. Eso significa que las órdenes religiosas y las asociaciones seculares hallarán sus propios medios para llevarlo a cabo, como hace el padre de familia, sin esperar la ayuda del Estado.[45]

Pero pese a la decisión de la Suprema Corte y las críticas del Board of Public Charities, el condado de Cook continuó contratando con instituciones religiosas los cuidados a los niños dependientes. En 1917, la Suprema Corte de Illinois evadió sus decisiones anteriores, que no habían tenido ninguna consecuencia práctica, y se negó a fallar que la Escuela Industrial de Chicago para Muchachas, de control católico, hubiera violado la Constitución. Finalmente, la legislatura y los tribunales convinieron en que los condados podrían dar ayuda financiera a organizaciones privadas con auspicios religiosos.

En resumen, el desarrollo de instituciones estatales para niños "dependientes" fue diferido por los intereses creados de las organizaciones religiosas[46] y la renuencia de la legislatura del estado a suministrar

---

[43] *County of Cook v. The Chicago Industrial School for Girls,* 125, Ill., 540, 1888.
[44] BRPC9, pp. 79-81.
[45] BRPC10, p. 86.
[46] "Si los funcionarios ejecutivos de las sociedades privadas, que tenían confianza en entender el método adecuado para remediar la pobreza, hubie-

fondos que sólo beneficiarían efectivamente a Chicago y al condado de Cook. La Suprema Corte invirtió su posición de la causa de O'Connell y respaldó la práctica de enviar a delincuentes potenciales a instituciones sin ningún tipo de proceso. Las organizaciones salvadoras del niño, en general, concordaban en que no debía distinguirse entre niños "delincuentes" y "dependientes" si se quería lograr en forma realista la prevención drástica de la delincuencia.[47]

NIÑOS ENCARCELADOS

En 1869, la Asamblea General de Illinois promulgó una legislación que disponía el nombramiento de un Board of State Commissioners of Public Charities. La junta de Illinois, la cuarta de tales organizaciones en Estados Unidos, se creó para "considerar nuevas cuestiones nacidas de la experiencia como los mejores modos de tratamiento y mejoramiento de las diversas clases de pacientes y pupilos en nuestras distintas instituciones benévolas". El gobernador Oglesby, al recomendar la legislación, instaba al público a que nunca "perdiera de vista las... incesantes reclamaciones de las vastas muchedumbres que tenemos en medio de nosotros", "afligidas por las terribles enfermedades que les privan de vista, oído y razón".

La junta se componía de cinco personas nombradas por el gobernador para servir, sin paga, durante cinco años. Estos comisionados contrataron a Frederick Wines para secretario, a fin de que trazara una línea de conducta y manejara las cuestiones administrativas. Aunque la junta era parte integrante de la máquina caritativa del estado, casi no tenía facultades administrativas y se limitaba a realizar inspecciones, indicaciones y recomendaciones. El objetivo principal de la labor de la junta estaba orientado hacia la reglamentación de las organizaciones privadas, y sus miembros estaban facultados para y obligados a visitar, cuando menos dos veces al año, "todas las instituciones de caridad y coreccionales del estado, salvo las prisiones que recibían

ran interesado a sí mismas y a sus juntas influyentes en la administración de las caridades públicas, en lugar de pasarlas por alto, tal vez no hubiera tardado tanto el progreso. Es cierto que en algunos períodos de la historia de la junta condal los intereses y la cooperación de esos grupos voluntarios probablemente hubieran hallado tenaz resistencia, pero no es fácil justificar su negativa a prestar su ayuda cuando se les pide, como ocurrió en más de una ocasión", Brown, *History of Public Assistance in Chicago*, p. 177.

[47] Jane Addams informaba que los tribunales minimizaban los delitos de tipo penal con el fin de enviar niños a las escuelas industriales y evitarles así "la segura desmoralización del aprisionamiento", *My Friend Julia Lathrop*, p. 133.

ayuda estatal, y cerciorarse de que el dinero destinado a su ayuda era o había sido gastado económica y sensatamente..."[48] Además de estas facultades de investigación, los comisionados tenían que vigilar las escuelas industriales para muchachas (1879), las escuelas de formación para muchachos (1883), las asociaciones privadas que recibían los niños que les confiaban los tribunales (1899), y organismos e instituciones que colocaban a otros niños en hogares adoptivos (1905). Por la ley de tribunales para menores de 1899, la junta estaba también encargada de aprobar los estatutos de asociaciones que deseaban vigilar la atención que recibían los niños dependientes, abandonados o delincuentes.

En los diez primeros años de labor de la junta, los comisionados lanzaron un ataque crítico y cuidadosamente documentado contra el sistema carcelario de condados y ciudades en Illinois.[49] En 1896, unos agentes de la junta inspeccionaron 78 cárceles, donde encontraron a 511 personas, de las cuales 408 estaban esperando juicio. En 40 de las cárceles hallaron a 98 niños menores de 16 años. La cárcel del condado de Cook, cuya erección había costado originalmente 120 000 dólares, constaba de 32 celdas mal ventiladas en el sótano de la sala de justicia. El día de la inspección había 114 personas encarceladas —107 de ellas esperando juicio— y hasta siete personas estaban encerradas en una sola celda, privadas de aire puro, luz y comodidades básicas. "La cárcel es tan oscura", informaba la junta, "que es necesario tener el gas prendido en los corredores noche y día. Las celdas son inmundas y están llenas de bichos asquerosos." La junta se preocupaba en especial por haber encontrado 14 niños en la cárcel. "Aquí están encerrados los locos, en espera de juicio y de traslado a una casa de caridad o un asilo. Aquí hay detenidos testigos que quizá nunca vieron

---

[48] BRPC1, pp. 2-3, 7. Para un examen detenido de las facultades de la junta véase Johnson, *Public Policy and Private Charities*, pp. 52s.

[49] "La mera sospecha de delito pone en entredicho al acusado y lo priva de todos los derechos, salvo los de enemigo. La conversión de un delincuente en hombre decente parece considerarse una empresa tan vana que no vale la pena intentar el esfuerzo. Lo tratan como a un fuera de la ley, un enemigo del género humano, un caso perdido que está contra todos, y todos contra él... El hombre que se convierte en criminal... no por eso deja de ser hombre. Y como tal, tiene derechos que nosotros debemos respetar como hombres. No tenemos más derecho de violar sus derechos que él de violar los nuestros. Podemos pedir la reintegración. Podemos emplear todos los medios aconsejables y legales para curarlo de sus flaquezas y sus tendencias delictivas. Pero ponerlo fuera de la ley, segregarlo como a un miembro indigno, es como amputarle un dedo enfermo, sin primero intentar curarle el mal. La injusticia para con el criminal es una afrenta para la sociedad." BRPC1, pp. 126-27.

cometer un delito, pero que son demasiado pobres para dar una fianza antes de comparecer ante el tribunal."

Descubrieron que la cárcel del condado se basaba en un régimen de terror: "Es injusto y hostigador, y da por seguro que determinada cantidad de sufrimiento expiará determinada cantidad de culpa, arraiga las tendencias criminales en lugar de eliminarlas, es dudoso que contribuya a disminuir la delincuencia y resulta terriblemente costoso." La junta criticaba el sistema por su falta de clasificación científica y sus inadecuados programas de educación y trabajo. "El efecto de esta promiscua acumulación de viejos y jóvenes, inocentes y culpables, condenados, sospechosos y testigos, varones y hembras, es hacer de la prisión del condado una escuela de vicio. En semejante atmósfera, la pureza misma no podría librarse de la contaminación."[50]

Se descubrió que las cárceles de condado eran "puntos de miseria moral", "oscuros, húmedos y fétidos", donde se brutalizaba y aplastaba el pundonor de los reclusos.[51] "Con esta política se hacen grandes criminales los pequeños." Los comisionados proponían radicalmente que "sólo el aniquilamiento del sistema podría poner fin a los abusos actuales, que no se pueden corregir por el esfuerzo individual, puesto que son inherentes al sistema mismo".[52] Las cárceles de condado eran incapaces de reformar "a los hijos de ladrones o prostitutas, de jugadores y borrachos" que están "expuestos a miles de influencias corruptoras" en las calles citadinas. Comentaba la junta en 1872:

La atmósfera que muchos de ellos respiran es tal que no hay posibilidad de errar si se les predice una carrera criminal. ¿Hemos de dejarlos perecer? ¿Y pereciendo, hacer presa en la sociedad, llevar vidas violentas, destructoras por igual de la propiedad y de la vida? Mil veces no. El Estado tiene para con su población criminal una obligación no menos sagrada e imperativa que la que tiene para con los simplemente infortunados, y esta obligación se funda en la misma doble base de la humanidad y el propio interés.[53]

A pesar de los esfuerzos de la junta, hubo poca mejoría apreciable en el sistema de cárceles de condado.[54] En 1874 se hizo un intento de regular las condiciones en que se detenía a los menores, añadiendo a la ley que reglamentaba las condiciones carcelarias una cláusula que disponía la separación de los menores de los delincuentes mayores y los culpables probados de algún delito. Pero esta disposición fue un reme-

[50] *Ibid.*, pp. 175-84.
[51] BRPC6, p. 117.
[52] BRPC1, p. 187.
[53] BRPC2, pp. 197-98, Springfield, State Journal Steam Print, 1873.
[54] BRPC3, p. 51, Springfield, State Journal Steam Print, 1875.

dio simbólico e ineficaz que no podía ser puesto en práctica en instituciones sobrepobladas y mal construidas.[55] En Nueva York, en una reunión del National Prison Congress, celebrada en 1876, Frederick Wines acusó al sistema carcelario de condado en Illinois de ser "un fracaso y una vergüenza para la inteligencia y la humanidad del estado. No conocemos ningún mal que tan urgentemente requiera remedio".[56] No era el de Illinois el único estado con un sistema carcelario "contrario a la teoría de reforma". En Michigan, las estadísticas de 1873 revelaron que 377 muchachos y 100 muchachas menores de 18 años recibieron sentencias de cárcel. Ohio, en 1871, envió 182 muchachos y 29 muchachas a cárceles de condado y Massachusetts tuvo 2 029 menores en sus cárceles en 1870; 231 de estos niños eran menores de 15 años. "Uno de los rasgos más dolorosos de este terrible cuadro", comentaba Wines, "es el gran número de jóvenes de uno y otro sexo sometidos a las contaminantes influencias de semejante vida." [57]

El quinto informe de los comisionados contenía un amplio estudio de todas las cárceles de condado de Illinois, y apreció poca mejoría en las condiciones de encarcelamiento.[58]

En un sentido moral, la atmósfera de la cárcel sofoca todo impulso y aspiración de mejoramiento; es profana, obscena, impúdica... retadora, temeraria, amarga... Es el Estado —la Asamblea General— quien debe ser considerado culpable, por dejar su obligación en manos de juntas de vigilantes de condado, tan incapaces de triunfar de la clase criminal como de vaciar el lago Michigan con un cedazo.[59]

[55] Randall, *The St. Charles School*, p. 5.
[56] BRPC4, p. 81. "Y así la sociedad, por su propia falta de previsión, su indiferencia, su indolente autocomplacencia y su tolerancia de los males que costaría más esfuerzo obviar que el que la sociedad está dispuesta a hacer, en realidad forma delincuentes, estimula y los califica para llegar a ser grandes criminales. En efecto, no se castiga de ninguna manera la delincuencia, ni se hace ningún intento inteligente por reformar al delincuente mientras el delito presente la forma de un simple delito de menor cuantía. Sólo cuando llega a la fase de un verdadero crimen hace la sociedad un esfuerzo serio para enfrentarse al mal", *ibid.*, p. 188.
[57] *Ibid.*, pp. 186-87.
[58] Aunque se construyeron 25 cárceles nuevas en seis años, entre 1870 y 1876, la junta se quejaba de que muchas de ellas tan sólo perpetuaban los antiguos males. "Si se nos hubiera consultado con referencia a algunas de estas cárceles, podíamos haber ahorrado a algunos condados graves errores y gastos innecesarios. La construcción de tantas cárceles nuevas es de lamentar, en un aspecto de la cuestión, porque la cantidad de dinero gastada en su erección, en los diez últimos años, con un total de 3/4 de millón de dólares, podría haberse aplicado mejor a la construcción de prisiones distritales por el estado mismo", BRPC5, p. 180.
[59] *Ibid.*, p. 176.

En 1880-90, los reformadores penales de Illinois dejaron de interesarse en el estado material general de las cárceles para considerar el efecto que esas condiciones producían en los distintos grupos, y en particular en los niños. La visita de Frederick Wines a Inglaterra le hizo pensar en el sistema de reformatorios como medio de salvar a los niños de la cárcel, donde los contaminaba el contacto con otros delincuentes. La junta de Public Charities fue abandonando lentamente la idea de "derribar el sistema" y en su lugar se dedicó a mejorar las condiciones de la cárcel para los niños que necesitaban atención y cuidados especiales.

Los niños eran detenidos normalmente en la cárcel del condado de Cook y la Casa de Corrección de Chicago, tanto antes como después de juzgarlos. Era de "deplorar" su presencia en tales lugares, pero la culpa debía atribuirse a "nuestras leyes" y no a las instituciones en sí.[60] La escuela dominical y alguna otra enseñanza elemental eran proporcionadas ocasionalmente por individuos y organizaciones filantrópicos, pero esto resultó una diversión superficial.[61] Adelaide Groves, dama de la sociedad chicaguense, informaba al director de un periódico local que había visitado "el pabellón de los muchachos en la cárcel del condado, por lo general el domingo por la tarde, y les llevaba libros y material para escribir, estampillas y lápices". Ponía reparos al hecho de que "grupos de muchachos y muchachas desocupados, que se enseñan mutuamente la maldad y el pecado, están en libertad de ir de acá para allá por su ciudad... ¿No deberíamos nosotros, ciudad y personas cristianas, tender una mano de ayuda a los muchachos que están en las cárceles y las casas de corrección?[62]

Indicaba Adelaide Groves que Chicago necesitaba instituciones especiales —lugares de detención para esperar el juicio y reformatorios para después de éste— con que remplazar los pabellones para muchachos en la cárcel y la correccional de condado.[63] El reformatorio que

[60] BRPC7, p. 307.
[61] "La llamada sala de clase tiene tres largas bancas, una mesa, una silla y un taburete. Las bancas están tan llenas de alumnos que cuando tratan de escribir en sus pizarras dan codazos a sus vecinos, quienes resisten vigorosamente, lo cual no hace que la lección sea un éxito. Los libros proceden de las buhardillas de nuestros amigos y abarcan mucha literatura antigua... Afortunadamente, los libros de canto son todos iguales, y la lección es recibida y repetida con el vigor de los muchachos, que llevan la cadencia con la cabeza y los pies... La señorita Wright usa esto como lección, explicando el sentido de las palabras evangélicas y dejándoles escoger los himnos que se cantarán" (carta de Adelaide Groves a *Chicago Inter Ocean*, 12 de noviembre de 1884).
[62] *Chicago Inter Ocean*, 6 de junio de 1884.
[63] *Ibid.*

había en Pontiac se consideraba inadecuado porque no era un lugar de detención, y sólo contenía niños culpables de algún delito de carácter penal. Pedía la señora Groves, "que el condado de Cook proporcione una Detention Manual School* con cerrojos, cerraduras, barrotes y llaves, para que los muchachos que han quebrantado las leyes en grado mayor o menor no sean impulsados a cometer delitos mayores y a mayor degradación..."[64]

En 1890, la junta de Public Charities halló el día de la inspección a nueve niños menores de 16 años en la cárcel del condado de Cook y 45 niños en la Casa de Corrección de Chicago. "¡Qué vergüenza!" comentaban, "¡poner a estos muchachitos en semejante escuela de vicio!"[65] Adelaide Groves, en unión de las mujeres del Club Femenino de Chicago, logró establecer un día regular de escuela en la cárcel de condado, y se inició un movimiento para separar a los niños de los adultos en la Casa de Corrección. Dos años después, las condiciones carcelarias no habían mejorado y la junta de Public Charities observaba que "la mitad de los muchachos encerrados por un primer delito menores de diecisiete años podrían salvarse si se les enviara a una escuela reformatorio, donde se les enseñaría a trabajar y se les educaría, y cumplido su período no les quedaría para siempre la marca infamante de 'presidiario', como ahora".[66]

En resumen, la junta de Public Charities halló poco apoyo público ni político para sus esfuerzos en el sentido de reformar las condiciones existentes en las cárceles de condado y citadinas. La política de la junta la determinaba en gran parte su secretario, Frederick Wines, quien continuó la labor de su padre e introdujo en Illinois el concepto de penología preventiva. Cuando la junta se interesó en los problemas que planteaba la detención de niños en cárceles, encontró aliados en otras organizaciones de salvadores del niño y una base potencial desde donde podrían hacerse reformas venturosas.

LOS NIÑOS DEL ESTADO

A pesar de no haberse corregido los abusos en las escuelas industriales ni el sistema carcelario de los condados, había un consenso general de opinión entre los expertos en beneficencia del estado y las organizaciones privadas pro salvación del niño, en el sentido de que no debía

---

* Escuela de oficios que sirve también de lugar de detención. [T.]
[64] *Chicago Tribune*, 6 de noviembre de 1888.
[65] BRPC11, p. 194, Springfield, H. W. Rokker, 1890.
[66] BRPC12, p. 196, Springfield, H. W. Rokker, 1893.

someterse a proceso a los niños en tribunales penales, ni encarcelarlos con delincuentes de mayor edad. En 1891, Timothy Hurley, presidente de la Sociedad de Visitación y Ayuda, controlada por los católicos, contribuyó a la introducción en la legislatura de un proyecto de ley para autorizar a corporaciones a "manejar, cuidar y mantener a los niños que estuvieran abandonados y desatendidos, a los menesterosos o los sometidos a una formación corrompida". Proponía el proyecto que las cortes de condado estuvieran facultadas para enviar a organizaciones privadas de salvación del niño a cualquier menor dependiente o descuidado o que "estuviera siendo adiestrado o al que se dejara seguir una carrera de vicio y delincuencia".[67] El proyecto no se hizo ley porque su constitucionalidad era dudosa y no obtuvo el apoyo de las organizaciones no católicas.

El movimiento pro salvación del niño adquirió importancia en 1893, un año de gran actividad y agitación por las organizaciones estatales y privadas. El Club Chicaguense de la Mujer laboraba para establecer una escuela eficiente en la cárcel de la ciudad y tener una delegación central de policía que pudiera utilizarse exclusivamente para mujeres y niños.[68] El sociólogo Charles Henderson, que después sostuvo el movimiento pro tribunal para menores, daba cursos de criminología y bienestar infantil en la Universidad de Chicago.[69] Los congresos anuales, tanto de la National Conference of Charities and Corrections como la National Prison Association, se celebraron en Chicago, en junio; muchos representantes de Illinois estaban presentes, entre ellos Lucy Flower y Frederick Wines, que desempeñaban posiciones ejecutivas.

Aquel mismo año, fue electo gobernador de Illinois John P. Altgeld, fue nombrada miembro de la junta de Public Charities Julia Lathrop, e inspectora principal de fábricas de Illinois, Florence Kelly. Las dos mujeres estaban consideradas expertas en el problema de los niños dependientes, y su nombramiento para puestos prestigiosos dio al movimiento pro salvación del niño un poder político y contribuyó a superar querellas de parcialidad entre las organizaciones religiosas.[70]

---

[67] Timothy D. Hurley, *Origin of the Illinois Juvenile Court Law*, pp. 139-40.

[68] Henriette Greenbaum Frank y Amalie Hofer Jerome, *Annals of the Chicago Woman's Club for the First Forty Years of its Organization, 1876-1916*, pp. 125s.

[69] Para un interesante estudio de la enseñanza de la sociología y la criminología en las universidades norteamericanas véase Daniel Fulcomer, "Instruction in Sociology in Institutions of Learning", *Proceedings of the National Conference of Charities and Correction, 1894*, pp. 67-85.

[70] "Hasta entonces, la visitación de las instituciones estatales y condales había sido en gran parte superficial... y limitada en lo esencial a las ins-

La presencia de reformadores de toda la nación en Chicago y los esfuerzos de Julia Lathrop sin duda fueron causa de que se creara un reformatorio estatal para muchachas delincuentes en 1893.[71]

El gobernador Altgeld influyó mucho en el movimiento pro salvación del niño. Su carrera política, interrumpida por su perdón a los "anarquistas" de Haymarket, fue notable por su especial interés en la bienandanza de los grupos minoritarios, y en particular las mujeres, los niños y los delincuentes. Nombró mujeres para puestos políticos, basándose en que no eran tan susceptibles al cohecho y la corrupción como los hombres. Consideraba a los niños una presa inocente de la explotación industrial y a los delincuentes, personas necesitadas de orientación, no de represión. Penitenciarías, reformatorios y cárceles, decía Altgeld, estaban llenos de "seres humanos errados", mientras que los "verdaderos" criminales eran los industriales y los funcionarios corruptos, políticamente inmunes a la persecución penal:[72]

Ningún gobierno fue jamás derribado por los pobres, y nada tenemos que temer por esa parte. Son los codiciosos y poderosos los que derriban los pilares del Estado. La codicia, la corrupción y el fariseísmo están hoy zapando los cimientos del gobierno. Los verdaderos anarquistas de nuestros días son los ricos criminales y sus paniaguados, que se basan en el fraude y la fuerza bruta, se sirven del gobierno como de algo útil y hacen de la justicia la servidora de la sinrazón. Estamos creando una suerte de patriotismo con agua carbónica que parece deber sus más burbujeantes cualidades a la respetable tomadura de pelo. Nuestro país tiene mucha vitalidad, pero si no detenemos estas cosas, estamos perdidos. Sólo se hacen grandes las naciones que corrigen los abusos, hacen reformas y escuchan la voz de las masas en su lucha.[73]

No era Altgeld un mero aficionado a la penología, ya que había escrito un sesudo folleto, *Our Penal Machinery and Its Victims*, pu-

---

tituciones estatales. La señorita Lathrop decidió visitar y ver por sí misma, y en el curso del trabajo fue a todas las cárceles y las casas de caridad del estado y aun las localidades más apartadas. La afectaron desagradablemente las cosas que vio, los niños encerrados con los adultos más depravados enseñándoles el crimen en lugar de tenerlos apartados de él. Decidió no descansar hasta que se hubiera hallado algún remedio para aquel estado de cosas", Hurley, *Origins of the Illinois Juvenile Court Law*, pp. 17-18.

[71] Revised Laws of Illinois, 1893, pp. 119-23.
[72] *Proceedings of the Annual Congress of the National Prison Association*, pp. 13-19, Chicago, 1893. Para un análisis de la carrera política de Altgeld, véase Ray Ginger, *Altgeld's America: The Lincoln Ideal Versus Changing Realities*.
[73] Mensaje bienal a la legislatura por el gobernador Altgeld en el *Journal of the House of Representatives of Illinois*, 1897.

blicado en 1884. Era un verdadero libelo en el sentido de una acusación humanista contra un sistema "formal, férreo y somero", no un tratado erudito. Estaba Altgeld horrorizado ante las condiciones reinantes en penitenciarías y calabozos, las cárceles rebosantes de delincuentes menores no convictos, y las injusticias económicas de las prácticas de sentencia. Y escribía:

Apenas últimamente hemos empezado a reconocer el hecho de que toda persona es en gran medida lo que han hecho de ella la herencia y el primer medio ambiente, y que la ley de causa y efecto se aplica aquí tan bien como en la naturaleza. [Y convenía con Enoch Wines en que] la justicia humana es una máquina torpe y a menudo merece el castigo que inflige.

Adultos y niños por igual son degradados, no mejorados, por los castigos ásperos:

¿Reforman los palos a una persona? ¿Eleva sus pensamientos un tratamiento brutal? ¿Lo llenan de buenas resoluciones las esposas? Deténgase aquí e imagínese por un momento obligado a llevar esposas, y vea qué tipo de pensamientos le suscita eso. La sumisión a ese acto de degradación prepara a muchos jóvenes para una carrera criminal; les destruye el respeto de sí mismos y los hace víctimas fáciles del crimen.

A diferencia de la mayoría de los demás salvadores del niño, Altgeld no temía reconocer las desigualdades económicas que hacen andar el derecho penal y su administración. Cuando llegó a apreciar los hechos económicos de la vida no era ningún sentimental. Escribía que el sistema "aplica el *proceso de aplastamiento* a los que ya están abajo; mientras que el delincuente astuto —sobre todo si es rico— es tratado con toda deferencia..." Lo que quería decir Altgeld era que toda la máquina del derecho penal estaba diseñada *políticamente* para intimidar y domeñar a los pobres. Las mismas prostitutas ricas, "las mimadas hijas del pecado, que viven en palacios dorados y visten sedas y rasos", eran inmunes a la institución de juicio. Fue Altgeld uno de los primeros reformadores de Illinois que recomendaron el empleo de la "libertad bajo palabra" y la sentencia indeterminada, y saludó con entusiasmo el plan de Enoch Wines de crear reformatorios para los jóvenes delincuentes.[74]

Para 1893, la presencia de cientos de niños en las cárceles era la queja principal de las organizaciones redentoras del niño. El Woman's

---

[74] John P. Altgeld, *Our Penal Machinery and Its Victims*, pp. 20, 24, 34-37, 41-42.

Club de Chicago intervino en las reformas carcelarias con la labor de Adelaide Groves, que fue hecha miembro honorario del club por sus filantrópicos servicios. La señora Groves vio que los pabellones para muchachos en las cárceles eran "escuelas de adiestramiento" para el crimen, habitadas por niños "desaseados" y "viciosos" que "mañana serían hombres, maduros para la penitenciaría".[75] La disciplina, el trabajo rudo, el silencio y la separación de los adultos eran la solución del problema. Escribía en una de sus muchas cartas a la prensa: "Necesitamos un edificio y un patio, firmemente dispuestos, con un muro alto, porque estos muchachos son grandes escaladores." [76]

Los once tribunales de "policía" de Chicago manejaban típicamente las causas infantiles y castigaban con multas, desembolsadas en la Casa de Corrección a cincuenta *cents* por día. En los seis primeros meses de 1899, 332 muchachos menores de 16 años fueron enviados a la cárcel de la ciudad, casi todos acusados de conducta desordenada, que iba desde "saltar a un tren" hasta jugar a la pelota en las calles.[77]

En 1893, se persuadió a la Junta de Educación de Chicago de que se encargara de supervisar a los niños menores de 17 años enviados a la prisión de la ciudad. El concejo autorizó después a la Junta de Educación a utilizar dinero del "fondo para escuelas" en equipar y dirigir una escuela de formación para trabajos manuales dentro de la prisión citadina. En 1897, la escuela recibió el nombre de John Worthy, comisionado de la prisión, quien alentó y suministró fondos para la erección de dormitorios separados para los muchachos delincuentes.[78] El interés de las autoridades de educación en la prisión de la ciudad fue impulsado por el hecho de que un elevado porcentaje de la población reclusa era enviado allí por escaparse de la escuela. Con las leyes de 1883 y 1889, los niños entre 7 y 14 años tenían la obligación de asistir a la escuela pública cuando menos 16 semanas al año. Los *truant officers* (encargados de investigar el faltismo de los niños) fueron autorizados a "detener a los niños de edad escolar que suelen andar por lugares públicos sin ocupación legal, así como a los niños que no asisten a la escuela..."[79] Aunque los niños menores de 14 años no po-

---

[75] *Chicago Inter Ocean*, 6 de junio de 1884.

[76] *Ibid.*, diciembre de 1884. No es conocida la fecha exacta, pero en la Sociedad Histórica de Chicago se halla una copia de la carta.

[77] Sophonisba P. Breckenridge y Edith Abbott, *The Delinquent Child and the Home*, pp. 1-2, Nueva York, Survey Associates Inc., 1916.

[78] Robert M. Smith, "Boys in City Prison", *Proceedings of the Illinois Conference of Charities*, 1898, en BRPC15, pp. 331-35, Springfield, Phillips Brothers, 1899.

[79] Revised Laws of Illinois, 1883, pp. 131-32: "Una ley para asegurar a todos los niños el beneficio de la educación elemental"; Revised Laws of Illinois, 1889, p. 237: "Una ley relativa a la educación de los niños."

dían ser empleados, porque se lo prohibía la ley, los *truant officers* o vigilantes escolares ("agentes de asistencia"), por lo general no podían o no querían hacer cumplir esta disposición. En el segundo informe de los inspectores de fábricas en Illinois, en 1894, Florence Kelly comunicaba que la tarea de salvar a los niños "del envenenamiento por la nicotina, de los miasmas de los corrales de ganado y de las horribles condiciones de los talleres de explotación abusiva" eran frustrados por la falta de cooperación de la Junta de Educación. Y se quejaba de que "los maestros expulsan de las escuelas a los niños revoltosos para quedarse tranquilos".[80]

Por consiguiente, la escuela de John Worthy se convirtió en glorioso almacén de aquellos escolares tunantes que no podían escapar —como la mayor parte de los muchachos— a los *truant officers* y los inspectores de fábricas. El superintendente de esta escuela, Robert Smith, era sumamente sincero acerca del hecho de que tenía que habérselas con "muchachos enredadores e incorregibles que no van a la escuela cuando deben y cuya conducta si van es tan mala, que los maestros se alegran sobremanera cuando se ven libres de su presencia en la clase, y desean que sigan lejos de ella".[81] En la Conference of Charities, de Illinois, en 1898, Smith se quejaba de que su institución no era posible que reformara a un multiforme conjunto de delincuentes, que habían sido acorralados en miserables cercamientos por un breve período de tiempo nada más.[82]

En las condiciones actuales, no deseo cargar con la responsabilidad de comunicar a los ciudadanos de Chicago que tenemos un lugar donde controlamos y educamos a muchachos malvados e incorregibles para hacer de ellos ciudadanos útiles, cosa que no es cierta... La John Worthy School, en sus condiciones actuales, no es ni más ni menos que una escuela del crimen, y mientras el concejo de la ciudad de Chicago no tome providencias para aislar a los muchachos de los delincuentes adultos, el mal no habrá sido remediado.

Dijo Smith en la conferencia que la escuela de John Worthy recibía un promedio anual de 1 300 muchachos, de los cuales más de la cuarta parte "hacían novillos". La sentencia media en la institución

[80] *Second Annual Report of the Factory Inspectors of Illinois*, 1894.
[81] Smith, "Boys in City Prison", p. 331.
[82] "Por la ausencia de lugares apropiados para dormitorio, donde puedan estar debidamente encerrados y aislados de los criminales mayores y endurecidos, estos muchachos pasan el tiempo haciéndose daño a sí mismos y perjudicando a la comunidad con carreras de vicio, alternando con alguna que otra breve temporada en la cárcel del condado o la casa de corrección", Smith, "Boys in City Prison", pp. 328-37.

era de 29 días. Decía Smith: "Preferiría infinitamente ver que mi hijo se fuera de vago a correr el riesgo de tenerlo preso en la escuela John Worthy en las condiciones actuales." [83]

El interés en las instalaciones aparte para los niños era evidente también en el movimiento pro tribunales para menores. Según los documentos del Woman's Club de Chicago, la señora Perry Smith recomendaba en 1891 la creación de un "tribunal para menores" con el fin de "salvar a los niños del contagio por contacto con delincuentes mayores". Otros miembros influyentes del club prevalecieron sobre el juez Richard Tuthill a fin de que reuniera un tribunal aparte para los niños los sábados por la mañana. El club nombró a un representante para aquel tribunal especial, que haría de agente de vigilancia y consejero del juez.[84] Para 1892, los tribunales de Nueva York estaban asimismo viendo las causas infantiles por separado.[85]

Los salvadores del niño reclutaron nuevos miembros para su causa y patrocinaron expediciones en busca de hechos a otros estados. Lucy

---

[83] *Ibid.*

[84] "La labor de esta noble organización fue iniciadora, persistente y eficaz. Recuerdo bien que hace muchos años, cuando me llegó el turno de trabajar en la Corte Criminal, visité la cárcel por primera vez, y hallé las viejas celdas llenas de muchachos, algunos de ellos menores de lo que entonces se llamaba edad de la responsabilidad: diez años. Pedí al fiscal del estado que mandara hacer para mí una lista de las causas de todos aquellos muchachos y le dije que quería terminar con aquellas causas antes de empezar con los adultos... La señora Lucy Flower, la señora Perry Smith y otras... se pusieron inmediatamente a estudiar lo que podría hacerse para mejorar aquella situación... Entonces el club empleó y pagó por unos dos o tres años a una dama joven para que prestara servicio todos los días en la cárcel en favor de los niños pequeños. Ninguna mujer hizo jamás un trabajo tan amoroso y alentador... Se pusieron a la tarea de modificar la ley de Illinois en lo tocante a la atención y el tratamiento a todos los muchachos y muchachas menores de 17 años hallados en estado de delincuencia. En todas las consultas y el trabajo realizados en la preparación de esta ley, que se convirtió en la Ley de Tribunales para Menores de Illinois, la más humana y sabia de todas las leyes jamás promulgadas en cualquier estado de la Unión, el Woman's Club desempeñó un papel importante y eficaz... El primer funcionario de vigilancia nombrado por el juez del tribunal para menores fue una de las damas más notables de Chicago, la señora Alzina P. Stevens, que entonces residía en Hull-House. La señora Flower me la presentó y me dijo: 'Esta dama, verá usted, puede ayudar mucho a un agente de vigilancia, y haremos que se le pague su servicio', ya que en la ley no se dispone nada para que se pague a los agentes de vigilancia... ni siquiera uno..." (Richard Tuthill, primer juez de tribunal para menores en Illinois, citado por Frank y Jerome, *Annals of the Chicago Woman's Club,* pp. 179-80).

[85] Hurley, *Origin of the Illinois Juvenile Court Law,* p. 14.

Flower,[86] que había sido presidenta del Woman's Club de Chicago, visitó Massachusetts para conocer su sistema de libertad vigilada; Jane Addams y Julia Lathrop asistieron a la conferencia nacional de Charities and Correction en Toronto, en 1897; y Hastings Hart, secretario de la Children's Home and Aid Society, fue delegado al congreso de la Asociación Nacional de Prisiones, donde recomendó que los niños dependientes y delincuentes "salgan de los tugurios y sean colocados en albergues física y moralmente limpios, y solos, donde no puedan tener contacto con sus anteriores compañías".[87]

El movimiento pro salvación del niño fue legitimizado también por la junta de Public Charities que, por influencia de Julia Lathrop, Ephraim Banning y Frederick Wines, renovó su recomendación de que "la asamblea general tomara alguna providencia para cuidar de los niños menesterosos, abandonados y necesitados de ayuda del estado". Advertía la junta que "todo niño dejado crecer en la ignorancia y el vicio, y por ende, susceptible de convertirse en pobre o criminal, es probable que a su vez sea progenitor de una generación de criminales". Lo que se necesitaba, según los comisionados en su informe bienal, era un esfuerzo masivo para "salvar a todo niño del estado que se hallara en peligro por negligencia o abuso".[88]

Julia Lathrop, cuyo padre era abogado, y Lucy Flower, casada con otro forense, comprendían que las reformas pro bienestar del niño sólo podían realizarse con el apoyo de organizaciones políticas y profesionales. Se dice que Julia Lathrop declaró en una ocasión: "Es una cuestión jurídica. No tiene por qué ir a la legislatura como una medida femenina; tenemos que hacer que lo maneje el Colegio de Abogados."[89] Ephraim Banning, quien sirvió con Julia Lathrop en la junta de Public Charities, introdujo en la reunión anual del Colegio de Abogados de Chicago, en octubre de 1898, la siguiente resolución:

CONSIDERANDO, que el estado de Illinois y la ciudad de Chicago son lamentablemente deficientes en la debida atención a los niños delincuentes, acusados o convictos de violar la ley; que carecen de muchas de esas instituciones reformatorias que existen en otros estados progresistas de la Unión; que los niños acusados de algún delito son tenidos en las cárceles y delegaciones de policía comunes y los niños convictos de delitos de menor cuantía son sentenciados a una casa de corrección, donde están

---

[86] Para una semblanza de esta reformadora véase Harriet S. Farwell, *Lucy Louise Flower, 1837-1900: Her Contribution to Education and Child Welfare in Chicago.*
[87] *Proceedings of the Annual Congress of the National Prison Association, Indianapolis, 1899,* p. 382.
[88] BRPC15, p. 72.
[89] Hurley, *Origin of the Illinois Juvenile Court Law,* p. 18.

en contacto directo con borrachos, vagabundos y ladrones; que los jueces encargados de juzgar a los niños están en nuestras cortes tan sobrecargados de otros trabajos que les resulta difícil prestar la debida atención a las causas infantiles, en particular las de clases dependientes y descuidadas; que el estado de Illinois no tiene nada dispuesto para atender a la mayoría de los niños dependientes de la ayuda oficial, más que las casas de caridad, a diferencia de muchos estados vecinos, que hace tiempo aprobaron leyes que prohíben tener a los niños en casas públicas de caridad; RESOLVEMOS que el presidente de este colegio nombre una comisión de cinco miembros de su seno para investigar las condiciones existentes en lo tocante a los niños delincuentes y dependientes, y para cooperar con las comisiones de otras organizaciones en la formulación y procuración de las leyes que sean necesarias para curar los males existentes y elevar al estado de Illinois y la ciudad de Chicago al nivel de los principales estados y ciudades de la Unión.[90]

El presidente del Colegio de Abogados, George Follansbee, nombró una comisión compuesta por Ephraim Banning, Harvey Hurd, Edwin Burritt Smith, John W. Ela y Merritt Starr, quienes cooperaron con las organizaciones de salvadores del niño para llevar a la legislatura un proyecto de ley de tribunal para menores.

Un mes después de la resolución por el Colegio de Abogados, la Conference of Charities de Illinois dedicó la mayor parte de su programa a las cuestiones de la salvación del niño.[91] El plan de tribunal para menores fue apoyado por cierto número de oradores, entre ellos B. M. Chipperfield, presidente de la Asociación de Fiscales del estado, quien pidió la supervisión estatal para los delincuentes, el comandante R. W. McClaughry, alcaide de la Penitenciaría Estatal de Joliet, subrayó la importancia de sacar a los niños de las cárceles, y dijo: "No se puede tomar un muchachito de pocos años y encerrarlo con ladrones, borrachos y hombres medio locos de todas las clases y nacionalidades sin darle lecciones de delincuencia." Se hizo eco de esta crítica el superintendente de la John Worthy School, quien recomendó que los delincuentes fueran enviados a las autoridades de educación después de verse su causa en "un tribunal para menores, presidido por un juez cuidadoso y escrupuloso, facultado para ponerles condenas más largas que las permitidas por la ley actual..." Frederick Wines fue quien mejor expresó el carácter de la conferencia en su discurso de clausura:

Hacemos delincuentes de niños que no lo son, al tratarlos como si lo fueran. Hay que poner fin a esto. Lo que deberíamos tener en nuestro

[90] Quiero agradecer al Colegio de Abogados de Chicago el haberme proporcionado una copia del documento original.
[91] *Proceedings of the Illinois Conference of Charities*, pp. 310-37.

sistema de jurisprudencia penal es un sistema, totalmente aparte, de tribunales para los niños de las grandes ciudades que cometan delitos que en los adultos serían graves. Debemos tener una "corte para niños" en Chicago, con un "juez de niños", que no entienda en otras cosas. Queremos para los niños un lugar de detención que no sea una prisión... Ningún niño deberá ser juzgado si no tiene en la corte un amigo que defienda sus verdaderos intereses. Deberá haber allí alguien en quien tenga confianza el juez y que pueda decir a la corte: "¿Me permiten hacer una investigación de esta causa? ¿Me permiten hacer una indicación a la corte?"

La conferencia terminó con una nota de optimismo y unidad. Dijo Julia Lathrop: "Si pudiéramos actuar juntos durante una sesión de la legislatura podríamos mejorar mucho la legislación de Illinois." El reverendo Jenkin Lloyd Jones, Chipperfield, Wines y George Hobson (miembro de la junta de supervisores del condado de Vermilion) fueron nombrados para una comisión con el fin de que cooperaran con otras organizaciones de salvación del niño en la redacción de un proyecto de ley de tribunales para menores. De modo semejante examinó el Colegio de Abogados de Chicago las ramificaciones legales de la legislación pro bienestar del niño y pidió al juez Harvey Hurd, de la Corte Circuital del condado de Cook, que preparara un proyecto de ley para la legislatura. A su vez, Hurd consultó con Timothy Hurley, de la sociedad católica de Visitación y Ayuda, y Hastings Hart, de la sociedad de Hogar y Ayuda para Niños. El 10 de diciembre de 1898, el juez Hurd convocó a una reunión en su despacho, a la que asistieron Lucy Flower, Julia Lathrop, Timothy Hurley, Hastings Hart, el representante del estado, John C. Newcomer, el superintendente del sistema de Escuelas Públicas, A. G. Lane, John L. Whitman, del condado de Jailor, Carl Kelsey, de la sociedad de Albergue y Ayuda para los niños, y Frank Soule, negociante y filántropo. Fueron elegidos presidente Hurd, y secretario Hart de aquella comisión informal.[92]

El proyecto de ley de tribunal para menores, redactado por el juez Hurd tras de consultar con el Colegio de Abogados, Hurley y Hart, fue finalmente presentado por John Newcomer en la Cámara de Representantes el 7 de febrero de 1889, y por Selon Case en el Senado el 15 de febrero. En marzo se celebró una audiencia ante la comisión judicial de ambas cámaras en sesión conjunta. A esta sesión envió el Colegio de Abogados a Hurd, Ephraim Banning y Edwin Smith; "otros intereses" fueron representados por el juez Orrin Carter, Hurley y Thomas MacMillan. La constitucionalidad del proyecto fue defendida por los representantes jurídicos, y los enviados de las organizaciones

---

[92] Hurley, *Origin of the Illinois Juvenile Court Laws*, pp. 21-22.

consagradas a la salvación del niño subrayaron sus implicaciones humanitarias. El proyecto de ley pro tribunal para menores fue aprobado sin mucha dilación ni dificultad en el Senado, pero "debido a repetidas dilaciones, no fue presentado a la aprobación de la Cámara sino el último día de la sesión, y no se aprobó finalmente sino ya avanzada la tarde de aquel día". En este punto, la comisión del Colegio de Abogados expuso al gobernador Tanner y al presidente de la Cámara, Sherman, "los objetos de la ley, y se aseguraron su apoyo y cooperación". Sin su ayuda, tal vez el proyecto no hubiera sido aprobado.[93] El 14 de abril, ambas cámaras de la legislatura aprobaron "una ley para reglamentar el tratamiento y control de los niños dependientes, descuidados y delincuentes."[94]

RESUMEN

Con la ley de tribunales para menores de 1899 culminaban casi treinta años de esfuerzos reformistas por las organizaciones salvadoras del niño en Illinois. Su éxito se debió en gran medida al hecho de que contaba con un amplio patrocinio y, a su vez, satisfacía a diversos grupos de intereses:

1] Las organizaciones religiosas apoyaban la ley porque se pedía de los jueces de tribunales para menores que sentenciaran a los niños a instituciones de acuerdo con su preferencia religiosa.

2] La legislación de escuelas industriales no era revocada por esta ley, y las escuelas industriales conservaban la facultad de dar suelta a sus pupilos o ponerlos en hogares adoptivos sin el consentimiento del tribunal.

3] La Board of Public Charities consideraba la ley de tribunales para menores como una confirmación de principios básicos de la penología preventiva: amplio control oficial sobre los jóvenes "delincuen-

[93] *Report of the Chicago Bar Association Juvenile Court Committee,* 28 de octubre de 1899. Proporcionó una copia del documento original la Chicago Historical Society. Louise Bowen da otra versión, más impresionante de cómo se aprobó el proyecto: "Conocí entonces a un connotado político de Illinois; le invité a mi casa y le dije que quería que se aprobara el proyecto en seguida. La legislatura estaba celebrando sesión; fue al teléfono, en mi biblioteca, llamó a uno de los principales senadores y a otro de los diputados, y dijo a ambos: 'Hay un proyecto de ley, de número tal y cual, que debe ser aprobado; haga que lo sea de inmediato.' Uno de los que él había llamado inquirió: '¿Cuál es su contenido?' y la respuesta fue: 'Nada, pero una dama quiere que se apruebe.' Y se aprobó, y pensé con horror entonces que si hubiera sido un mal proyecto hubiera pasado con la misma facilidad", *Growing Up With a City,* p. 107.
[94] Revised Laws of Illinois, 1899, pp. 131-37.

tes", separación de los delincuentes de los reos adultos, acceso a la juventud "predelincuente", sentencias indeterminadas y formalidades judiciales mínimas.

4] Los administradores de reformatorios acogieron la ley como un medio de facilitar el envío y la soltura de "delincuentes" de un modo concorde con los requerimientos de la "nueva penología".

El tribunal para menores no era, como han dado a entender algunos autores, una "reforma radical",[95] sino más bien una reforma políticamente transigente que consolidaba las prácticas existentes. Conservadora en su origen, la ley se aprobó con ayuda de miembros influyentes del poder judicial, el Colegio de Abogados de Chicago, los grupos cívicos y feministas de élite, las organizaciones estatales y privadas de salvación del niño y los políticos interesados en causas "no políticas". Tres temas del movimiento pro tribunal para menores reflejan además su conservadurismo y su tendencia de clase media:

1] Se presentaba a los "delincuentes" como necesitados de un firme control y una restricción severa para que su reforma tuviera éxito. Los salvadores del niño no eran unos sentimentales indulgentes; recomendaban mayor aprisionamiento como medio de separar a los delincuentes de las influencias corruptoras. Y así no parecía inconsecuente al presidente de la Humane Society de Illinois que hubiera de apoyar el tribunal para menores por una parte, y el castigo corporal y el poste de flagelación para los delincuentes mayores por la otra.[96] No es exacto considerar a los salvadores del niño como reformadores liberales y a sus contrarios como conservadores irreductibles, porque el impulso autoritario estaba implícito en el movimiento redentor del niño.

2] Aunque los salvadores del niño afirmaban el valor del hogar y la familia como las instituciones básicas de la sociedad norteamericana, facilitaban el alejamiento de los niños de "un hogar que no cumple su función debida". Los salvadores del niño ponían normas tan elevadas a la conducta familiar que casi cualquier padre o madre podía ser acusado de no cumplir debidamente "su respetable función". Y sólo las familias de clase baja eran evaluadas en cuanto a su idoneidad, mientras que la decencia de las familias de clase media estaba exenta de investigación y recriminación.

3] La impresión de las distinciones entre niños "dependientes" y "delincuentes" y la correspondiente eliminación del proceso legal para

---

[95] Rosenheim, *Justice for the Child*, p. 7. Una inferencia semejante hacen Herbert H. Lou, *Juvenile Courts in the United States*, pp. 1-31, y la Board of Commissioners of Cook County, Illinois, *Juvenile Court of Cook County: Fiftieth Aniversary Report*, 1949.

[96] *New York Evening Journal*, 17 de mayo de 1899.

los menores sirvió para determinar un hecho social por la norma de dependencia del adolescente. "Todo niño es dependiente", sostenía la junta de Public Charities. "La dependencia es el estado natural del niño." Era misión de los salvadores del niño castigar la independencia prematura infantil y restringir la autonomía juvenil. Los ponentes de protecciones constitucionales para los niños eran censurados porque impedían "el esfuerzo sistemático y adecuado para salvar a todos los niños necesitados de salvación".[97]

---

[97] BRPC15, pp. 62-72.

6. EL DESTINO DEL TRIBUNAL PARA MENORES

UN AMIGO EN LA CORTE

La preocupación esencial del movimiento salvador del niño era la identificación y el control del comportamiento juvenil discrepante. Llamó la atención hacia nuevas categorías de descarrío juvenil hasta entonces no apreciadas, y al hacerlo las "inventó". Los esfuerzos de los salvadores del niño fueron expresados institucionalmente en el tribunal para menores, cosa que en general se considera su contribución más importante a la nueva penología.

El tribunal para menores era una corte especial creada estatutariamente para determinar la categoría jurídica de los niños "problema". Era fundamento del tribunal para menores el concepto de *parens patriae*, por el cual eran autorizados los tribunales a usar de amplia discreción al resolver los problemas de "sus ciudadanos menores menos afortunados".[1] La administración de la justicia para los menores difería en muchos respectos importantes del proceso en una corte criminal. No se acusaba a un niño de un delito sino se le ofrecía ayuda y guía; se entendía que la intervención en su vida no le pondría el estigma de un antecedente penal; los expedientes judiciales no solían ponerse a la disposición de la prensa ni del público; y las audiencias se celebraban en un ambiente relativamente privado; los procedimientos eran informales y las salvaguardas del proceso debido no eran aplicables a la jurisdicción civil del tribunal.[2]

Los estatutos originales del tribunal para menores permitían a las cortes investigar una gran variedad de necesidades y de mal comportamiento de los menores. Como ha apuntado Joel Handler, "la posición filosófica y crítica del movimiento pro reforma era que no debieran establecerse distinciones formales, legales, entre el niño delincuente y el dependiente o desatendido".[3] Eran definiciones estatutorias de "delincuencia": *1]* los actos que serían delincuencia si fueran

---

[1] Gustav L. Schramm, "The Juvenile Court Idea", *Federal Probation*, 13, septiembre de 1949, 21.

[2] Monrad G. Paulsen, "Fairness to the Juvenile Offender", *Minnesota Law Review*, 41, 1957, 547-67. Véanse también "Rights and Rehabilitation in the Juvenile Courts", *Columbia Law Review*, 67, 1967, 281-341.

[3] "The Juvenile Court and the Adversary System: Problems of Function and Form", 1965, *Wisconsin Law Review*, p. 9.

cometidos por adultos, 2] los actos transgresores de las ordenanzas condales, citadinas o municipales y 3] las transgresiones de conceptos generales vagamente definidos, como "comportamiento vicioso o inmoral", "incorregibilidad", "holgazanería", "lenguaje blasfemo o indecente", "ser un vago", "vivir con una persona viciosa o de mala fama", etc., lo que indicaba la posibilidad de una conducta peor en el futuro si no se le ponía coto.

La ley de tribunales para menores de 1899 en Illinois, que autorizaba específicamente las penas por comportamiento "predelincuente",[4] fue favorablemente recibida por la judicatura y el foro. Anotaba el Colegio de Abogados de Chicago: "La tendencia y el espíritu generales de la ley es que el estado, al actuar por medio del tribunal para menores, ejerce con sus pupilos dependientes y descuidados esa tierna solicitud y ese cuidado que ejercerían los padres prudentes y amorosos para con sus propios hijos en circunstancias semejantes." Albert Barnes, abogado fiscal del estado en el condado de Cook, exponía en una reunión de la Asociación de Fiscales del Estado, que según la ley de 1899,

el Estado tiene que intervenir y ejercer tutela sobre un niño hallado en condiciones adversas, sociales o individuales, que lo conducirían a la delincuencia. Para ello no debe esperar, como hasta ahora, a tratarlo en cárceles, calabozos y reformatorios después de haberse él convertido en delincuente por sus hábitos y gustos, sino que debe obrar a las primeras indicaciones de la propensión que pueda advertir en sus condiciones de abandono o delincuencia...[5]

La constitucionalidad de la ley era algo dudosa, porque estaba hecha para ser "interpretada liberalmente", de modo que "la atención, la custodia y la disciplina para con un niño sean más o menos las mismas que le prestarían sus padres". Pero la informalidad de los procedimientos del tribunal para menores fue apoyada por la Suprema Corte de Pennsylvania y la de Illinois.[6] La otra objeción, de tipo más técnico —que el tribunal para menores ejercería la jurisdicción ya asignada a tribunales particulares por la constitución del estado— fue evadida por la jurisdicción conferida a los tribunales existentes. La ley de Illinois fue considerada un prototipo para la legislación en

---

[4] *Revised Laws of Illinois*, 1899, pp. 131-37. Véase también *Revised Laws of Illinois*, 1901, pp. 141-42.
[5] *Report of the Chicago Bar Association Juvenile Court Committee*, 28 de octubre de 1899.
[6] *Commonwealth v. Fisher*, 213 Penn. 48, 1905; *Lindsay v. Lindsay*, 257 Ill. 328, 1913.

otros estados y pronto se crearon tribunales para menores en Wisconsin (1901), Nueva York (1901), Ohio (1902), Maryland (1902) y Colorado (1903). Para 1928, todos los estados menos dos habían adoptado su sistema de tribunales para menores.

El movimiento pro tribunales para menores fue más allá de un interés humanitario por el tratamiento especial de los adolescentes. Llevó al ámbito del control oficial una serie de actividades juveniles que anteriormente habían sido pasadas por alto o manejadas informalmente. No era casualidad que el comportamiento seleccionado para penalización por los salvadores del niño —embriaguez, mendicidad, trotar por las calles, frecuentar salones de baile y de cine, peleas, actividad sexual, andar fuera ya avanzada la noche e incorregibilidad— fuera atribuible principalmente a los niños de familias migrantes e inmigrantes de clase baja.

Este modo de ver era patente en la composición del personal del tribunal y los cargos por los cuales se llevaba a los niños ante la corte. El personal del tribunal para menores del condado de Cook se componía de: *1]* seis agentes de libertad condicional pagados por entidades privadas, en particular el Woman's Club de Chicago, *2]* "una mujer de color que dedica todo su tiempo a trabajar gratis, y cuyos servicios son inestimables para el tribunal, ya que se ocupa de todos los niños de color", *3]* veintiún oficiales para investigar la asistencia a las escuelas, pagados por y responsables ante la junta de Educación, *4]* dieciséis oficiales de policía, pagados por el departamento de policía de Chicago, destinados a "ayudar a los funcionarios generales de libertad condicional en su labor de visitación" y *5]* treinta y seis ciudadanos privados que a veces eran encargados de vigilar a los niños en libertad condicional.[7] En efecto, la corte se componía primordialmente de oficiales de policía y de *truant officers,* lo que facilitaba el arresto y la resolución del caso del joven "delincuente". El tribunal para menores tenía su mecanismo propio de policía y suprimió muchas distinciones entre aplicación de la ley y decisión judicial.

El análisis de los cargos demuestra además que los tribunales para menores originalmente estaban destinados a manejar "delitos sin víctimas", así como los delitos clásicos contra la propiedad y las personas. En los primeros años de funcionamiento del tribunal para menores en el condado de Cook, más del 50% de los casos de delincuencia surgieron de acusaciones de "comportamiento desordenado", "inmorali-

---

[7] Timothy D. Hurley, *Second Annual Report of the Cook County Juvenile Court,* p. 1, 1900. Agradezco a Henry D. McKay el haber puesto a mi disposición los primeros informes de tribunales para menores.

dad", "vagancia", "inasistencia a la escuela" e "incorregibilidad".[8] En su primer informe anual como Chief Probation Officer, Timothy Hurley comunicaba que las causas más importantes de delincuencia eran la inasistencia a la escuela, "vender piezas" [9] y pedir limosna. "El 'hacer novillos' de la escuela parece la base de buena parte de la delincuencia infantil; los niños se escapan de la escuela, pasan el tiempo vagando, hallan malas compañías y cometen algún delito menor." [10]

Los primeros informes del tribunal para menores del condado de Cook muestran también que el compromiso institucional era un principio fundamental de la filosofía de salvación del niño. Un tercio de todos los menores acusados de delincuencia fueron enviados a la escuela John Worthy, el reformatorio del estado, o transferidos a los tribunales penales. Casi dos tercios de las muchachas "delincuentes" fueron enviadas a instituciones estatales y locales.[11] Comentando la labor del tribunal para menores en su primer año decía Hurley que "ha salvado cientos de vidas de la vergüenza y el crimen; sacado de la vida del hogar, o de lugares llamados hogares y que eran manifiestamente impropios, a cientos de muchachos y los ha colocado en buenas instituciones o entregado al cuidado de sociedades para que les busquen hogares apropiados".[12]

El sistema de tribunal para menores atrajo a los jueces de miras filantrópicas y deseos de luchar contra algún mal y principalmente Ben Lindsey en Colorado, Harvey Baker en Boston y Richard Tuthill en Chicago. Tuthill, por ejemplo, era un juez de cincuenta y ocho años de edad, muy famoso, cuando lo destinaron al tribunal para menores del condado Cook. Había sido antes fiscal del estado en Nashville y de la ciudad de Chicago antes de ser elegido juez en 1884. En una biografía oficial se le presenta "activo en todo cuanto tiene por objeto la bienandanza general de la ciudad en que vive, y está íntimamente identificado con organizaciones de caridad que tratan de promover el adiestramiento moral y mental de los niños pobres y desvalidos".[13] Tuthill cooperó con organizaciones de salvación del niño

---

[8] *Ibid.*, p. 3. Véase también Hurley, *Second Annual Report of the Cook County Juvenile Court*, p. 2, 1901.

[9] "El trapero o quincallero alienta muchas veces la delincuencia comprando al muchacho tubo de plomo, latón de los automóviles, equipo de ferrocarril y otros accesorios, que sabe que no debería comprar. El tribunal para menores ha ayudado a encausar a varios traperos que merecen castigo", Hurley, *First Annual Report*, p. 5.

[10] *Ibid.*

[11] *Ibid.*, pp. 1-2. Véase también *Second Annual Report*, p. 2, y John N. McManaman, *Fourth Annual Report*, p. 1, 1903.

[12] *First Annual Report*, p. 3.

[13] Weston A. Goodspeed y Daniel D. Healy, *History of Cook County, Illinois*, 2, 989-91.

antes y después de la ley de tribunales para menores y hasta invitaba a miembros del Woman's Club de Chicago a sentarse junto a él en el tribunal y ayudarle a resolver los casos.[14]

El movimiento pro tribunales para menores era "antilegal" en el sentido de que alentaba una formalidad mínima de procedimiento y una dependencia máxima de los recursos extralegales. Los jueces estaban autorizados a investigar el carácter y los antecedentes sociales tanto de los niños "delincuentes" como de los "predelincuentes". Examinaban la motivación personal tanto como la intención delictiva, tratando de identificar la personalidad moral de los niños problema.[15] Los requerimientos de la penología preventiva y la redención del niño justificaban además la intervención del tribunal en casos donde no se hubiera cometido realmente ningún delito pero, por ejemplo, un niño planteaba problemas a alguna persona de autoridad, como el padre o la madre, el maestro o la trabajadora social.[16] Según Harvey Baker, del tribunal para menores de Boston,

la corte no limita su atención al delito particular que llevó al niño ante ella. Por ejemplo, el muchacho que llega a la corte por una minucia, como no llevar su distintivo mientras vendía periódicos, puede estar a prueba, detenido varios meses, por dificultades que haya suscitado en la escuela; y un muchacho que llega acusado de jugar al balón en la calle... tal vez sea enviado a una escuela reformatorio porque se le apre-

[14] Véanse cartas del juez Richard Tuthill a Adelaide Groves, 21 de diciembre de 1899 y 9 de noviembre de 1901, en la Chicago Historical Society.

[15] "Debemos consagrarnos al estudio y conocimiento de cada caso en particular, porque generalmente requerirá tratamiento diferente, en cualquier pequeño respecto, de otro caso cualquiera... a] ¿Es el niño simplemente travieso o de tendencias transgresoras? b] ¿Es simplemente un caso excepcional o aislado, en que un niño o una niña verdaderamente buenos han cometido un error por primera vez, porque fueron débiles y no pudieron resistir a una fuerte tentación? c] ¿Es el niño víctima de padres incompetentes? ¿Están necesitados de ayuda o corrección el hogar o los padres? d] ¿Cuál es el medio ambiente y cuáles las compañías, cosa que, claro está, puede comprender sustantivamente todos los puntos de estudio? ¿Cómo podría mejorarse sustancialmente el medio? Seguramente alejando al niño de la cantina y de los malos ejemplos. e] ¿Es el niño lo que llamamos 'muy inquieto' o sea que propende a 'hacer novillos', o a holgazanear y desbandarse, o se manifiesta sin ambición ni deseo de trabajar y sentar cabeza?" Ben B. Lindsey, "The Boy and the Court", *Charities*, 13 (enero de 1905), 352.

[16] La idea de que son las actitudes respecto de las normas, y no su violación, la base de la etiqueta de "comportamiento delincuente" es apoyada por Carl Werthman, *Delinquency and Authority*.

cien hábitos de vagabundeo, robo o tahurería que no pueden corregirse fuera.[17]

El modelo de rol para los jueces de tribunales para menores era el de doctor-consejero,[18] no el de abogado. Se esperaba que los "terapeutas judiciales" trabaran una relación de uno-a-uno con los "delincuentes", del mismo modo que un médico en el campo podía dedicar su tiempo y atención a un paciente favorito. La sala del tribunal estaba dispuesta como una clínica y el vocabulario de los participantes se componía en gran parte de metáforas médicas. "No podemos conocer al niño sin un examen a fondo", escribía el juez Julian Mack. "Tenemos que llegar hasta la vida anímica del niño."[19] Otro juez de tribunal para menores, de Los Angeles, sugería que el tribunal fuera "un laboratorio del comportamiento humano" y sus jueces tuvieran una formación de "especialistas en el arte de las relaciones humanas". Cumplía al juez, decía Miriam Van Waters, "averiguar toda la verdad de un chiquillo" del mismo modo que "el médico investiga todo detalle relacionado con el estado del paciente".[20]

La idea de que la justicia puede ser "personalizada"[21] era un rasgo importante del movimiento pro salvación del niño, y presenta algunos indicios de lo que esperaban conseguir los salvadores del niño. Un examen de la literatura temprana sobre los tribunales para menores, durante el período de 1899 a 1910, hace ver cómo los salvadores del niño se preocupaban por el marco material del foro y trataban de hacerlo más personal y privado. El nuevo edificio del tribunal para menores de Chicago, inaugurado en 1907, estaba ideado de forma que "las audiencias se celebraran en una sala que más pareciera un salon-

[17] "Procedure of the Boston Juvenile Court", *Survey*, 23, febrero de 1910, 649.
[18] Para un análisis de las creencias que subyacen a las "profesiones de ayuda" véase Paul Halmos, *The Faith of the Counsellors*.
[19] Julian W. Mack, "The Chancery Procedure in the Juvenile Court", en Jane Addams, ed., *The Child, the Clinic and the Court*, p. 315.
[20] "The Socialization of Juvenile Court Procedure", *Journal of Criminal Law and Criminology*, 21, 1922, 61, 69.
[21] Según el juez Stubbs, del tribunal para menores de Indiana, "es el toque personal el que lo logra. He observado con frecuencia que si estuviera sentado en un estrado elevado, detrás de un no menos elevado escritorio, como los que teníamos en nuestra corte de la ciudad, con el muchacho en el banquillo de los acusados, a cierta distancia, mis palabras producirían poco efecto en él; pero si puedo estar lo suficientemente cerca de él para poner la mano en su cabeza o su hombro, o rodearlo con mi brazo, en casi todos los casos podría ganarme su confianza", Samuel J. Barrows, ed., *Children's Court in the United States: Their Origin, Development and Results*, p. XIII.

cito que un tribunal, en torno a una mesa y sin banquillo... La audiencia tendría la índole de una conferencia familiar, cuyo objetivo sería impresionar al niño con el hecho de que lo único deseado era su propio bien."[22]

Como los delincuentes menores eran considerados niños desvalidos necesitados de ayuda y atención, era importante que la sala, los funcionarios de la corte, los métodos rutinarios de operación y los fines últimos del tribunal para menores no se parecieran en nada a las cortes de policía de los tradicionales foros penales. Un tribunal ideal para menores debería asemejarse más a un saloncito o a un estudio que a una sala oficial de justicia. El juez Tuthill, hablando ante la National Prison Association en 1902, observaba que la ley de Illinois se basaba en el supuesto de que a los niños no debía ponérseles "la marca infamante de la criminalidad... Yo siempre he sentido, y tratado de obrar en cada caso, como si fuera mi propio hijo el que estaba ante mí, en la biblioteca de la casa, acusado de algún extravío."[23]

En 1905, Charles Henderson publicaba en *Charities* los resultados de un estudio informal de las prácticas de tribunales para menores, que parecían indicar que la audiencia "debe seguir consecuentemente los principios puramente educativos del tribunal, y debe evitarse todo lo que indique un juicio penal a la antigua". Henderson citaba aprobatoriamente el comentario de Ben Lindsey de que "la causa de un niño no es una causa jurídica" y por eso no era necesario que el niño tuviera una representación legal.[24]

Los salvadores del niño proponían que los aspectos paternos, equitativos y no penales de la audiencia estuvieran plasmados simbólicamente en la disposición material de la sala. Comentaban los redactores de *Survey*:

La sala del tribunal no debe parecerse en nada a una sala de tribunal; será una sala corriente, con una mesa y dos sillas, donde el juez y el niño, el oficial de libertad condicional y los padres, según se presente la ocasión, estén en estrecho contacto y donde se pueda discutir todo el asunto de modo más o menos formal.[25]

El juez debería estar sentado ante un escritorio, no un tribunal, para despertar "un espíritu de simpatía" en el niño. Si el juez puede

---

[22] *Programme of Ceremonies on Dedication of the Juvenile Court and Detention Home Building*, 7 de agosto de 1907. (El documento original se halla en la Chicago Historical Society).

[23] Richard S. Tuthill, "The Chicago Juvenile Court", *Proceedings of the Annual Congress of the National Prison Association*, 1902, p. 121.

[24] Charles R. Henderson, "Juvenile Courts: Problems of Administration", *Charities*, 13, enero de 1905, 340-41.

[25] *Survey*, 23, febrero de 1910, 594.

ocasionalmente "pasarle un brazo por los hombros y atraerlo a sí", "ganará mucha eficacia sin perder nada de su dignidad judicial". Aunque el juez Mack aconsejaba a los jueces de tribunales para menores que prescindieran de "los jaeces ordinarios del foro", subrayaba también que el niño debía tener conciencia de que estaba ante "el poder del Estado".[26]

Harvey Baker, que fue juez del tribunal para menores durante muchos años, proponía también que la atmósfera de la sala debiera ser relajada e informal para alentar la confianza y cooperatividad por parte del acusado. "Los oficiales de la corte", escribía Baker, "creían que es bueno considerarse como un médico en su dispensario". El tribunal de Boston no tenía funcionarios, escribientes ni estenógrafos de uniforme, y el juez oía la mayoría de las causas en su cámara. Era ésta una habitación pequeña, privada, y "sin ornamentos ni objetos que pudieran distraer la atención de un niño". Aparte del hecho de que el juez estaba sentado sobre un estrado ligeramente elevado, "muy parecido a la tarima de un maestro de escuela", no había allí más formalidad que en "el consultorio de un médico". Pero los niños y sus padres tenían que esperar en pie la entrada del juez para que "quedara claramente marcado el hecho de que el tribunal era un departamento de la autoridad oficial y que estaba facultado para obligar a la obediencia".[27]

En resumen, el sistema de tribunales para menores llamó la atención hacia (y al hacerlo "inventó") nuevas categorías de desviación juvenil, en particular el modo de comportamiento en que el actor era visto como su propia "víctima". Las distinciones organizacionales entre la policía y el poder judicial se reducían para que los salvadores del niño pudieran llevar adelante su labor de "salvamento" sin estorbos burocráticos. Los "delincuentes" eran cada vez más enviados a las instituciones sobre la base de que su reforma era más probable si se les apartaba de padres "inmorales" y de un medio ambiente "vicioso". Los jueces de tribunales para menores compartían la pasión misionera de los salvadores del niño y enfocaban su labor en términos médico-terapéuticos. En su afán de convencer a los delincuentes juveniles de que la corte buscaba sólo lo mejor para ellos, se mostraba simultáneamente amistosa y firme, y ofrecía la esperanza de una vida mejor sin renunciar a su posición de autoridad y poder.

---

[26] Julian W. Mack, "The Law and the Child", *Survey*, 23, febrero de 1910, 642.
[27] Baker, "Procedure of the Boston Juvenile Court", pp. 646-650.

RETÓRICA Y REALIDAD

La aprobación de la ley de tribunales para menores en Illinois, en 1899, provocó un alud de retórica optimista por parte de las organizaciones salvadoras del niño. Ephraim Banning, que asistió a la Conferencia nacional de Charities en Cincinnati, presentaba la ley como "el acontecimiento capital del año".[28] Un delegado a una reunión de la Asociación de Fiscales del Estado proclamaba que el tribunal para menores "reduciría la delincuencia al herirla en sus raíces" y "señalaría el alborear de una nueva época en nuestra historia judicial..."[29]

Pero la ley modificó poco el tipo de vida institucional para los delincuentes, aunque facilitaba los medios para que se pudiera "llegar" hasta los delincuentes juveniles y consignarlos. Al contrario de lo que especificaba una disposición de la ley, los niños seguían aprisionados con los delincuentes adultos en las cárceles de condado y citadinas.[30] Algunos reformadores de Chicago no tardaron en comprender que había una gran diferencia entre los objetivos idealizados y los hechos reales. El juez Tuthill declaró ante un público nacional que la escuela John Worthy era una "escuela pública bien equipada", pero no dejaba de reconocer lo que decían sus colegas profesionales locales, de que estaba sobrepoblada, mal equipada, mal ubicada y tenía más de prisión que de escuela.[31]

La ley de 1899 declaraba que los niños menores de doce años no debían ser enviados a una cárcel ni una delegación de policía y disponía que "si el niño no puede dar fianza, puede ser encargado al cuidado de un sheriff, un oficial de policía o uno de vigilancia, quienes lo pondrán en un lugar apropiado, proporcionado por la ciudad o el condado, fuera del recinto de toda cárcel o delegación de policía". Pero la legislatura no proveía fondos para la creación de ese "lugar aprobado", y se pedía a las organizaciones privadas que hallaran y equiparan un lugar de detención temporal. La escuela de John

[28] *Proceedings of the National Conference of Charities and Correction, 1899*, p. 53.
[29] *Report of the Chicago Bar Association Juvenile Court Committee*, 28 de octubre de 1899.
[30] *Seventeenth Biennial Report of the Board of State Commissioners of Public Charities of the State of Illinois*, p. 193, Springfield, Illinois, Phillips Brothers, 1902.
[31] Richard S. Tuthill, "The Chicago Juvenile Court", *Proceedings of the Annual Congress of National Prison Association*, pp. 115-24; "State Home for Delinquent Boys", *Proceedings of the Illinois Conference of Charities*, 1901, en *Seventeenth Biennial Report of the Board of State Commissioners of Public Charities*, pp. 220-27.

Worthy también era utilizada para detención antes del juicio, y su superintendente se quejaba de que ponía a muchachos en libertad bajo palabra para que dejaran lugar a los recién llegados.[32] En 1903, la comisión de tribunal para menores —compuesta de representantes de diversas organizaciones dedicadas a la salvación del niño— creó un Detention Home a más de 3 km del juzgado condal. En su primer año albergó a más de 2 600 niños. "Es evidente", comentaba Julia Lathrop, "que no puede esperarse de nadie que ejerza mucho más que el 'parentesco oficial', como suele llamársele con algo de humor, sobre la mayoría de los miembros de tal ralea". Estaba perfectamente convencida de que "el método de Chicago difícilmente podría considerarse un 'sistema', en lo tocante a su mecanismo. Es más bien una serie de dispositivos que han ido formándose para hacer frente a la situación a medida que ésta lo exigía."[33]

Aunque la ciudad y el condado subsidiaban en parte el Detention Home, era muy difícil reunir fondos, y la comisión de Tribunales para Menores obtenía la mayor parte del dinero privadamente. La ciudad daba 11 *cents* al día por niño, y el condado proporcionaba el transporte y los servicios de un médico de condado. El "transporte" —un antiguo ómnibus tirado por caballos— acabó por caerse a pedazos. Pese a los esfuerzos de Julia Lathrop y Louise Bowen, el condado no repuso el vehículo y "la cosa terminó con que la comisión comprara su propio ómnibus, sus propios caballos, rentara su propio establo y proveyera su pienso". Aunque la comisión estaba justamente indignada por la falta de instalaciones para niños antes y después de la vista de su causa, esto les permitía al menos hacer una importante contribución al esfuerzo oficial. Los clubes femeninos enviaban representantes regularmente al Detention Home, donde "abrían las camas para ver si estaban limpias las sábanas, probaban la comida para ver si estaba buena... con seguridad todo aquello contribuía a mantenernos activas y sobre aviso", dice Louise Bowen.[34]

---

[32] *Proceedings of the Illinois Conference of Charities,* 1901, p. 231.

[33] Julia C. Lathrop, "The Development of the Probation System in a Large City", *Charities,* 13, enero de 1905, 346.

[34] (Mrs.) Joseph T. Bowen, "The Early Days of the Juvenile Court", en Jane Addams, ed., *The Child, the Clinic and the Court,* pp. 302, 305. Según un oficial de vigilancia del tribunal para menores del condado de Cook, los niños detenidos quedaban en un cobertizo adaptado donde "había muchas oportunidades para contar relatos viles, experiencias con la policía e infracciones a la ley, de modo que los muchachos llegaban al tribunal en plan de echar bravatas, o bien intimidados. No se había dispuesto nada para la detención de muchachas delincuentes, salvo lo que ofrecía el llamado anexo de la Delegación de policía de Harrison Street, donde estaban encerradas también mujeres de todo género de degradación", Henry W. Thur-

En 1905, la legislatura destinó dinero para pagar a los oficiales de vigilancia y dos años después, el condado erigió un nuevo edificio para el tribunal de menores, con instalaciones para detención.[35] Debido a estos éxitos, la Comisión de Tribunales para Menores se disolvió y se formó nuevamente como Liga de Protección a Menores, que laboró en pro de "un sentimiento público permanente para la creación de servicios sanos y edificantes o enaltecedores, como parques, terrenos de juego, gimnasios, baños gratuitos, escuelas de vacaciones, centros sociales comunales y otros semejantes".[36] Este cambio de nombre señala la incipiente declinación de la redención del niño por voluntarios y organizaciones cívicas. No había lugar para aficionados ni para la filantropía sin supervisión en la labor "profesional" de libertad condicional.[37] "No puede caber duda" escribía Bernard Flexner, "de que el empleo indiscriminado de voluntarios ha de ser condenado... Cuantos menos niños confiados a un voluntario, mejor."[38]

En 1901, la legislatura del estado aprobaba un crédito para la fundación de un State Home for Delinquent Boys, que se edificaría en St. Charles. Por falta de fondos suficientes y de plan general de construcción, el Home no fue inaugurado oficialmente sino en julio de 1905.[39] La misión del Home, según su superintendente, era formar a los niños delincuentes "para que hicieran trabajos corrientes". Nelson McLain calculaba que había casi 10 000 niños en Chicago necesitados de formación industrial vigilada, pero decía que el Home sólo recibiría a los niños que fueran capaces de terminar el "curso".[40] Muchos sals-

ston, "Ten Years of the Juvenile Court of Chicago", *Survey*, 23, febrero de 1910, 662-63.

[35] Revised Laws of Illinois, 1905, pp. 151-52. Para una descripción del Detention Home, véase *Annual Report of the Board of Commissioners of Cook County*, p. 29 (Chicago, Henry O. Shepard, 1907), y *Programme of Ceremonies of Dedication of the Juvenile Court and Detention Home Building*, 7 de agosto de 1908. (El documento original está en la Chicago Historical Society.)

[36] *Annual Report of the Board of Commissioners of Cook County*, 1907, pp. 29, 112-13. Como ha observado Howard Becker, con frecuencia el destino de las cruzadas triunfantes es dejar al idealista sin ocupación, lo que le hace convertirse en "descubridor profesional de entuertos a enderezar y de situaciones que necesitan una nueva reglamentación", *Outsiders*, Nueva York, Free Press, 1963, p. 153.

[37] Homer Folks, "Juvenile Probation in New York", *Survey*, 23, febrero de 1910, 667-73.

[38] "The Juvenile Court as a Social Institution", *Survey*, 23, febrero de 1910, 619-20.

[39] Evelyn Harriet Randall, *The St. Charles School for Delinquent Boys*, pp. 22-26.

[40] Nelson W. McLain, "The Care of Delinquent Boys", *Proceedings of the Illinois Conference of Charities*, 1902, en *Seventeenth Biennial Report of the Board of State Commissioners of Public Charities*, pp. 301-4.

vadores del niño fueron desconcertados por aquel realismo profesional y manifestaron dudas en cuanto al futuro de la nueva institución. Para 1927, la escuela para muchachos de St. Charles, como se la llamaba ya, albergaba a unos 300 muchachos delincuentes de edades entre 10 y 17 años.[41] En 1915, la Asamblea General había aprobado una ley que excluía de Pontiac a todos los niños menores de 16 años y elevaba la edad mayor a 25.[42] Esta disposición sirvió para aumentar la población de St. Charles así como para transformar el reformatorio de Pontiac en una prisión pequeña y dura, con limitadas instalaciones educacionales.[43]

El nuevo reformatorio demostró a su vez que la salvación del niño era un trabajo para profesionales de mente dura que comprendían que el humanitarismo sentimental no tenía nada que ver con su labor. En 1927, el superintendente de la escuela de St. Charles pasó a otro puesto, entre otras razones, porque era un ordenancista ineficaz. El nuevo superintendente, el mayor Butler, amplió el personal militar, hizo que todo el mundo fuera a la escuela y saliera de ella a paso militar e impuso a todos los muchachos la observancia de las reglas de la cortesía militar. "Si uno de ustedes no es capaz de aprender estas cosas", advertía el subteniente Butler —hijo del mayor— a los reclusos, "pondremos una prevención de policía allí, en los terrenos, y allí estará hasta que aprenda." Por infracciones a las muchas reglas, los muchachos eran castigados con una correa de cuero. Según la Crime Commission de Illinois,

en los primeros meses del régimen del mayor Butler, todos los azotes eran propinados por un oficial disciplinario quien, en compañía del oficial militar de día, iba a cada cabaña todas las noches después de la cena y azotaba a todos los muchachos que habían sido previamente reportados por el padre de casa o a quienes el padre de casa señalara en aquel momento.

[41] John H. Wigmore, ed., *The Illinois Crime Survey*, p. 713.
[42] Randall, *The St. Charles School*, pp. 8-10.
[43] Wigmore, *Illinois Crime Survey*, pp. 478-90. Según Andrew Bruee, E. W. Burgess y Albert J. Harno (los autores de la sección acerca de libertad condicional y vigilada en Illinois), el reformatorio de Pontiac estaba mal dirigido, excesivamente poblado y archirrutinizado. Acerca de la formación educativa informaban que un número considerable de maestros "en realidad están contratados como guardas y hacen servicio de guardianes después de la escuela y los domingos y días de fiesta. En general, sería bastante justo entender que sus títulos son de guardas y no lo que deberían ser, de maestros; y hay que tener presente que los guardas son de nombramiento político."

A algunos muchachos los castigaban encerrándolos en el "hoyo" hasta 32 días, sin zapatos ni colchón. Dormían en tablas de madera sujetas al piso de concreto. Algunos eran esposados a tubos de hierro, y los tenían maniatados noche y día.[44]

Otras instituciones para niños en Illinois estaban igualmente hacinadas, regimentadas y mal equipadas.[45] En 1915, se cerró la escuela John Worthy y se la remplazó fuera de la ciudad por la Chicago and Cook County School for Boys. Este reformatorio, empleado para delincuentes "menores", suministraba esencialmente un castigo breve y rudo para los delincuentes menos molestos.[46] El nuevo Detention Home, acogido con exuberante optimismo por los salvadores del niño, resultó, después de examinado por la Crime Commission de Illinois, que contenía

una enorme mezcla de niños sumamente diferentes, detenidos por muchos motivos, bastante insignificantes e inidentificados, y muchos de ellos demasiado tiempo, y cada uno de los cuales aumenta la complejidad del problema de manejar constructiva y sanamente aquella situación, de por sí ya socialmente compleja.[47]

En 1925, Louise Bowen anotaba tristemente que aquel hogar de detención tenía "todas las apariencias de una cárcel, con sus ventanas con barrotes y sus puertas cerradas con llave... los niños tienen menos comodidades que los criminales encerrados en la cárcel del condado. No están suficientemente ocupados y respiran muy poco aire puro".[48]

---

[44] *Ibid.*, pp. 713-25.

[45] Las instituciones privadas y públicas para cuidado de niños dependientes y delincuentes padecían de problemas semejantes y seguían con una supervisión inadecuada y a veces sumamente punitiva. Las insuficiencias de las organizaciones privadas, desde más o menos 1900 hasta 1926, han sido catalogadas por Arlien Johnson en *Public Policy and Private Charities*, pp. 133-78, Chicago, University of Chicago Press, 1931. Para una información reveladora, pero acrítica, de los problemas de segregación racial y homosexualidad en una vasta institución pública, la Escuela Estatal de Enseñanza de Muchachas en Geneva, véase *The Illinois Crime Survey*, pp. 718-22.

[46] Elizabeth Francis Hirsh, *A Study of the Chicago and Cook Country School for Boys*, pp. 59-61.

[47] *The Illinois Crime Survey*, p. 681.

[48] (Mrs.) Joseph T. Bowen, "The Early Days of the Juvenile Court", p. 309. Las apreciaciones de Breckenridge y Abbot en *The Delinquent Child and the Home* también perturbaban a Julia Lathrop y le hicieron comprender que el tribunal para menores no era una panacea. "Los resultados de esta investigación", escribe en la introducción a este volumen, "no tienen la definición precisa confortadora para el espíritu reformador. El estudio deja ver que hay muchos elementos combinados en número y cantidad no precisados... Esto hace la cuestión de la delincuencia juvenil algo muy

La desolación e impersonalidad de las instituciones corrían parejas con el profesionalismo intransigente de los funcionarios de los tribunales para menores. Los niños "problema" eran presentados como desagradecidos y malvados, que necesitaban diligentes medidas de represalias. Henry Thurston, principal oficial de libertad vigilada del tribunal para menores del condado de Cook entre 1906 y 1908, advertía que

el reincidente obstinado inevitablemente introducirá la desorganización en la labor de distrito de un agente de libertad vigilada y despertará resentimientos en el corazón de muchos de los mejores amigos de la idea de libertad condicional. Todas las personas de mente recta están dispuestas a que muchachos y muchachas tengan la oportunidad de obrar debidamente, pero cuando estos muchachos y muchachas pierden una y otra vez la oportunidad, esas mismas personas tienen el derecho de insistir en que se controle realmente a muchachos y muchachas, aunque para ello se necesite un proceso de instrucción de carácter penal.[49]

Thurston y su auxiliar principal, John Witter, indicaban que algunos "muchachos refractarios" no podrían "responder" al tratamiento si se los amenazaba con un proceso de carácter penal. Y decían:

En todo caso, el deber de los agentes de libertad vigilada, por el bien de los muchachos y muchachas que mejoran con la libertad condicional, es pedir al juez que disponga alguna otra cosa en los casos en que un esfuerzo leal y continuado por proporcionarle ayuda benévola ha sido rechazado brutalmente por el que goza de la libertad condicional.[50]

Si los salvadores del niño vivieran todavía, verían cuán poco ha cambiado en las instituciones para delincuentes. La Escuela de San Carlos para Muchachos, planeada actualmente para un máximo de 550 ocupantes, tiene una población media de unos 800. El superintendente de la escuela se queja de que su personal está mal pagado y de que "acaban por aceptar empleos en la industria, que están mejor pagados

penetrante y sutil, que ningún tribunal ni sistema de instituciones, ni libertad condicional ni otras sabias medidas intentadas para remplazar la vida familiar decente, ordenada y sana puede resolver."

[49] *Annual Report of the Board of Commissioners of Cook County*, 1907, p. 123.
[50] *Annual Report of the Board of Commissioners of Cook County*, p. 171, Chicago, Henry O. Shepard, 1908. Después se vio envuelto Witter en un escándalo público en que, entre otras cosas, se le acusó de incompetencia y brutalidad. Véase *Report of a Committee Appointed Under Resolution of the Board of Commissioners of Cook County*, 8 de agosto de 1911.

y con menos horas de trabajo".[51] El organismo chicaguense para bienestar de menores ha sido desorganizado por miembros negros del personal en huelga, que se quejan de no estar debidamente representados en la formulación de las políticas de dicho organismo.[52] Una crítica semejante han manifestado los empleados negros del albergue de detención del tribunal para menores,[53] y un periódico local ha formulado la acusación de que el albergue de detención para menores Arthur Audy, "tiene el aspecto helado, yermo y extraño de una sala de recreo en un manicomio".[54]

MORALISMO Y CONSTITUCIONALISMO

En los últimos cincuenta años, las críticas contra el sistema de tribunales para menores han sido emitidas por personas que expresan perspectivas ideológicas diametralmente opuestas. Para los "moralistas legales", el tribunal de menores es un medio de lucha contra la delincuencia juvenil políticamente ineficaz y moralmente impropio. Los "constitucionalistas" consideran el tribunal para menores arbitrario, anticonstitucional, y violador de los principios de proceso imparcial.[55] La primera opinión se refiere a la protección de la sociedad, y la segunda tiene que ver con la salvaguarda de los derechos del individuo.

La justificación retributiva del castigo ha sido asociada tradicionalmente por sus enemigos con la irracionalidad y la venganza.[56] Pero la justicia retributiva no es necesariamente una reacción impulsiva al delito. No se satisfacen sus condiciones dando pábulo a los deseos personales de venganza.[57] Al contrario, concibe un principio objetivo de

[51] *Chicago's American*, 11 de diciembre de 1965.
[52] *Chicago Sun Times*, 15 de junio de 1968; *Chicago Daily Defender*, 17 de junio de 1968.
[53] *Chicago Daily Defender*, 16 de julio de 1968. Véanse también los comentarios del superintendente del hogar de detención acerca de la sobrepoblación y la escasez de personal, *Chicago Sun Times*, 7 de diciembre de 1967.
[54] *Chicago Daily News*, 18 de diciembre de 1967.
[55] La expresión "moralismo legal" ha sido usada por H.L.A. Hart en *Law, Liberty and Morality*.
[56] Parte de lo que sigue está tomado de mi trabajo en colaboración con Egon Bittner, "The Meaning of Punishment", *Issues in Criminology*, 2, 1966, 79-99.
[57] Para el modo de ver el castigo retributivo, tradicional y áspero, véase Henry Weihofen, "Retribution is Obsolete", *National Probation and Parole Association News*, 39, 1960, 1s. Alex Comfort formula una definición más razonable de esta posición en *Authority and Delinquency in the Modern State*, p. 102.

justicia que ha de imponerse sin tener en cuenta sentimiento ni conveniencia. Y así, según Kant,

el castigo judicial nunca puede imponerse tan sólo con el fin de conseguir algún bien extrínseco, ya sea para el mismo delincuente, ya sea para la sociedad civil; en todos los casos tiene que ser impuesto (y sólo puede ser impuesto) porque el individuo a quien se inflige ha cometido un delito... El derecho de represalia... es el único principio que... puede en definitiva orientar a un tribunal público tanto en la calidad como en la cantidad de un castigo justo.[58]

Según la posición retributiva, la sociedad tiene el derecho y el deber morales de infligir un castigo a quienes cometen delitos conscientemente. En cierto sentido, el delincuente tiene el derecho de ser castigado, y es una restricción de su libertad moral y un desdoro de su racionalidad el negárselo.[59] Mientras que los filósofos y moralistas idealistas de principios del siglo pasado argüían con razones francamente metafísicas, los ponentes actuales de la justicia retributiva hablan de su equivalencia "funcional". Según ellos, el castigo es un elemento constitutivo en el simbolismo de la moralidad. Es decir, el fin último del castigo es revelar el carácter nefando y malvado del delito y restablecer el equilibrio entre el bien y el mal en el cosmos.

La posición retributiva ha sido expresada más plenamente en años recientes por los ponentes del moralismo legal, movimiento filosófico primordialmente defensivo, que al comenzar nuestro siglo abarcaba con plena consciencia los criterios de sentido común de moralidad y aprovechaban un creciente escepticismo acerca de la eficacia de las soluciones "científicas" de los problemas sociales. James Stephen, el historiador inglés de la jurisprudencia, se quejaba del debilitamiento de las sanciones religiosas y los imperativos morales en una sociedad industrial cada vez más secularizada.[60] Para Stephen, el derecho penal sigue el principio de que "es moralmente justo odiar a los delincuentes" y que el castigo "da una expresión definida y es una solemne ratificación y justificación del odio que provoca la comisión del delito".[61]

---

[58] Citado en James Heath, *Eighteenth Century Penal Theory*, p. 272.

[59] Hegel, por ejemplo, aduce en algún lugar de su *Filosofía del Derecho* que al castigar al criminal "se le honra como a un ser racional".

[60] "Un hombre que no cree en Dios, el cielo ni el infierno, tal vez se cuide poco del género humano o de la sociedad a que pertenece, pero al menos digámosle claramente cuáles son los actos que le pondrán la marca de la infamia, que lo expondrán a la execración pública y le llevarán a la horca, el calabozo o el látigo", James Fitzjames Stephen, *History of the Criminal Law in England*, 3, 366-67.

[61] *Ibid.*, 2, 81.

Oliver Wendell Holmes convenía con Stephen en que el primer requisito del derecho penal es que debe "corresponder a los sentimientos y exigencias reales de la comunidad".[62] Muchos moralistas del derecho piensan que el castigo debería ser proporcional al asco o la indignación que sienten por los distintos delitos los "ciudadanos razonables". "La justificación definitiva de cualquier castigo", decía lord Denning, "no es que haga de disuasor sino que sea la enfática denuncia de un delito por parte de la comunidad."[63] Los que critican esta opinión han puesto de relieve muchas veces sus aspectos no racionales y no utilitarios. Esta crítica es justa en tanto señala el hecho de que la función punitiva es aceptada sin tomar en consideración su valor instrumental. Pero los ponentes no sostienen que el castigo sirva para proteger a la sociedad ni para reformar a los delincuentes sino más bien que expresa el juicio moral de la sociedad.

En sentido real, los teóricos de la justicia retributiva no ven el delito como un acto que pueda ser definido independientemente y que requiera una medida considerada de retribución; en su lugar, sostienen que el acto de la punición define el comportamiento, con el cual está debidamente relacionado, como de índole penal. De acuerdo con ello, renunciar al castigo significa renunciar a la idea misma de delito. En situaciones particulares podríamos desear que fueran guiadas por consideraciones basadas en la piedad o la practicabilidad, pero en general, el concepto de delito entraña el de castigo. Por eso, si queremos calificar de delictivas algunas formas de conducta estamos ya justificando la pertinencia de las sanciones punitivas, y la búsqueda de ulterior justificación sólo sirve para enredar la cosa. Decir que puede haber delitos que no debamos castigar, o que debamos castigar exclusivamente por algún fin extrínseco, es un contrasentido. En definitiva, la justicia retributiva se basa en el imperativo categórico kantiano o algún equivalente suyo. Presupone que el bien y el mal son absolutos morales impresos en la mente del hombre, y que definen sus obligaciones, sin necesidad de más justificación.

En lo tocante a delincuencia juvenil, los moralistas jurídicos adu-

[62] Oliver Wendell Holmes, *The Common Law*, p. 41.
[63] Citado por la Real Comisión sobre la Pena Capital, *Final Report*, 1949-1953, p. 53. Un abogado moderno apunta en apoyo de este argumento que "tal vez no esté de moda en nuestros días vincular la justicia con la retribución. Se pone mucho más interés en el tratamiento y la enseñanza de los delincuentes, de modo que la consecuencia del fallo de culpabilidad cada vez es menos un 'castigo' en el sentido del lego. Pero expone la opinión de que la idea de retribución como base del castigo no tiene en sí nada de malo y que el castigo debe ser de acuerdo con el delito y no con el delincuente", David C.M. Yardley, "Current Attitudes to Capital Punishment", *The Lawyer*, 4, 1961, 34.

cen que es socialmente indeseable dejar que el comportamiento rapaz y dañino quede sin castigo. Señalan además que los ciudadanos más ordinarios ven la delincuencia con "intolerancia, indignación y asco" y que la función propia de la ley es dar una expresión ceremonial a esta revulsión moral.[64] Algunos escritores declaran que el no castigar la delincuencia ni el comportamiento inmoral podría debilitar la trama moral de la sociedad; según A. L. Goodhart, por ejemplo, "una comunidad demasiado dispuesta a perdonar al malhechor podría acabar por condonar el delito".[65]

Los moralistas jurídicos subrayan las importantes funciones psicosociales de la "justicia teatral", predicadas fundándose en la capacidad expresiva del derecho penal para defender ritualmente los valores institucionalizados.[66] El resentimiento de que dan muestras muchos abogados respecto del sistema de tribunal para menores encarna muchos de los rasgos tradicionales del moralismo jurídico: hay una vigorosa crítica de la ineficiencia del tribunal para menores en la "guerra contra el crimen",[67] una hostilidad implícita contra los rivales profesionales,[68]

---

[64] Sir Patrick Devlin, *The Enforcement of Morals*.
[65] *English Law and Moral Law*, pp. 92-93.
[66] En un análisis de los aspectos rituales del derecho penal sugiere Michael Balint que "se espera del delincuente que dé señales de culpabilidad y arrepentimiento, que reconozca, por decirlo así, que pecó contra la comunidad. Su tratamiento puede ser lene o cruel, pero siempre es una 'cosa pública espectacular'... Toda comunidad siente que ciertos delitos han de ser considerados graves y por consiguiente merecedores de que se monte una representación o un 'drama público'... En todos estos casos hay, por lo menos en teoría, tres actos en este drama público: a] aislamiento, b] castigo y pena, c] readmisión", "On Punishing Offenders", en *Psychoanalysis and Culture*, p. 225.
[67] El juez Oliphant ha expuesto vigorosamente su argumentación de la siguiente manera: "No puedo comprender el modo de razonar en el sentido de que las pandillas merodeadoras de pilluelos armados de cuchillos, pistolas, navajas de muelle y demás armas ilegales hayan de ser considerados en materia de derecho incapaces de cometer el delito de asesinato. Los menores de 21 años, según las estadísticas, perpetran un elevado porcentaje de los odiosos crímenes cometidos por todo el país, y la situación ha llegado a adquirir tales proporciones que es un peligro para el bien público y para la seguridad de los ciudades respetuosos de las leyes... El asesinato cometido por un solo individuo es suficientemente malo, pero cuando resulta que un criminal confirmado ha organizado a un grupo de adolescentes con el único fin de matar y robar, ha llegado la hora de examinar la filosofía que sustenta el tratamiento de los menores delincuentes", *State v. Monahan*, 15 N.J. 34, 104A 2d 21, 1954.
[68] Por ejemplo, el presidente de la Suprema Corte inglesa Goddard aconsejaba a los jueces "recordar que el envío de niños a los psiquiatras para que los examinen puede hacer más daño que bien, porque puede hacer pensar a los niños que son casos interesantes, cuando en realidad sólo son picaruelos o picaruelas", F.T. Giles, *Children and the Law*, prefacio.

y una grave desaprobación de las ideologías tolerantes. Aunque los moralistas jurídicos no preconizan necesariamente los castigos duros, su perspectiva teórica suele ser utilizada por los agentes encargados de hacer que se cumpla la ley, los que realizan campañas políticas y las organizaciones de la comunidad que buscan penas más severas o castigos corporales como solución al "problema del crimen".[69] La siguiente declaración de John Wigmore capta la esencia y el espíritu del argumento de los moralistas jurídicos en lo tocante a la justicia para con los menores:

...los trabajadores sociales y los psicólogos y psiquiatras no saben nada de delincuencia ni culpa. Hablan de "reacciones", de "inadaptados" y de "complejos"... La gente debe tener la ley moral resonando en su conciencia a todas horas. El tribunal para menores no lo hace. Y apartar una gran parte de la delincuencia cotidiana para este tribunal es dar un gran paso hacia el derrumbe de todo el derecho penal... No hay disuasión de la multitud sino un mero "tratamiento" de los "inadaptados". Sus acciones no producen más efecto en la multitud que las intervenciones quirúrgicas en los hospitales... no tanto, con seguridad, porque muchos ciudadanos han sido disuadidos de someterse al escalpelo del cirujano por los rumores de lo que le sucedió a un amigo. Y así decimos a los devotos trabajadores sociales y a los fríos científicos que no se crean con derecho a exigir que todos los delitos sean encomendados a su cuidado mientras no hayan ahondado un poco más en el derecho penal y entiendan mejor el conjunto de sus funciones.[70]

Los moralistas jurídicos ven en el derecho penal la expresión simbólica de los valores institucionalizados violados por el delincuente, de modo que el castigo tiene una función educativa que une a todos los no delincuentes y conformistas en la "solidaridad emocional contra la agresión".[71] El castigo —para los moralistas jurídicos— no intenta tener más valor instrumental que el de promover un sentido de solidaridad moral entre los ciudadanos. El tribunal para menores, de acuerdo

[69] Tómese, por ejemplo, la siguiente declaración atribuida al general Eisenhower: "No nos hagamos culpables de simpatía sensiblera por el criminal que vaga por las calles, con la navaja de muelle y un arma de fuego ilegal en busca de una presa inerme, pero que, apresado, se convierte de repente en una pobre persona subprivilegiada que cuenta con la compasión de nuestra sociedad y las debilidades o lenidades de algunos (demasiados) tribunales", *San Francisco Chronicle,* 15 de julio de 1964.

[70] "Juvenile Court v. Criminal Court", *Illinois Law Review,* 21, 1926, 375-77.

[71] George H. Mead, "The Psychology of Punitive Justice", *American Journal of Sociology,* 23, 1918, 577-602. Véase también Talcott Parsons, *The Social System,* pp. 309-14.

con esta perspectiva, no logra hacer repelente la delincuencia para el menor como modelo de rol, y ha privado al derecho penal de su eficacia como instrumento de educación moral, porque no expresa formalmente la condenación del comportamiento antisocial.[72]

Los preconizadores de la perspectiva constitucionalista, por otra parte, se muestran escépticos respecto a los fines humanitarios del tribunal para menores, y se preocupan en particular de la invasión de los derechos personales so pretexto de "beneficencia" y "rehabilitación".[73] Edward Lindsey, uno de los primeros portavoces de este modo de ver, observaba en 1914 que, pese a la sonora retórica de la "justicia socializada", no se había hecho ningún esfuerzo para el debido cuidado y la protección de los niños. Y decía: "A menudo hay una verdadera privación de libertad, y tampoco cambia el hecho por negarse a llamarla castigo o porque se declare como objeto el bien del niño." [74] De esta posición constitucional se hizo eco después Paul Tappan, quien opinaba que el argumento de *parens patriae* es una ficción *ex post facto* destinada a reconciliar la legislación de reforma con el dogma jurídico tradicional. Los tribunales para menores, como observaba Tappan, en realidad son más semejantes en espíritu y método a los

---

[72] F. L. Ludwig, "Considerations Basic to Reform of Juvenile Offenders", *St. John's Law Review*, 29, 1955, 226.

[73] La literatura constitucionalista es demasiado vasta para que la citemos toda, pero entre las contribuciones más importantes están: Sol Rubin, "Protecting the Child in the Juvenile Court", *Journal of Criminal Law, Criminology and Police Science*, 43, 1952, 425-40; Matthew J. Beemsterboer, "The Juvenile Court — Benevolence in the Star Chamber", *Journal of Criminal Law, Criminology and Police Science*, 50, 1960, 464-75; Stephen M. Hermann, "Scope and Purposes of Juvenile Court Jurisdiction", *Journal of Criminal Law, Criminology and Police Science*, 48, 1958, 590-607; Robert G. Caldwell, "The Juvenile Court: Its Development and Some Major Problems", *Journal of Criminal Law, Criminology and Police Science*, 51, 1961, 493-511; Henry Nunberg, "Problems in the Structure of the Juvenile Court", *Journal of Criminal Law, Criminology and Police Science*, 48, 1958, 500-16; Lewis Diana, "The Rights of Juvenile Delinquents: An Appraisal of Court Procedures", *Journal of Criminal Law, Criminology and Police Science*, 47, 1957, 561-69; Paul W. Tappan, *Delinquent Girls in Court*; Francis A. Allen, *The Borderland of Criminal Justice*; Joel Handler, "The Juvenile Court and the Adversary System: Problems of Function and Form", *Wisconsin Law Review*, 1965, pp. 7-51; Lewis Yablonsky, "The Role of Law and Social Science in the Juvenile Court", *Columbia Law Review*, 67, 1967, 281-341; Marlene Arnold, "Juvenile Justice in Transition", *UCLA Law Review*, 14, 1967, 1144-58; Monrad G. Paulsen, "Fairness to the Juvenile Offender", *Minnesota Law Review*, 41, 1957, 547-76; George C. Newman, ed., *Children in the Courts: The Question of Representation*.

[74] "The Juvenile Court Movement from a Lawyer's Standpoint", *Annals of the American Academy of Political and Social Science*, 1914, p. 145.

organismos administrativos contemporáneos que a la rectitud antigua.[75] Muchos críticos consideran que la tendencia a concebir el tribunal para menores como "clínica" o un "organismo de beneficencia", con exclusión de sus demás considerables funciones, no contribuye ni al entendimiento de la institución ni a su empleo racional al servicio del interés público.[76]

En apoyo de sus críticas a la administración de la justicia para menores, los constitucionalistas han recurrido a diversos estudios de ciencias sociales. El testimonio de estos estudios indica que los fines pregonados del tribunal para menores raramente se logran. Los procedimientos informales y la confidencialidad en el tribunal para menores no defienden necesariamente a los jóvenes de las "ceremonias de degradación".[77] El tribunal para menores, no obstante cualquier intención de simpatizar con los problemas juveniles, está organizado estructuralmente para emitir juicios acerca del comportamiento social positivo y el negativo. La justicia para los menores es administrada por una autoridad políticamente constituida que se dirige a la mala conducta juvenil por la amenaza de coerción. Las sanciones judiciales pueden imponerse en el caso de conducta contraria o de actitudes contrarias, porque el tribunal para menores está autorizado a exigir ciertas formas de decoro moral y respuestas en la actitud, aun sin la presencia de una víctima social visible y sufriente.[78]

Pese a intentos de purgar la "delincuencia juvenil" de implicaciones peyorativas, ha llegado a tener en la desaprobación de la comunidad una significación tan dramática como la etiqueta de "criminal" a la que remplazó. El sistema informal de comunicación entre escuela,

---

[75] Paul W. Tappan, *Juvenile Delinquency*, p. 169.

[76] Allen, *The Borderland of Criminal Justice*, p. 61. "Cualquiera que sea nuestra motivación, por elevados que sean nuestros objetivos, si las medidas tomadas tienen por consecuencia la pérdida forzosa de la libertad del niño, la separación involuntaria de un hijo de su familia o incluso la vigilancia de las actividades de un niño por un agente de libertad condicional, el impacto producido en el individuo afectado es esencialmente punitivo. Las buenas intenciones y el vocabulario flexible no modifican esta realidad. Es así sobre todo cuando, como suele ocurrir, la institución a la que se confía el niño es de hecho penocustodial. Nos libraríamos de mucha confusión si estuviéramos dispuestos a reconocer francamente el hecho de que el quehacer del tribunal para menores consiste inevitablemente, en gran medida, en aplicar un castigo. Si esto es así, no podremos evitar los problemas del castigo injusto en el tribunal para menores, como no podemos evitarlos en el tribunal penal", *ibid.*, p. 18.

[77] Harold Garfinkel, "Successful Degradation Ceremonies", *American Journal of Sociology*, 61, 1956, 420-24.

[78] Para las implicaciones teóricas y de política de los "delitos sin víctima" véase Edwin M. Schur, *Crimes Without Victims*.

entidad social y padres disemina el estigma por el mundo social del adolescente, y lo identifica así como "delincuente", "perturbador" y "niño problema". La filosofía benévola del tribunal para menores disimula a veces el hecho de que el delincuente es considerado como una "no persona" inmadura, "elemental" e incapaz de tomar decisiones eficaces para su propio bien y su futuro. Raramente se presta la debida atención al modo de sentir y experimentar al delincuente su predicamento; según Elliot Studt, la disposición estructural actual del tribunal para menores es probable que incite a la regresión y disminuya el respeto de sí mismo en sus "clientes".[79] David Matza alude al "sentido de injusticia" que experimentan muchos adolescentes cuando los tratan con condescendencia, inconsecuencia, hipocresía, favoritismo o caprichosamente.[80] Otros autores han confirmado que el profesionalismo autoritario y la reverente familiaridad en el foro no conducen a relaciones de confianza y cooperación.[81] Finalmente, los constitucionalistas arguyen que las instituciones para menores no son mejores, y en algunos casos son peores, que las prisiones para adultos. Por razones puramente utilitarias, los reformatorios son un triste fracaso en la disuasión del futuro comportamiento delincuente.[82]

Resumiendo: la esencia de la argumentación constitucionalista es que el sistema de tribunal para menores viola las garantías constitucionales de procedimiento legal y pone a los adolescentes la marca infamante de "delincuentes", con lo que realiza funciones semejantes a las de los tribunales penales. En años recientes, este modo de ver ha ganado autoridad y muchos estados han aprobado nuevas leyes de tribunales para menores en que se trata de salvaguardar los derechos individuales.[83] La Suprema Corte de los Estados Unidos reconocía el argumento constitucional en 1967 al emitir su primera opinión sobre el tribunal para menores.[84] Añadía la corte claros lineamientos procedurales a su anterior declaración en la *Causa de Kent,* de que la "admonición para operar en una relación 'de padres' no es una invitación a la arbitrariedad procedural".[85] Hablando para la mayoría en

[79] "The Client's Image of the Juvenile Court", en Margaret K. Rosenheim, ed., *Justice for the Child,* pp. 200-16.
[80] *Delinquency and Drift,* p. 136.
[81] Handler, "The Juvenile Court and the Adversary System", pp. 20-21.
[82] Henry D. McKay, "Report on the Criminal Careers of Male Delinquents in Chicago", Task Force Report, *Juvenile Delinquency and Youth Crime,* pp. 107-13.
[83] Para una discusión sobre tal esfuerzo véase Joel Goldfarb y Paul Litle, "1961 California Juvenile Court Law: Effective Uniform Standards for Juvenile Court Procedure?", *California Law Review,* 51, 1963, 421.
[84] *In Re Gault,* 378, U.S. 1, 1967.
[85] "En realidad, hay pruebas de que puede caber alguna razón para preocuparse porque el niño recibe lo peor de ambos mundos: no obtiene ni

la *Causa de Gault* decía el juez Fortas que los menores tienen derecho a *1*] notificación a su debido tiempo de las acusaciones concretas contra ellos; *2*] notificación del derecho a ser representados por un abogado consultor en procedimientos que "pueden tener por resultado el envío a una institución donde se reduce la libertad del menor";[86] *3*] el derecho al careo y al interrogatorio cruzado de quejosos y otros testigos; y *4*] advertencia adecuada acerca del privilegio contra la autoincriminación y el derecho a permanecer callados.

El juez Fortas citaba el argumento constitucionalista para indicar que "por eufemista que sea el título, un 'albergue o centro de recepción' o una 'escuela industrial' para menores es una institución de confinamiento donde se encarcela al niño... Según nuestra Constitución, la condición de ser niño no justifica un simulacro".[87] El derecho de consultoría era la cuestión fundamental en *Gault,* porque el ejercicio del derecho asegura la regularidad del procedimiento y la aplicación de los principios afines:

Un procedimiento donde se trata de saber si el niño resultará ser "delincuente" y quedará sujeto a la pérdida de su libertad durante años es comparable en seriedad a un juicio por crimen. El menor necesita ser asistido por un consejero que entienda en problemas de derecho, que investigue con destreza los hechos, que asista en la regularidad de los procemientos y que se cerciore de que tiene una defensa, que la prepare y la presente.[88]

La decisión en la causa de Gault llegó poco después de haber la Comisión Presidencial sobre Cumplimiento de la Ley y Administración de la Justicia hecho recomendaciones aún más enérgicas concernientes al derecho de consultoría:

...debe ser nombrado un consultor allí donde pueda demostrarse que de no hacerlo saldrían perjudicados los derechos de la persona implicada... Tampoco se aprecia razón alguna para argumentar que el consultor haya de proporcionarse en algunas situaciones, pero no en otras; en los procesos de delincuencia, por ejemplo, pero no en los de negligencia. *Siempre que existe la posibilidad de acción coerciva es imperativa la presencia del consultor...* Lo urgente e imperativo es que se proporcione el consultor en los tribunales para menores de inmediato y

la protección concedida a los adultos ni el solícito cuidado y el tratamiento regenerativo postulado para los niños", *Kent v. United States,* 383, U.S. 541, 555, 1966.

[86] *In Re Gault,* 41.
[87] *Ibid.,* 27-28
[88] *Ibid.,* 36

como cosa regular para todo aquel que no pueda permitirse tener uno propio... *Hay que nombrar un consultor... sin necesidad de aceptación por parte del padre o del niño.*[89]

Ha habido otras sugestiones recientes relativas a cambios estructurales en el tribunal para menores. La Comisión Penal de la Presidencia recomendaba que el poder del tribunal sobre conducta no delincuente debería restringirse a los casos de negligencia nada más, porque "la jurisdicción muy amplia... con frecuencia se ha convertido en anacronismo que servía para facilitar las instrusiones coercitivas gratuitas en la vida de los niños y de las familias".[90] Margaret Rosenheim y Sanford Kadish, en sus informes a la Comisión Presidencial, sugerían que muchas causas de menores podían manejarse administrativa e informalmente por "negociaciones para decreto de consentimiento", de forma que se evitara el estigma de la sentencia judicial.[91] De modo semejante proponía Joel Handler la introducción de procedimientos de adversario para sentenciar en nivel administrativo, con disposiciones para la supervisión y el control judiciales.[92] "La reglamentación preparatoria para el tribunal puede mejorarse", escriben Handler y Rosenheim en un artículo conjunto, "para mitigar la rudeza de los procedimientos formales y al mismo tiempo proteger al individuo".[93]

Aunque el *New York Times* saludaba la causa de Gault como una decisión que marcó un hito y requería "grandes cambios", parece improbable que la decisión genere algo más que unas cuantas modestas modificaciones en el conjunto del sistema de tribunales para menores.[94] Importantes cambios estructurales dependerán en definitiva de la reforma legislativa, que no parece estar cerca. En los primeros sesenta, Nueva York, California e Illinois aprobaron leyes de tribunales para menores que, según los administradores de estos tribunales en esos estados, se anticipaban a la decisión de la Suprema Corte. Comentando

---

[89] *Juvenile Delinquency and Youth Crime,* pp. 31, 33, 35; President's Commission on Law Enforcement and Administration of Justice, *The Challenge of Crime in a Free Society,* p. 87, Washington, U.S. Government Priting Office, 1967.

[90] Comisión Presidencial, *The Challenge of Crime in a Free Society,* p. 84.

[91] *Ibid.*

[92] Handler, "The Juvenile Court and the Adversary System", pp. 20-21.

[93] Joel F. Handler y Margaret K. Rosenheim, "Privacy in Welfare: Public Assitance and Juvenile Justice", *Law and Contemporary Problems,* 31, 1966, 377-412. Véase también los comentarios de Edwin Lemert sobre "no intervención juiciosa" en "Juvenile Justice—Quest and Reality", *Trans-Action,* 4, julio de 1967, 30-40.

[94] *New York Times,* 16 de mayo de 1967.

acerca del Gault, unos jueces de Nueva York decían que "el fallo no afectará a las causas de menores, puesto que es ya la ley".[95] Declaraciones semejantes se hicieron en San Francisco y Chicago. Nueva York introdujo la asesoría jurídica para el tribunal familiar mediante el sistema de "custodios de la ley" en 1962, y la Oficina del Defensor Público de Chicago asignaba un abogado de tiempo completo al tribunal para menores en los primeros meses de 1966. La opinión del Gault no fue ninguna sorpresa para los administradores del tribunal para menores en aquellas ciudades.

EN DEFENSA DE LOS JÓVENES

No se sabe mucho todavía acerca del funcionamiento de los nuevos tribunales para menores "legalizados", pero es accesible alguna información relativa al papel del abogado en el tribunal para menores. Como buena parte del argumento constitucionalista se basa en la efectividad de la representación legal, vale la pena examinar el efecto causado por el consultor en el tribunal para menores. Antes de la promulgación de la Ley de Tribunal Familiar de Nueva York, en 1962, un estudio reveló que 92% de los demandados menores de Nueva York no estaban representados por un abogado consultor.[96] Una averiguación semejante en California reveló que "en la mayoría de los condados sólo hay abogados en 1% o menos de las causas de tribunales para menores".[97] Otro estudio, basado en el examen a escala nacional de los jueces de tribunal para menores en 1964, dio por resultado que "en la mayoría de los tribunales sólo hay abogados representando a los niños en menos de 5% de las causas que se están viendo".[98]

Edwin Lemert estudiaba recientemente los efectos de la ley de Tribunales para Menores en California, en 1961, y descubrió que el porcentaje de casos en que aparecía un consultor se había más que triplicado en cuatro años, y la media había subido de 3 a 10%.[99] Escribe Lemert: "Son impresionantes las pruebas de que la representación por consultor con frecuencia asegura un resultado más favorable de la causa que cuando no hay consultor. Proporcionalmente, era casi tres

---

[95] *Ibid.*

[96] Charles Schinitsky, "The Role of the Lawyer in Children's Court", *The Record of N.Y.C.B.A.*, 17, 1962, 10-26.

[97] *Juvenile Delinquency and Youth Crime*, p. 32.

[98] Daniel L. Skoler y Charles W. Tenney, "Attorney Representation in Juvenile Court", *Journal of Family Law*, 4, 1964, 77-98.

[99] Edwin M. Lemert, "Legislating Change in the Juvenile Court", *Wisconsin Law Review*, 1967, pp. 421-48.

veces más frecuente la absolución en causas con abogado que en causas sin él." [100] Pero el análisis detenido de los datos demuestra que los abogados solían ser más venturosos en casos de negligencia y casi no producían ningún efecto en los de delincuencia. De hecho, en un condado estudiado, los menores sin abogado era menos probable que estuvieran detenidos en espera del juicio.[101]

El papel apropiado del abogado en el tribunal para menores ha recibido considerable atención en la literatura. Jacob Isaacs, en un estudio reciente del Tribunal Familiar de Nueva York, propuso que el abogado de tribunal para menores realizara las funciones de defensor, tutor y funcionario del tribunal. En su calidad de defensor "debe defender ardientemente los derechos constitucionales y legales de su cliente"; en la de tutor, debe tener en consideración "el bienestar general del menor"; y en la de agente del tribunal, "tiene que asumir la obligación de interpretar el tribunal y sus objetivos tanto para el niño como para los padres, impedir el falseamiento y el perjurio en la descripción de los hechos, y revelar a la corte todos los hechos de que tiene conocimiento relativos a la debida solución del caso..." [102] La exposición tripartita de Isaacs representa un objetivo ideal más que las realidades existentes. En un estudio empírico de los tribunales para menores de California descubrió que la táctica de adversario es marginal en relación a "la función del abogado como negociador e intérprete entre el juez y la familia".[103] El defensor público, más aún que un abogado privado, es probable que sea "cooptado en la organización de la corte y aun se convierta en su accesorio superficial. Los factores que favorecen esto son la escasa importancia que los defensores públicos conceden al trabajo con menores y la formación de una reciprocidad interdepartamental o informal con los agentes de libertad vigilada." [104]

Hay una fuerte presión ideológica y organizacional por parte de legislaturas, jueces y comentaristas jurídicos para reprimir la táctica de adversario en el tribunal para menores. La legislatura de la Florida, por ejemplo, ha respondido al Gault con una disposición para la representación legal por medio de la división estatal de servicios para menores.[105] Esta disposición refuerza la política tradicional de paternalismo benigno al suponer que los funcionarios del estado obrarán como sea

---

[100] *Ibid.*, p. 442.
[101] *Ibid.*, p. 443.
[102] Jacob Isaacs, "The Role of the Lawyer in Representing Minors in the New York Family Court", *Buffalo Law Review,* 12, 1963, 501-21.
[103] Lemert, "Juvenile Justice—Quest and Reality", p. 40.
[104] Lemert, "Legislating Change in the Juvenile Court", p. 431.
[105] S. 1605, Legislatura de Florida, 2 de junio de 1967.

mejor para los jóvenes acusados de delitos. La mayoría de los jueces de tribunales para menores niegan la importancia de los juicios de adversario y "ven más el valor principal del abogado en el campo de la interpretación del enfoque de la corte y de lograr la cooperación en la disposición de la misma que en los roles más tradicionales de la exposición de los hechos y la preservación de los derechos legales".[106] Thomas Welch, tratando de la perspectiva constitucionalista, percibe al abogado más como intérprete que como abogado, porque

> está en mejor situación que nadie para exponer la índole y los objetivos de los tribunales para menores. Debe explicar que el menor no es juzgado como delincuente, que la corte no va a castigarlo, y que la táctica de resistencia de los tribunales penales no es apropiada en los tribunales para menores... Por encima de todo, el abogado, en el juicio de un delincuente, debe descartar todo interés personal en ganar casos. Allí donde ha sido eliminado el castigo, se logra una "victoria" verdadera cuando el delincuente es rehabilitado. Y la verdadera "derrota" está en obstruir el funcionamiento legítimo del mecanismo de rehabilitación.[107]

Estudios recientes sobre la labor de los abogados en el tribunal para menores de Chicago nos hacen apreciar algo del impacto causado por la decisión del Gault.[108] Menos de 3% de los 13 605 abogados de la ciudad se inscribieron en el año siguiente a la aprobación de la ley de tribunales juveniles de Illinois en 1965. Los abogados en los escalones superiores de su profesión entraron en contacto con el tribunal para menores sólo accidentalmente. A las causas de menores se les concede incluso menos importancia que a las de tránsito o de delitos de menor cuantía. Antes de la fundación de los programas legales oficial para los pobres por la Office of Economic Opportunity algunos abogados de bufetes influyentes dieron tiempo y dinero voluntariamente. Pero ahora, la mayoría de estos abogados entran en contacto con el tribunal para menores sólo como un favor a un amigo o a un cliente influyente. Con la expansión de los programas de defensor público y

---

[106] Skoler y Tenney, "Attorney Representation in Juvenile Court", p. 97.
[107] Thomas A. Welch, "Delinquent Proceedings—Fundamental Fairness for the Accused in a Quasi-Criminal Forum", *Minnesota Law Review*, 50, 1966, 681-82.
[108] Anthony Platt y Ruth Friedman, "The Limits of Advocacy: Occupational Hazards in Juvenile Court", *Pennsylvania Law Review*, 7, 1968, 1156-84; Anthony Platt, Howard Schechter y Phyllis Tiffany, "In Defense of Youth: A Case Study of the Public Defender in Juvenile Court", *Indiana Law Journal*, 43, 1968, 619-40.

ayuda jurídica, los miembros de bufetes grandes y medianos cada vez tienen menos que ver con los problemas de los pobres.

Los abogados privados en tribunales para menores son típicamente profesionales de "honorarios bajos" que trabajan solos y hacen sobre todo labor procesal.[109] Como muchos trabajos de honorarios bajos, las causas de menores raramente son lucrativas, y el esfuerzo que requieren parece muchas veces desproporcionado con la seriedad de la causa, los honorarios y el bien realizado. Además, los abogados sólo tienen prioridad esporádicamente en la audición de las causas, y los funcionarios forenses no suelen manifestarles mucho respeto. En estas circunstancias, es comprensible que el abogado de honorarios bajos se sienta incómodo en un sistema que no reconoce las prácticas informales características de su trabajo en otras cortes. Los abogados que se ven obligados a esperar en torno al edificio de la corte no tardan en sensibilizarse al deprimente entorno y a las filas de gente pobre que esperan una intervención oficial en su vida. La hipocresía de las audiencias privadas se pone de manifiesto cuando los menores pasan esposados por los corredores públicos. El consenso entre los abogados es que el tribunal para menores es un lugar triste y desalentador.

Los abogados de honorarios bajos no suelen considerar el tribunal para menores una organización punitiva. Tienen perfecta conciencia de que las cortes no poseen los procedimientos formales de que disponen en otros tribunales, pero esta limitación les parece inobjetable en la práctica. Las opiniones de los abogados acerca de los derechos de los niños difieren radicalmente de las expresadas por la Suprema Corte y los académicos. Los abogados aplican normas diferentes a los clientes menores porque son niños, y no necesariamente porque los constriña la orientación benefactora de las cortes. Un abogado suele tener reservas conscientes acerca de ayudar a un menor a "salir con bien de la causa" y, si triunfa mediante una argucia, se siente obligado a advertir personalmente a su cliente de los peligros de una futura mala conducta.

Los abogados consideran parte de su deber de adultos y funcionarios públicos el ponerse a hablar con los menores "en su propio nivel" para convencerles de la importancia que tiene decir la verdad, para disuadirlos de cometer actos semejantes en lo futuro y "para reforzar lo que dijo el juez". A su vez, esperan que el cliente se muestre arrepentido y agradecido, cualidades humanas que también aprecian los jueces de tribunal para menores. Cualquier intento de táctica defensiva se complica por el imprevisible carácter de los clientes juveniles, que "tienen

---

[109] Una descripción más completa del abogado de "honorarios pequeños" se halla en Jerome E. Carlin, *Lawyers on Their Own*, y Arthur Lewis Wood, *Criminal Lawyer*.

mala memoria", "no recuerdan", "no tienen la madurez social e intelectual del adulto", es probable que "suelten abruptamente lo que los condena" y fácilmente "meten la pata". El abogado duda en hacer que suba a la tribuna de testigos un cliente que tal vez "falle en las repreguntas" o "se quede mudo" y se condene con su silencio.

El cliente juvenil plantea además otros problemas especiales de defensa, porque toda su familia se ve envuelta en el proceso. Aunque un abogado aparezca para ayudar al menor, por lo general lo contratan los padres de éste, y por eso es responsable ante ellos. Se consulta a un cliente para obtener información fáctica y biográfica, y se le instruye acerca de cómo debe presentarse y conducirse ante el tribunal, pero son otros los que deciden lo que habrá de hacerse con él. Los abogados de bufetes poderosos que representan a niños de origen semejante al de ellos consideran que el tribunal para menores es "un lugar donde se puede hacer una labor razonable", porque todas las partes de la causa comparten el pesimismo de los padres acerca de los niños "problemas".

La decisión del Gault alentó a los bufetes públicos y de ayuda jurídica a enviar abogados al tribunal para menores. En Chicago, el defensor público mantiene en el tribunal para menores dos definiciones aparentemente conflictivas de su trabajo. En su calidad de "funcionario de la corte", cuya ética prevaleciente es la redención del niño, se ve a sí mismo como un trabajador social con un título de abogado. Como trabajador social, tiene que reconocer que los menores son dependientes por naturaleza y requieren la supervisión por parte de personas adultas y maduras. Pero al mismo tiempo es un defensor que se enorgullece de su talento de abogado.

El defensor público resuelve este dilema haciendo "lo mejor para el niño". Si considera que su cliente es "un buen chico", hará cuanto pueda porque se renuncie a la acusación, o declarará la culpabilidad a cambio de una advertencia o una sentencia ligera, como la libertad vigilada. Los "malos muchachos" son dados por perdidos. El defensor público asume, como todos los funcionarios del tribunal para menores, que es poco lo que puede hacerse para "ayudar" a estos clientes. Entonces declara su culpabilidad y colabora en su envío a algún reformatorio. Tienen expedientes abultados, cargados de delitos "graves", y es probable que su poco aprovechamiento escolar predisponga en contra suya a los jueces. El defensor público no pierde su tiempo ni desperdicia su crédito con los "malos muchachos", porque un esfuerzo serio por parte suya para ayudarlos sólo redundaría en reducir sus oportunidades con encausados más "dignos".

La determinación de si un cliente es "bueno" o "malo" es capital para la consideración de una causa por el defensor público. ¿Cómo decide aplicar estas etiquetas de criterio? En gran medida, busca criterios que indiquen positivamente la propiedad moral y social. La "maldad" es una categoría residual,[110] aplicada a clientes que no satisfacen los criterios sanos. Su decisión se basa ante todo en la conducta de su cliente y después, en la de sus padres.[111] La raza, la clase y el estatus económico desempeñan un papel mínimo en esa decisión, porque la mayoría de sus clientes son pobres y no son blancos. De todos modos, le interesa la manera de hablar del cliente, el mayor o menor respeto que le manifieste su modo de vestir, y factores sumamente subjetivos como su "simpatía", "personalidad", y hasta dónde podría ser "lindo", "guapo" o "hermoso". Decía uno que había sido defensor público en un tribunal para menores: si el cliente es un "buen muchacho", uno "se saldrá de lo acostumbrado para ayudarlo". Si el cliente está estudiando o trabaja, se le considera digno, al contrario de un "caso perdido" o un individuo sin trabajo. Los padres que trabajan y dan muestras de la "debida" preocupación por su hijo son considerados por el defensor público como tantos positivos. El antecedente de un arresto anterior también tiene gran importancia en la toma de "determinación". Es muy posible que un muchacho con bastante historial sea considerado "bueno" si su puntuación es alta, digámoslo así, en cuanto a los criterios arriba citados. Sin embargo, es un factor negativo en la determinación general. A la inversa, cualquier cliente que no tenga antecedentes es automáticamente considerado "bueno".

Aunque al defensor público le gusta litigar, la abogacía defensora es un artículo poco abundante en el tribunal para menores de Chicago. Las apelaciones son raras y nada realistas, no se permiten los juicios con jurado, el testimonio de la policía raramente es puesto en duda y los testigos suelen ser poco seguros frente a un careo. Además, el defensor público es algo más que un trabajador social o un abogado personales para un cliente individual. Es un "funcionario de la corte" y un empleado del sistema con el que debe laborar día tras día. Como ha observado Abraham Blumberg, "las personas acusadas van y vienen por el sistema general del foro, pero la estructura y sus actuantes ocupacionales permanecen para la prosecución de sus respectivas carreras y siguen siendo una empresa organizacional y ocupacional..."[112] El

---

[110] La idea de "categoría residual" procede de Egon Bittner, "Police Discretion in Emergency Apprehension of Mentally Ill Persons", *Social Problems*, 14, 1967, 278-92.

[111] Para un informe análogo sobre la importancia de la conducta en las relaciones de los menores con la policía véase Irving Piliavin y Scott Briar, "Police Encounters with Juveniles", *American Journal of Sociology*, 70, 1964, 206-14.

[112] Abraham S. Blumberg, "The Practice of Law as a Confidence Game: Organizational Cooptation of a Profession", *Law and Society Review*, 1, junio de 1967, 20.

defensor público está "en el sistema" de muchos modos. Primeramente, es miembro de una comunidad política, aunque en sentido mucho menos significante que los jueces o los fiscales del estado.[113] En segundo lugar, el defensor público es un empleado del condado y se le paga del mismo presupuesto con que se mantiene todo el personal forense. Finalmente, es un empleado de la corte y, como sus contrapartes en el despacho del fiscal del estado, está sometido a la autoridad y las facultades discrecionales de cada juez.

Sus superiores juzgan su comportamiento de muchos modos. Por eso le interesa su "tanteo" —o sea el porcentaje de causas perdidas y ganadas— y "estar trabajando bien". Se espera de él que llegue debidamente preparado al tribunal, que no pida un número poco razonable de aplazamientos, que no ataque innecesariamente a los testigos del estado y que no ofenda a los jueces pidiendo un cambio de tribunal por detrimento de derechos. El defensor público sabe que el modo de estimar su competencia los jueces acabará por llegar hasta su patrón.

El defensor público tiene relaciones informales y amistosas con jueces, acusadores oficiales y alguaciles en el tribunal para menores. Decía uno que había sido abogado defensor que "con todos los del foro se llevaba con cierta familiaridad". Un acusador oficial era amigo personal suyo, y no era infrecuente que el defensor público fuera a almorzar con un grupo de jueces y fiscales. El estar "en el sistema" proporciona al defensor ventajas tácticas, porque no tarda en aprender las idiosincrasias personales de jueces y fiscales. Por ejemplo, "sé que el juez D. tiene una mente de fiscal, pero le he sacado bastantes absoluciones". El defensor está también en consonancia con las cuestiones políticamente delicadas y desea evitar enfrentamientos que redundarían en descrédito de su pertenencia a la comunidad forense. Decía un ex defensor público de un tribunal para menores:

A los jueces no les gusta oír hablar de brutalidad policiaca. Prefiero no manejar causas de este tipo, porque tengo muchos oficiales de policía que prestan testimonio en mi favor. Así he ganado algunas causas. Y no les gustaría hacer eso para un tipo capaz de arremeter contra ellos a la menor oportunidad a propósito de brutalidad policiaca.

Aunque el defensor público acepta la ética redentora del niño que reina en el tribunal para menores, también tiene el problema de manejar montones de causas debidamente [114] y, así lo espera, en forma

---

[113] No es el patrocinio político un requisito necesario para el que aspira a ser defensor público. El oficio es políticamente vulnerable, pero no hace progresar las carreras políticas de sus miembros.

[114] Sobre la expediencia y la eficiencia en el tratamiento de las causas en

justa. Como casi todas las situaciones en que laboran juntas las personas, los lazos informales afectan a la realización de la tarea que se tiene entre manos.[115] Esto es igual en el foro que en una fábrica, una tienda o cualquier otro lugar de trabajo. El defensor público charla a menudo con el juez en la cámara de éste, no de la causa siguiente sino de las vacaciones próximas, no de los problemas que plantea el comportamiento de las pandillas sino de los méritos relativos de los clubes nocturnos citadinos. No es poco razonable que veamos a veces al fiscal del estado abandonar una acusación sin más razón que la conveniencia para su amigo el defensor. Tampoco lo es el que un juez pueda decir a un defensor público: "No hubiera pronunciado la absolución en esta causa si no la estuviera manejando usted." La situación inversa también es cierta. El defensor público obrará de determinada manera como un gesto de amistad para con otro personal forense. Según Blumberg, "el abogado de la defensa tiene muchos más vínculos profesionales, económicos y de otro tipo con los diversos elementos del sistema forense que con sus clientes propios. En suma, el foro es una comunidad cerrada."[116]

Aparte del papel que desempeña esta cooperación en la facilitación del manejo de tanta causa, también hace el conjunto del proceso más tolerable personalmente para todos los que en él intervienen. La interacción forense se enfoca intensamente en la decisión acerca de la vida de otras personas, y esta responsabilidad resulta imposible de conllevar si la norma que subyace a la tarea es el conflicto.[117] Los funcionarios de la curia se ven entre ellos como colegas y no como adversarios, ya que "hay que preservar a toda costa la probabilidad de relaciones e interacciones futuras".[118]

---

el foro véase Jerome H. Skolnick, "Social Control in the Adversary System", *Journal of Conflict Resolution,* 11, 1967, 52-70.

[115] Para discusiones acerca del papel crucial que desempeña la organización "informal" en la conformación de los objetivos de la estructura formal véase Philip Selznick, "An Approach to a Theory of Bureaucracy", *American Sociological Review,* 8, 1943, 47-54, y Peter M. Blau, *The Dynamics of Bureaucracy;* Alvin Gouldner, *Patterns of Industrial Bureaucracy;* Philip Selnick, *T.V.A. and the Grass Roots;* y Julius A. Roth, "Hired Hand Research", *American Sociologist,* 1, agosto de 1966, 190-96.

[116] Blumberg, "The Practice of Law as a Confidence Game", p. 21.

[117] "Los grupos muy unidos donde son frecuentes la interacción y la implicación de elevadas personalidades de los miembros tienen tendencia a suprimir los 'desacuerdos' ", Lewis Coser, *The Functions of Social Conflict,* p. 151.

[118] Blumberg, "The Practice of Law as a Confidence Game", p. 20.

RESUMEN

El sistema de tribunales para menores "personalizaba" la administración de justicia suprimiendo muchos aspectos de procedimiento legal y acercándose al menor "turbulento" en términos medicoterapéuticos. Los funcionarios del tribunal para menores tenían facultad para llegar hasta muchos más jóvenes y enviarlos en creciente número a las instituciones penales. La flexibilidad y la informalidad de estos procedimientos fueron atacadas por moralistas y constitucionalistas; los primeros se preocupaban porque la tolerancia y la ausencia de formalismos judiciales alentaría la falta de respeto por la ley y negaría las funciones ceremoniales de los juicios públicos; los segundos decían que los tribunales para menores infligían castigos sin tomar en cuenta los procedimientos legales ni los derechos del individuo.

El modo de ver de los constitucionalistas prevaleció y dirigió la atención hacia la distinción entre retórica y realidad objetiva de la justicia para los menores. Las circunstancias en que eran detenidos los niños en Illinois no habían cambiado mucho en los últimos sesenta años; ahora como antes se puede criticar el hacinamiento, el mal personal técnico, las prácticas discriminatorias, la brutalidad y la ineficiencia en muchos casos. La opinión del Gault reconocía esas condiciones y proponía la "legalización" de la práctica de los tribunales para menores con el fin de proteger a los jóvenes de procedimientos arbitrarios y básicamente punitivos. El resultado práctico de la causa Gault fue la introducción de los abogados en el foro para menores.

Los abogados privados que laboran en los tribunales para menores son típicamente profesionales de honorarios bajos, que se ganan la vida con cuestiones penales y civiles poco importantes. En la relación ideal entre abogado y cliente, éste pone el pago, la confianza, la dependencia y la gratitud, y el abogado tiene que pronosticar el resultado probable de la causa, realizar competentemente servicios confidenciales, reforzar la capacidad de negociación de un acusado y lograr resultados que sin él no serían posibles.[119] Pero hay muchos peligros ocupacionales nuevos en el tribunal para menores; los clientes menores, por lo general pagan honorarios modestos y poco seguros; la negociación informal y los pleitos negociados tienen poca importancia; los beneficios marginales, como el acceso al personal forense o la prioridad sobre los acusados sin abogado suelen ser negados o tolerados en forma irregular; a menudo se encuentra el abogado con un conflicto de intereses entre el cliente y sus padres; hay que evitar el proceso porque las pro-

---

[119] Erving Goffman analiza la "ocupación de servicio personal" en *Asylums*, pp. 323-86.

babilidades de ganar son pocas; y la vaguedad de las leyes de delincuencia, la poca seguridad del testimonio de los menores y la dificultad de refutar el testimonio de los funcionarios adultos hacen desaconsejable la postura de adversario.

Pocos abogados privados toman causas en el tribunal para menores, y los miembros de los grandes bufetes sólo accidentalmente o por hacer un favor personal manejan causas de menores. Parece probable que el modelo de defensor público de representación se haga sumamente empleado en los tribunales citadinos para menores, y que los abogados nombrados por la corte estén encargados de cumplir las reformas indicadas por la Suprema Corte. Según un estudio del tribunal para menores de Chicago, el defensor público suscribe la ética rehabilitativa del tribunal y de modo semejante busca indicios personales y sociales (conducta, antecedentes escolares, "situación del hogar", etc.) que denoten si el cliente es o no aprovechable. El defensor público coopera con otro personal forense para hacer su trabajo personalmente tolerable y elevar al máximo su eficiencia en el trabajo con los clientes. Esta cooperación no es la antítesis de su papel de abogado defensor, puesto que comparte con él la perspectiva de "hacer lo que sea mejor para los niños".

En este análisis no queremos dar a entender que el defensor público haya sido "cooptado" [120] en una superestructura de tribunal para menores. No es exacto considerar al defensor público como un abogado inmoral que traiciona a sus clientes a cambio de su seguridad personal o de la conveniencia burocrática. Más bien pone en su trabajo nociones de sentido común relativas a la adolescencia y el comportamiento "turbulento". Sus opiniones sobre la juventud y la delincuencia en realidad no difieren de las de otros funcionarios adultos (maestros, trabajadores sociales, oficiales de menores, etc.) encargados de someter a la leyes el comportamiento juvenil. Los menores reciben en el tribunal el mismo tipo de tratamiento que en la escuela o el hogar, o en la calle, y los abogados aceptan esto como consecuencias inevitables y apropiadas de la adolescencia.

Es improbable que los abogados afecten apreciablemente a la experiencia subjetiva de los acusados en el tribunal para menores. Las imperiosas necesidades estructurales en que trabaja el abogado hacen ver claramente a los clientes que no es "su" abogado, dedicado a una defensa de adversario.[121] La relación es por lo general de pasividad

---

[120] Palabra usada especialmente por Blumberg y Lemert.
[121] "Cuando llegamos a la sala, ya estaba allí el abogado. Habló con papá, y papá le dijo que sí señor y mucho sí señor, y parecía como asustado, y trataba de hacer que el hombre creyera que le estaba entendiendo lo que decía. Cuando el abogado llegó y me dijo: ¡Hola, Claude! ¿Cómo estás? y

y dependencia.[122] No es sorprendente que entre los menores, el defensor público pase por una persona de dudosa lealtad para con sus clientes:

Siempre se necesita un abogado. Yo nunca tomaría uno de esos defensores públicos, porque trabajan para la administración... Se reúnen con el juez, reciben su papelito, lo discuten, y deciden lo que se hará con el negro, si le darán seis meses o menos. Nunca hablan con uno más que cuando uno comparece. Lo sacan de la prevención y lo ponen delante del juez y éste hace como que se pone la mano en la boca y susurra: "¿Qué pasó? ¿Cómo declarará usted?" Y uno contesta en tres minutos y después él se va y a uno lo amuelan. Por eso nunca hablaré con un defensor público, porque esos blancos de la corte sólo quieren quitárselo a uno de delante.[123]

Tal vez sea el aspecto más humillante del procedimiento de los tribunales para menores la poca fe que suelen tener los funcionarios en la víctima. El defensor público es sólo uno de tantos empleados que trata de justificar "la apariencia de justicia" y sostener la autoridad del foro, a pesar de las reservas personales que pueda tener. Los clientes juveniles son considerados incluso por sus abogados como seres subordinados y "bestias", poco capaces de apreciar su propio comportamiento y de determinar dónde están sus mejores intereses. La decisión del Gault en sí misma no mejora la capacidad de negociación ni la autonomía de los delincuentes jóvenes. La participación de los abogados en el tribunal para menores es probable que haga el sistema más eficiente y metódico, pero no mucho más justo ni benévolo.

me dio la mano y sonrió tuve la sensación de que habían tirado a Dios del cielo y se fue al diablo la humildad. Y cuando empezó a hablar conmigo, diciéndome esas estupideces que les dicen los blancos a los negritos, con la cara sonriente, y se entiende que los negritos deben contestar a la sonrisa con otra... nada en el mundo hubiera podido convencerme de que aquel mono estaba con nosotros. Ni siquiera éramos personas para él; entonces, ¿cómo diablos se iba a pelear por nosotros? Quise preguntar a papá por qué había ido a buscar a aquel tipo, pero ya sabía por qué. Pensaba él que todos los judíos eran vivos. Me hubiera gustado sacarle todas esas idioteces de la cabeza. Cualquiera podía ver que el mono no era tan inteligente. Lo que pasaba era sencillamente... que tenía suerte; tenía la suerte de que en el mundo hubiera negros tan tontos como mi papá." Claude Brown, *Manchild in the Promised Land*, p. 93.

[122] Richard Korn, "The Private Citizen, the Social Expert, and the Social Problem: An Excursion through an Unacknowledged Utopia", en Bernard Rosenberg, Israel Gerver y F. William Howton, eds., *Mass Society in Crisis*, pp. 576-93.

[123] Entrevista con un joven negro de dieciséis años después de la vista de su causa en el tribunal para menores de Chicago. Esta entrevista está tomada de un proyecto de investigación de los servicios legales en los procesos de menores.

7. NOTA FINAL

En este estudio hemos tratado de revisar las concepciones populares acerca de los orígenes y del carácter de benignidad del movimiento pro salvación del niño. Los redentores del niño de ninguna manera deben ser considerados libertadores ni humanitarios: *1]* sus reformas no anunciaban un nuevo sistema de justicia sino más bien facilitaban las políticas tradicionales que se habían ido desarrollando informalmente en el siglo XIX; *2]* implícitamente asumían la dependencia "natural" de los adolescentes y creaban un tribunal especial para imponer sanciones a la independencia prematura y el comportamiento impropios de los menores; *3]* sus actitudes para con los jóvenes "delincuentes" eran en gran parte paternalistas y románticas, pero sus decretos iban respaldados por la fuerza. Confiaban en la benevolencia del gobierno y suponían análogamente la armonía de intereses entre los "delincuentes" y los organismos de control social; *4]* promovieron programas correccionales que requerían de largos períodos de encierro, largas jornadas de trabajo y una disciplina militar, así como la inculcación de valores de clase media y destrezas de clase baja.

El movimiento pro salvación del niño no fue tanto una ruptura con el pasado como una confirmación de fe en ciertos aspectos de tiempos idos. La autoridad de los padres, la educación del hogar, la domesticidad y los valores rústicos eran subrayados porque en aquel tiempo estaban ya declinando como instituciones. Las premisas normativas de aquellos redentores, como observaba C. Wright Mills de una generación posterior de "patólogos sociales", eran ante todo de orientación rural y jeffersoniana.[1] La participación de mujeres de clase media, conservadoras en política y de prominencia social, en el movimiento redentor sirvió ulteriormente para reforzar un código de valores morales que parecían puestos en peligro por la vida urbana, el industrialismo y el influjo de culturas inmigrantes. En una sociedad urbana que evolucionaba rápidamente y cada vez más compleja, la filosofía redentora representaba una defensa contra las ideologías "extranjeras" y una proclamación de valores favoritos.

A pesar del empuje regresivo y nostálgico del movimiento, generó nuevos roles sociales y profesionales, en especial para la mujer. El

[1] C. Wright Mills, "The Professional Ideology of Social Pathologists", en Bernard Rosenberg, Israel Gerver y F. William Howton, eds., *Mass Society in Crisis*, pp. 92-111.

nuevo empleo de trabajadora social combinaba elementos de un papel antiguo y en parte ficticio —baluarte de la vida familiar— con elementos de otro nuevo: el de mujer emancipada y de carrera con función de servicio social. Al mismo tiempo, el empeño salvador era legitimizado aún más por la urgente influencia de una clase profesional de administradores correccionales que idearon métodos médico-terapéuticos para domeñar y reformar a los jóvenes "delincuentes".

El movimiento redentor tuvo sus consecuencias más directas en los niños pobres urbanos. El hecho de que adolescentes "problema" fueran presentados como "enfermos" o "casos patológicos", de que los aprisionaran "por su propio bien" y les endilgaran un vocabulario paternalista, los exceptuaran de los procesos penales, no modificó las experiencias subjetivas de dominio, restricción y castigo. Como observaba Philippe Ariès en su estudio histórico de la vida familiar europea, es una ironía que la solicitud obsesiva de la familia, la Iglesia, los moralistas y los administradores del bienestar infantil sirviera para privar a los niños de las libertades que anteriormente habían compartido con los adultos, y para negarles la capacidad de iniciativa, responsabilidad y autonomía.[2] La "invención" de la delincuencia consolidó el estatus social inferior y la dependencia de los jóvenes de clase baja.

La ética salvadora del niño motiva todavía programas contemporáneos de lucha contra la delincuencia, aunque su aplicación es de tendencias más duras y aún menos sentimentalistas que hace sesenta años. La decisión del Gault podrá poner coto a las arbitrariedades más escandalosas de los tribunales para menores, pero tendrá poco efecto en el modo de tratar la policía a los menores, la creciente afluencia de causas a la corte, el carácter penal de las instituciones para menores y la agilización mecánica de la justicia en los tribunales inferiores. Las nuevas leyes de tribunales para menores no se ocupan en el problema de los malos tratos de la policía a los adolescentes ni dan remedios de tipo práctico para la humillante instrusión en su vida privada que padecen los jóvenes "predelincuentes".[3] La introducción de

---

[2] Philippe Ariès, *Centuries of Childhood: A Social History of Family Life*, passim.

[3] Joel F. Handler y Margaret K. Rosenheim, "Privacy in Welfare: Public Assistance and Juvenile Justice", *Law and Contemporary Problems*, 31, 1966, 377-412. Según Irving Piliavin y Scott Briar, "la discreción practicada por los oficiales encargados de menores es simplemente una aplicación de la filosofía del tribunal para menores, que dice que en la toma de decisiones en materia legal relativas a menores, debe concederse más valor al carácter y la situación vital del menor que al hecho de su comportamiento transgresor... El problema está en que tales decisiones de tipo clínico no están restringidas por mecanismos comparables a los principios del procedi-

abogados en los tribunales para menores podría mejorar la eficiencia del procedimiento y reforzar la ética de redención del niño. Las autoridades locales no consideran muy conveniente para ellas alentar los programas jurídicos de vecindad que defienden los esfuerzos organizados contra instituciones locales como la policía, las escuelas o las autoridades de beneficencia. Como ha observado Joel Handler "el desarrollo de una buena política social y su debida aplicación son cosas que están más allá de la competencia de muchos abogados... Los campos de batalla decisivos de la dirección social y el control de la escena urbana no serán los procesos contra burócratas ni otros litigios." La actividad generada por la mayoría de las escuelas de derecho y de los programas jurídicos suele hacerse periférica e inaplicable "a medida que se configuran y empiezan a abarcar a las poblaciones citadinas vastos programas públicos".[4]

La creciente preocupación por la delincuencia juvenil y la violencia urbana ha impulsado diversos programas antidelincuencia: enseñanza por el trabajo, excursiones veraniegas y deportes, tutela para individuos fracasados, proyectos de orgullo cívico, etc. La mayoría de estos programas son de temporada, y emplean métodos recreativo-terapéuticos para "calmar los ánimos" y cooptar a los dirigentes militantes de la juventud negra. El objetivo de la salvación ha sido remplazado por un interés más pragmático y perspicaz en la lucha contra la violencia y las rebeliones juveniles. El trabajador social y el de menores no son ya saludados con servilismo pasivo por sus "clientes" de los guetos urbanos. Se han convertido en los "trabajadores en bajos menesteres" de la sociedad, que "cada vez se hallan más atrapados entre la clase media silente, que quiere que hagan sus bajos menesteres y no hablen de ellos, y los objetos de esos bajos menesteres, que se niegan a seguir agachados". Lee Rainwater compara las profesiones de ayuda con "ejércitos de milicianos coloniales [que] hallan su derecho al respeto por su labor atacado a cada paso, y a menudo tienen que llevar a cabo sus tareas cotidianas temiendo por su seguridad material".[5]

Con la surgencia de la militancia negra en los últimos años ha habido un correspondiente endurecimiento de los programas oficia-

miento debido y las reglas de procedimiento que norman las decisiones de policía relativas a delincuentes adultos. Por consiguiente, las prácticas perjudiciales de los oficiales de policía pueden ser menos advertidas en su proceder con los menores que con los adultos", "Police Encounters with Juveniles", *American Journal of Sociology,* 70, 1964, 213-14.

[4] Joel F. Handler, *The Role of Legal Research and Legal Education in Social Welfare,* p. 9.

[5] Lee Rainwater, "The Revolt of the Dirty-Workers", *Trans-action,* 5, noviembre de 1967, 2.

les contra la delincuencia. Unidades de información o espionaje complementan y a veces remplazan a los agentes para menores, y la policía ha creado tácticas de contrainsurgencia para lidiar con las pandillas.[6] Los esfuerzos de autoayuda por los jóvenes urbanos son generalmente desautorizados y raramente intervienen menores en el proceso de toma de decisiones de los "programas para jóvenes".[7] Más que aumentar las oportunidades para el ejercicio de un poder legítimo por parte de los adolescentes, los organismos públicos han optado por una vigilancia más estrecha como medio de reducir las oportunidades para el ejercicio de un poder ilegítimo.[8] Como los jóvenes urbanos tienen pocos medios legítimos de modificar las instituciones que rigen sus vidas, no es sorprendente que haya habido violencia colectiva en la forma de "disturbios" o "motines". Lo sorprendente es que no haya habido más violencia colectiva por parte del grupo menos poderoso y más reprimido de la sociedad norteamericana: el de jóvenes, negros y pobres. A medida que se reduce la diferencia entre desviación o discrepancia social y marginalidad política, se va haciendo más y más necesario averiguar cómo contribuyen los funcionarios públicos y las instituciones oficiales a mantener el estatus social subordinado de los grupos carentes de poder.

Hay una apremiante necesidad de que los académicos y los políticos aprecien que la "delincuencia", aparte de su motivación psicológica y subcultural, es producto del criterio social y la "definición

---

[6] "...la policía ha tratado de ayudar a los menores y de evitar choques con la ley montando programas recreativos, planes de 'hermano mayor', sistemas de envío a organismos de beneficencia, libertad condicional informal e incluso labor social policiaca. Pero estas empresas han declinado en años recientes y hay tendencia a verlas como divergentes respecto de las funciones esenciales de la policía, como la aprehensión de delincuentes, el recobro de propiedades o pertenencias y el mantenimiento del orden público. Esto puede también señalar la creciente desilusión de la policía con los programas más generalizados o comunitarios de prevención de la delincuencia. En algunas ciudades, la policía está en marcada discordancia con los organizadores de tales proyectos de comunidad sobre la cuestión de mantener la autonomía de las pandillas del vecindario. Adoptan un punto de vista hostil a la derivación de tales grupos hacia empresas más manejables, en general prefieren desbaratarlos", Edwin M. Lemert, "Juvenile Justice—Quest and Reality", *Trans-action*, 4 julio de 1967, 32:

[7] La oposición de la policía local a la autonomía y el potencial de poderío político de la pandilla de los Blackstone Rangers en Chicago provocó una averiguación por el Senado de la malversación de fondos federales "de pobreza" en junio de 1968. El acoso de los Blackstone Rangers por la policía está documentado por Robert A. Levin en "Gang-Busting in Chicago", *The New Republic*, 1 de junio de 1968, pp. 16-18.

[8] Gerald Marwell, "Adolescent Powerlessness and Delinquent Behavior", *Social Problems*, 14, 1966, 35-47.

por el procedimiento"[9] que hacen los funcionarios públicos. Hay todavía renuencia por parte de los investigadores a averiguar cómo se distribuye e impone la etiqueta de "delincuente" en la cultura de los jóvenes. Este descuido se debe en gran parte a la influencia positivista y la tradición erudita-técnica en el estudio de los problemas sociales. El incremento de la investigación de "multiversidad"[10] y "determinada por un organismo" ha dado mayor respetabilidad a los modos de ver de "ingeniería de métodos", sobre todo en el campo de los correctivos.[11] De acuerdo con esto, buena parte de lo que pasa por "investigación" erudita tiende a esquivar las cuestiones que podrían entrañar críticas a los funcionarios y administradores correspondientes y en su lugar se desvían hacia la facilitación del funcionamiento uniforme y sin problemas de los sistemas establecidos.

[9] La noción de *procedural definition* la ha expuesto David Sudnow en *Passing On: The Social Organization of Dying*. Véase también John I. Kitsuse y Aaron V. Cicourel, "A Note in the Uses of Official Statistics", *Social Problems*, 11, 1963, 131-39.

[10] Clark Kerr, *The Uses of the University*. La falta de investigación competente en estos campos se debe también a la no disponibilidad de fondos si se compara, por ejemplo, con la investigación que se realiza sobre la defensa y la seguridad nacional. Aproximadamente 15% del presupuesto anual del Departamento de Defensa está destinado a investigación, mientras el egreso total federal para la lucha contra la delincuencia es de 1% (Comisión del Presidente sobre Aplicación de la Ley y Administración de la Justicia, *The Challenge of Crime in a Free Society*, p. 273).

[11] Herbert Blumer, "Threats from Agency-Determined Research: The Case of Camelot", en Irving Louis Horowitz, ed., *The Rise and Fall of Project Camelot*, pp. 153-74.

POSDATA, 1977

Cuando se terminó esta obra, a fines de los sesenta, empezaban a producirse cierto número de hechos importantes en la organización y el funcionamiento de los tribunales para menores. Comenté con cierto detenimiento un aspecto de aquella evolución —la introducción del procedimiento debido— y especulé en torno a la razón de su ineficacia. Ahora, casi un decenio después, la justicia para menores otra vez es noticia,[1] y hay ya mucho más material probatorio con que evaluar las medidas recientes. Pero a fin de entender el fracaso de estas aparentes reformas, conviene entender antes la crisis política y económica que las motivó. Tres son los aspectos fundamentales de la crisis.

El primero es que durante los sesenta hubo una serie de rebeliones explosivas y vastas protestas de masa contra el racismo y la explotación en la patria y el militarismo norteamericano y la intervención en el extranjero. Los movimientos pro derechos cívicos, de los estudiantes, el antibelicismo y los femeninos atacaban a la desigualdad y la pobreza y hacían ver la contradicción entre la gran miseria y el despilfarro por una parte y la enorme concentración de riqueza y poder en una pequeña minoría por la otra. Además de esta penetrante oposición al sistema capitalista estaba empezando, en 1964, una serie de motines cada vez más belicosos en los guetos urbanos de Watts, Detroit, Chicago, Cleveland, Washington, D.C. y Nueva York. En estas revueltas había un alto nivel de participación de jóvenes negros, sobre todo de edades entre 15 y 24 años, que protestaban contra la brutalidad policiaca, las escuelas insuficientes y las escasas perspectivas de trabajo.[2] Uno de los aspectos más importantes de esta reanimación de la militancia negra en los sesenta fue la mayor conciencia política de los jóvenes, que empezaron a formar organizaciones culturales en las escuelas secundarias, a formar organizaciones juveniles en las organizaciones políticas y a exigir un grado mayor de autonomía y libertad respecto de la auto-

---

[1] Son típicos del gran interés de los medios masivos "Children and the Law", *Newsweek,* 8 de septiembre de 1975, pp. 66-72, y "Coming: Tougher Approach to Juvenile Violence", *U.S. News & World Report,* 7 de junio de 1976, pp. 65-67.

[2] Véase, por ejemplo, Robert M. Fogelson y Robert B. Hill, "Who Riots?: A Study of Participation in the 1967 Riots", *Supplemental Studies for the National Advisory Commission on Civil Disorders,* Washington, D.C., Government Printing Office, 1968, pp. 221-48.

ridad arbitraria. En Chicago y Nueva York se produjeron en 1968 boycotts estudiantiles masivos en apoyo de demandas como el control de la educación por la comunidad y días festivos en las escuelas para conmemorar el nacimiento de Martin Luther King, Jr., Malcolm X y W.E.B. DuBois.[3]

El segundo fue, durante los sesenta, un continuo aumento en la delincuencia corriente "callejera", acompañado por un clima bastante generalizado de peligro, miedo e inseguridad personal. Esta alarma ante la delincuencia se agravaba por la creciente conciencia de la ineficacia, la corrupción y la brutalidad del sistema de justicia penal, en particular su policía y sus prisiones. Entre 1969 y 1974 aumentaron los casos graves en 48%, y la tasa total de crímenes en 95%, según las estadísticas del FBI.[4] No sólo se había incrementado seriamente la actividad criminal en el último decenio sino que es evidente que los pobres, y notablemente los negros urbanos, tienen las tasas más elevadas de víctimas.[5]

Finalmente, ha habido un profundo deterioro en las condiciones económicas en los sesenta. La crisis fiscal, precipitada por la derrota de Estados Unidos en Vietnam pero causada por inestabilidades sistémicas en la economía capitalista mundial, ha tenido serias consecuencias en el gasto del sector público y el incremento del desempleo.[6] La inflación, los despidos y las aceleraciones en la producción, y las reducciones en el sector estatal (educación, beneficencia, atención a los niños, servicios de salud, etc.) han incidido en los trabajadores y en forma más dura especialmente en las minorías nacionales. Sin tomar en cuenta el más de medio millón de jóvenes de uno y otro sexo que no iban a la escuela ni estaban "buscando activamente" trabajo en 1970, el desempleo para los jóvenes de 16 a 19 años era mayor del 15%, más de tres veces el promedio nacional. Mas para los negros urbanos, el desempleo comparable alcanzó una tasa aproximada de

[3] Jerome H. Skolnick, ed., *The Politics of Protest*, Nueva York, Simon and Schuster, 1969, pp. 162-71.

[4] Centro de Estudios de Seguridad Nacional, *Law and Disorder IV*, Washington, D.C., Center for National Security Studies, 1976, p. 3.

[5] Departamento de Comercio de Estados Unidos (Oficina del Censo), *The Social and Economic Status of Negroes in the United States*, 1970, Washington, D.C., Government Printing Office, 1971, pp. 102-4. Véase también el editorial "The Politics of Street Crime" de *Crime and Social Justice*, núm. 5, primavera-verano de 1976, pp. 1-4.

[6] Véase, por ejemplo, James O'Connor, *The Fiscal Crisis of the State*, Nueva York, St. Martin's Press, 1973; y Eric Hobsbawm, "The Crisis of Capitalism in Historical Perspective", *Socialist Revolution*, núm. 30, octubre-diciembre de 1976, pp. 77-96.

50%.[7] Para decirlo de otro modo, en 1969 aproximadamente uno de cada cuatro jóvenes de minorías estaba sin trabajo, el doble por lo menos de la tasa para los blancos.[8]

Todos estos hechos hacían muy notorio el sistema de la justicia penal, y permitían ver claramente su efectividad como instrumento de control social. La brutalidad e ineficacia de la policía al tratar de sofocar las revueltas urbanas, su incapacidad para reducir la tasa de criminalidad, que subía en espiral, y aliviar las inseguridades públicas, las "reacciones exageradas", ampliamente dadas a la publicidad, de la policía y la Guardia Nacional ante los movimientos negro, estudiantil y contra la guerra, la acumulación de causas y su apresurada tramitación en los tribunales, y las revelaciones acerca de las inhumanas condiciones existentes en cárceles y prisiones... todo ello no sólo revelaba el mal funcionamiento del sistema de justicia penal como instrumento de represión, sino que también contribuyó a hacer declinar la autoridad del gobierno.[9] Con una creciente crisis política y económica —el deterioro de las condiciones económicas y el creciente descontento con el sistema establecido— en años recientes ha habido para el sistema de justicia penal "una movilización sin precedentes de la energía y los recursos de los gobiernos locales y federales, las universidades, las fundaciones corporadas, y los grupos interdisciplinarios de trabajo en un esfuerzo masivo para idear estrategias y formas de organización más efectivas y refinadas."[10]

Frente a esta crisis en los aspectos técnicos y hegemónicos del control social se crearon varias comisiones con gente de primera en los niveles nacional y local para investigar el problema y recomendar soluciones. Dominadas por representantes de corporaciones y de ideología liberal, estas comisiones formularon y trataron de racionalizar una serie de estrategias "contra el crimen" en que se combinaban explícitamente los programas coercitivos con las reformas de mejora y se acentuaban especialmente las formas y técnicas organizacionales tomadas de la industria y el ejército.[11] Se hacían recomendaciones para modernizar la capacidad represiva del sistema de justicia penal mediante la aplicación de una tecnología muy moderna (por ejemplo, un

[7] Robert B. Carson, "Youthful Labor Surplus in Disaccumulationist Capitalism", *Socialist Revolution*, núm. 9, mayo-junio de 1972, pp. 37, 40.

[8] Departamento de Comercio de los Estados Unidos, *Social and Economic Status of Negroes*, p. 49.

[9] Lynn Cooper *et al.*, *The Iron Fist and the Velvet Glove: An Analysis of the U.S. Police*, Berkeley, Center for Research on Criminal Justice, 1975, en especial el cap. 2.

[10] *Ibid.*, p. 30.

[11] *Ibid.*, pp. 32-37; y Anthony Platt, *The Politics of Riot Commissions*, Nueva York, Macmillan, 1971.

sistema nacional de computadoras), la creación de unidades "tácticas" de policía (por ejemplo, el SWAT) y nuevos procedimientos de punición (por ejemplo, manipulación del comportamiento) y la acumulación de armamentos e ingenios (por ejemplo, gases antimotines, helicópteros, tanques).[12] Entre las estrategias más benévolas de afirmación de autoridad había programas de relaciones con la comunidad (o sea públicas), oficinas de diversión y servicio para la juventud, así como una obediencia mínima a los procedimientos de proceso debido.

La aplicación de estas propuestas de la policía se facilitó con la ley de Omnibus Crime and Safe Streets de 1968, que creaba un programa federal de lucha contra el crimen en el Departamento de Justicia, a cargo de la LEAA (Law Enforcement Assistance Administration o Administración de Asistencia para el Cumplimiento de la Ley). Desde su creación en 1968, la LEAA ha gastado más de 4 400 millones de dólares y se ha convertido en uno de los organismos de más rápido crecimiento del gobierno federal. El presupuesto casi se ha multiplicado por doce: de 64.5 millones de dólares en 1969 a más o menos 770 millones en 1974.[13] Si bien los fondos para la LEAA sólo representan un pequeño porcentaje de los egresos generales en el sistema de justicia penal, han desempeñado un importante papel en la estimulación y el subsidio del desarrollo en los gobiernos estatales y locales. Entre 1971 y 1974, por ejemplo, los gastos para el sistema de justicia penal en todos los niveles del gobierno ascendieron continuamente, de 10 500 millones de dólares a 15 000 millones, o sea un incremento de 42.2%, y el número de empleados de justicia penal aumentó aproximadamente 17%, de 862 000 a más de 1 millón en un período comparable.[14] La tasa de egresos en justicia penal ha estado aumentando durante cosa de 20 años, y aún más rápidamente en la última década. En 1955, el gasto oficial en el sistema de justicia penal ascendió a la mitad aproximadamente de 1% del PNB; en 1965, la tasa había aumentado a dos tercios de 1%. Y para 1971, el gasto del gobierno en este sector era aproximadamente 1% del PNB y la tasa de incremento desde 1966 era más o menos cinco veces lo que había sido en la década anterior.[15]

Recientes estudios autorizados, basados en datos empíricos recogidos por toda la nación, indican que esta masiva inversión en el aparato de justicia penal no ha reducido la delincuencia ni ha mejorado la

[12] Lynn Cooper, *Iron Fist*, cap. 3.
[13] Centro de Estudios de Seguridad Nacional, *Law and Disorder IV*, p. 3.
[14] Departamentos de Justicia y de Comercio de los Estados Unidos, *Trends in Expenditure and Employment Data for the Criminal Justice System, 1971-1974*, Washington, D.C., Government Printing Office, 1976, p. 3.
[15] Lynn Cooper, *Iron Fist*, p. 7.

calidad de la justicia. Según una evaluación sistemática de la LEAA por el Centro de Estudios de Seguridad Nacional,

> las pruebas son abrumadoras: el gobierno federal ha aumentado grandemente sus gastos para combatir la delincuencia, pero estos egresos no han tenido por efecto la reducción del crimen. No sólo ha fracasado el programa de la LEAA para detener las crecientes tasas de delincuencia, sino que los encargados del programa no han determinado todavía los pasos o medidas a tomar para lograr esa meta.[16]

A partir de 1972, la LEAA ha ido invertiendo 160 millones de dólares en ocho ciudades (Atlanta, Baltimore, Cleveland, Dallas, Denver, Newark, St. Louis y Portland) con la mira de reducir los casos graves 5% en dos años y 20% en cinco años. Salvo en dos de estas ciudades, donde hubo poco cambio, las tasas de criminalidad (registradas por el FBI) en las otras seis ciudades aumentaron considerablemente.[17] Un examen más perfeccionado y preciso de las víctimas de la delincuencia en toda la nación no arrojó un cambio importante en las tasas de victimación de delitos con violencia, con tasas ligeramente superiores para los delitos contra la propiedad entre 1973 y 1974, período en que se entendía que el programa de la LEAA había tenido el máximo impacto.[18]

La delincuencia juvenil ha sido un objetivo especial de la acción gubernamental en la última década, pero los fracasos de los programas de lucha contra la criminalidad adulta se han duplicado. Aproximadamente 2 millones de dólares, o 12%, del programa anual de la LEAA para reducir el crimen en las ocho ciudades "de impacto" se consagraron a la lucha contra la delincuencia. Aunque este dinero se empleaba principalmente para subsidiar o ensanchar los programas existentes, no hubo reducción de la criminalidad. La mala administración, el insuficiente planeamiento y los enfoques superficiales de problemas hondamente arraigados alentaban la general y cínica capitulación ante el fracaso. El Centro para Estudios de Seguridad Nacional concluía lo siguiente:

> Aunque la LEAA subrayó la importancia del apoyo de la comunidad sobre una base amplia para el programa... la mayor parte de la planificación se hizo a puerta cerrada; el programa era de cabo a rabo por

---

[16] Centro para Estudios de Seguridad Nacional, *Law and Disorder IV*, p. 4.
[17] *Ibid.*, p. 30.
[18] Departamento de Justicia de Estados Unidos, *Criminal Victimization in the United States: A Comparison of 1973 and 1974 Findings*, Washington, D.C., Government Printing Office, 1976.

orden del ejecutivo. En varias ciudades, una o dos personas tomaban todas las decisiones, aunque los 20 millones de dólares en otorgamientos eran la mayor entrada de fondos federales habida en las ciudades. Los grupos comunitarios de diversas ciudades sabían poco o nada del programa.[19]

Aparte del fracaso de estos programas para reducir la delincuencia, hay considerables pruebas de que el sistema de justicia para menores en años recientes se ha ido volviendo más represivo, más intrusivo en la vida de los jóvenes de la clase trabajadora e incluso más insensible a las necesidades de la comunidad. Algunos reformadores habían esperado que la "domesticación constitucional" del tribunal para menores y el encaminamiento de los delincuentes menos hacia oficinas de servicio para la juventud y otros servicios comunitarios mejorarían mucho la calidad de la justicia. Pero no ha sido así. La introducción del proceso debido en el tribunal para menores no ha afectado a la aceleración mecánica de la justicia en la corte baja ni al carácter penal de las instituciones para menores.[20] Según el informe final del National Assessment of Juvenile Corrections,

no ha habido ninguna revolución en la aplicación del proceso debido en los tribunales para menores. Muchos jueces coinciden en que los derechos de los menores deberían ser reconocidos y protegidos, pero están mucho menos de acuerdo en cómo y hasta dónde han de cumplirse las salvaguardias... Apoyaron el acatamiento *formal* más que el *pleno* y *sustantivo*.[21]

Los esfuerzos para "apartar" a los delincuentes juveniles de la influencia estigmatizadora del tribunal para menores y llevarlos a organismos de servicio local han servido, al parecer, para reforzar los programas existentes o bien para aumentar la vigilancia y el control estatales. Según una reciente evaluación nacional del "encaminamiento" de los menores, es "dudoso que éste, como minimización de la penetración [o sea del control], produzca mucho efecto en la realidad subjetiva de un menor que experimenta procesos *informales*... Muchos jóvenes consideran el proceso bastante formal para ellos."[22] Este estudio, aunque provisional y exploratorio, predice que la diversión bien

[19] Centro de Estudios de Seguridad Nacional, *Law and Disorder IV*, p. 108.
[20] Véase cap. 6.
[21] Rosemary Sarri y Yeheskel Hasenfeld, eds., *Brought to Justice?*, Ann Arbor, National Assessment of Juvenile Corrections, 1976, pp. 205-6.
[22] Andrew Rutherford y Robert McDermott, *Juvenile Diversion*, Washington, D.C., Government Printing Office, 1976, pp. 25-26.

podría aumentar el número de jóvenes sometidos por el estado a sus leyes, siquiera en la forma "informal" de las entidades de beneficencia.[23] Otra investigación, realizada por el National Assessment of Juvenile Corrections, llega a conclusiones semejantes. Comentando el peligro del "encaminamiento" como forma de "apariencia retórica o mera manipulación burocrática", el informe concluye que

la índole caprichosa del encaminamiento ha producido una proliferación de unidades y programas sin generar un examen más detenido de si el sujeto juvenil de toda esta atención está recibiendo mejor tratamiento. Es muy posible que el personal participante haya renovado la terminología y los procedimientos sin modificar seriamente lo que se le hace al menor.[24]

Mientras las reformas supuestamente correctivas se han ido deteriorando rápidamente para convertirse en un fracaso desorganizado, los aspectos coercitivos y represivos del sistema de tribunales para menores han sido reforzados. El encarcelamiento de los jóvenes ha pasado algo del nivel estatal al local,[25] pero la tasa de encarcelamiento ha aumentado, y sus víctimas han sido principalmente las muchachas y las minorías. "Hay algunas pruebas provisionales", comenta Rosemary Sarri, "que indican que el encarcelamiento de los menores ha ido en aumento en los últimos cinco años, después de un largo período de gradual declinación, desde principios del siglo pasado." [26] En un estudio realizado por el Consejo Nacional de Crimen y Delincuencia se descubrió que cerca de 90 000 jóvenes pasaron algún tiempo en las cárceles para adultos en 1965. En un estudio más sistemático del Departamento de Justicia se informaba que había 7 800 menores encarcelados en determinado día de marzo de 1970. Pero según la estimación más reciente, "es probable que hasta 500 000 menores pasen por las cárceles locales para adultos cada año en los Estados Unidos".[27] Además había 500 000 menores en instalaciones de detención y otros 85 000 en diversas instituciones correccionales en 1971. Es decir, bastante más de un millón de jóvenes son aprisionados anualmente, lo que da a los

---

[23] *Ibid.*, p. 42.
[24] Donald R. Cressey y Robert A. McDermott, *Diversion from the Juvenile Justice System,* Ann Arbor, National Assessment of Juvenile Corrections, pp. 59, 62.
[25] Robert D. Vinter, George Downs y John Hall, *Juvenile Corrections in the States: Residential Programs and Deinstitutionalization,* Ann Arbor, National Assessment of Juvenile Corrections, 1975.
[26] Rosemary C. Sarri, *Under Lock and Key: Juveniles in Jails and Detention,* Ann Arbor, National Assessment of Juvenile Corrections, 1974, p. 1.
[27] *Ibid.*, pp. 4-5.

Estados Unidos la tasa más alta de aprisionamiento de todas las "naciones industrializadas de que se tienen datos".[28]

Además, el National Assessment of Juvenile Corrections descubrió en 16 estados, como muestra, que la población de los reformatorios comprendía 33% de jóvenes negros y 8% de norteamericanos nativos.[29] Según este estudio, los menores aprisionados proceden en número desproporcionado de la clase trabajadora y las minorías, y las muchachas tenían más posibilidades que los muchachos de estar en cuestodia antes o después de la vista de su causa, aunque en su inmensa mayoría no habían cometido ninguna falta grave.[30] Este racismo y sexismo institucional se complican por el hecho de que el personal de justicia para menores es desproporcionadamente blanco y varón.

Los problemas de racismo y sexismo no sólo se manifestaban en las tasas de condena y las formas de procedimiento sino también en la seria subrepresentación de los grupos minoritarios y de las mujeres entre los miembros de los tribunales para menores, pero si se preguntaba qué se estaba haciendo para aliviar tales problemas, pocos tribunales comunicaban que se estuviera haciendo algo sustancial con el fin de que cambiara el estado de cosas.[31]

Finalmente, para los jóvenes que entran en contacto con el tribunal para menores hay todo tipo de indicios de que la experiencia sigue siendo tan humillante y aisladora como solía ser en el pasado. Más o menos 50% de todos los enviados al tribunal para menores no obtenían absolutamente ningún servicio específico, y, una vez en el sistema del tribunal para menores, tenían aún menos oportunidades de ponerse en contacto con organismos de la comunidad. "Los niños que están en la jurisdicción del tribunal es probable que sean lanzados a un pozo muy angosto y limitado de servicios judiciales y queden excluidos de una gran variedad de servicios de la comunidad para menores, precisamente en el momento en que necesitan acceso a los más servicios posibles."[32] Como decían los autores, bastante desilusionados, del National Assessment of Juvenile Corrections, "es notable la limitación de las demandas de responsabilidad de los tribunales para menores y cuán pocos son los mecanismos efectivos de inspección que existen... Se tra-

---

[28] *Ibid.*, pp. 64-65.
[29] Robert D. Vinter, ed., *Time Out: A National Study of Juvenile Correctional Programs,* Ann Arbor, National Assessment of Juvenile Corections, 1976, p. 25.
[30] *Ibid.*, p. 201; Sarri, *Under Lock and Key,* p. 65.
[31] Sarri y Hasenfeld, *Brought to Justice?,* p. 208; Vinter, *Time Out,* p. 201.
[32] Sarri y Hasenfeld, *Brought to Justice?,* p. 95.

ta de un sistema donde es sumamente probable que no se oigan mucho las voces de aquellos a quienes pretende servir." [33]

Y así, el cuadro que empecé a esbozar en los últimos sesenta ha quedado claro y bien definido mediados los setenta. El movimiento pro salvación del niño de la era progresiva ha formado un enorme aparato burocrático que se ha despojado del poco contacto que tenía antes con las organizaciones de la comunidad y los filántropos bienintencionados, y trata de ejercer una serie de funciones represivas y de beneficencia. En años recientes, debido a una profunda crisis política y económica, se han invertido grandes cantidades de dinero y otros recursos en el sistema de justicia para los menores con la mira de centralizar, estandarizar y diversificar sus operaciones. En un tiempo en que ha habido serias reducciones en todos los servicios sociales, el sistema de justicia penal ha recibido más fondos y subsidios que en cualquier otro tiempo de su historia. Con la más elevada tasa de desempleo desde la depresión, el creciente descontento y la resistencia en los guetos y barrios latinos y el abundante pesimismo acerca del sistema político existente, esta expansión y este perfeccionamiento del aparato represivo no tiene nada de sorprendente. Decir, como hacen algunos críticos liberales, que el sistema de tribunales para menores no ha logrado reducir la delincuencia, rehabilitar a los delincuentes ni reforzar el sentido de justicia no es atinado, porque es dar por supuesto, indebidamente, que el tribunal para menores estaba hecho para cumplir tales cosas o que era capaz de cumplirlas. Y por otra parte, si el sistema de estos tribunales se considera como un instrumento de opresión racial y de clase, que aparece en un período concreto del desarrollo histórico de esta sociedad para sujetar a reglas a los hijos de la clase trabajadora urbana y para plegarlos a las realidades y la disciplina de la vida industrial con el capitalismo avanzado, sus "fracasos" no son sorprendentes. Para decirlo de otro modo, es imposible concebir el sistema de tribunales para menores como un organismo de "rehabilitación" y de igualdad social en una sociedad donde la mayoría de los jóvenes de la clase obrera y las minorías son encarrilados hasta puestos de salario bajo o callejones sin salida, donde el racismo y el sexismo institucionales segmentan sistemáticamente a la gente en relaciones sociales antagónicas, y donde el sistema de justicia penal se utiliza descaradamente para socavar y reprimir los movimientos políticos progresistas.

[33] *Ibid.*, p. 215.

APÉNDICE

LA RESPONSABILIDAD CRIMINAL DE LOS NIÑOS

En la literatura de la justicia para menores se ha creado la impresión general de que antes de las reformas del movimiento redentor del niño se trataba a los niños como si fueran adultos.[1] La creación del tribunal para menores suele presentarse como una importante victoria de la ilustración sobre las fuerzas de la opresión y la ignorancia.[2] La popularidad de este mito puede atribuirse a la falta de erudición empírica en la historia del derecho penal norteamericano y a la tendencia de muchos autores a considerar la historia judicial y penal desde un punto de vista evolucionista. El modo contemporáneo de ver el tribunal para menores sufre de una interpretación sentimental de la historia, para acomodarse a las explicaciones progresivas de cómo se "civilizan" los problemas sociales.

De todos modos, los salvadores del niño creían que el tribunal para menores concordaba con los valores jurídicos tradicionales, y aducían incluso que era la evolución lógica de la jurisdicción imparcial de las cortes, legitimando así sus reformas por referencia a las doctrinas establecidas.[3] Si el tribunal para menores hubiera sido tan "radical" como han indicado algunos autores, es improbable que los salvadores del niño hubieran podido reclutar el apoyo político y profesional de las asociaciones del foro estatal y local. Parece más justo describir el

---

[1] Herbert H. Lou, *Juvenile Court in the United States, passim;* Timothy D. Hurley, *Origin of the Illinois Juvenile Court Law, passim;* Katherine Louise Boole, *The Juvenile Court: Its Origin, History and Procedure,* cap. 1; Julian W. Mack, "The Juvenile Court", *Harvard Law Review,* 23, 1909, 104-22; y casi cualquier texto de criminología. Las críticas a esta posición son muy pocas, pero véase Wiley B. Sanders, "Some Early Beginnings of the Children's Court Movement in England", *National Probation Association Yearbook,* 39, 1945, 58-70, y B.E.F. Knell, "Capital Punishment: Its Administration in Relation to Juvenile Offenders in the Nineteenth Century and its Possible Administration in the Eighteenth", *British Journal of Delinquency,* 5, 1965, 198-207.

[2] "Al alborear el siglo xx, la idea de tribunal para menores avanza con el principio de que el hombre puede osar quitar a la justicia la venda para que las partes puedan verse como seres humanos con sus fortalezas y flaquezas individuales, y personalizando la justicia", Gustave L. Schramm, "The Juvenile Court Idea", *Federal Probation,* 23, septiembre de 1949, 19-20.

[3] Paul W. Tappan, *Juvenile Delinquency,* p. 169.

tribunal para menores como una institución especializada que ejecutó las políticas jurídicas tradicionales con más eficiencia y flexibilidad.

El siguiente material de casos arroja alguna luz sobre cómo trataban a los niños los tribunales para menores en el siglo XIX. La evidencia tiende a refutar algunos de los relatos más sensacionales de opresión judicial. Las historias populares modernas de la criminalidad y el derecho penal en Inglaterra han descrito con detalles gráficos la inflicción de brutales castigos a los niños de tierna edad.[4] Muchos escritores han citado casos decimonónicos bien conocidos de la ejecución de niños menores de catorce años. Arthur Koestler comunica que en 1801 Andrew Branning, de trece años de edad, fue ahorcado públicamente por meterse en una casa y robar una cuchara. También anota que en 1808, Michael Hammond, de once años, y su hermana, de siete, fueron ahorcados públicamente en Lynn.[5] Además, Leon Radzinowicz ha documentado mejor el hecho de que en 1814 "fueron sentenciados a muerte en la Old Bailey cinco niños, el menor de ocho y el mayor de doce años... En algunos casos las sentencias de muerte eran ejecutadas verdaderamente; y así fue ahorcado en Newport un niño de nueve años por robo."[6] Según Koestler, un niño de nueve años fue ahorcado públicamente en Chelmsford en 1831 por haber prendido fuego a una casa, y otro de trece fue ejecutado en Maidstone.[7] Finalmente, Radzinowicz dice que en 1833 fue sentenciado a ahorcamiento un niño de nueve años por meter un palo por la ventana rota de una tienda y sacar tinta de imprenta por valor de dos peniques.[8] Según una autoridad destacada, "antes de la era victoriana, la ejecución de un niño no era un hecho nada insólito".[9]

Los cinco casos usualmente citados en libros y periódicos son los que damos en el cuadro 1. B.E.F. Knell examinó recientemente la prueba que indica que estos cinco niños fueron ejecutados. En primer lugar descubrió que Andrew Branning no fue ejecutado sino transportado a Nueva Gales del Sur para toda la vida. Los acusados 2 y 3 ciertamente no fueron ejecutados en el siglo XIX y acaso no lo fueran tampoco en el XVIII, que es cuando en realidad se vio su causa. La

[4] Véase, por ejemplo, Christopher Hibbert, *The Roots of Evil*, que es típico de las historias populares de la criminalidad.

[5] Arthur Koestler, *Reflections on Hanging*, p. 21.

[6] Leon Radzinowicz, *A History of English Criminal Law and its Administration from 1750: The Movements for Reform 1750-1833*, p. 14.

[7] Koestler, *Reflections on Hanging*, p. 15.

[8] Radzinowicz, *History of English Criminal Law*, p. 14. Véase también Gerald Gardiner, "The Judicial Attitude to Penal Reform", *Law Quarterly Review*, 65, 1949, 196.

[9] James B. Christoph, *Capital Punishment and British Politics*, Londres, George Allen and Unwin Ltd., 1962, p. 15.

CUADRO 1. *Casos supuestos de ejecución de niños en Inglaterra*

CASO	EDAD	DELITO	AÑO	SENTENCIA
1] Andrew Branning	13	Fractura y allanamiento con robo de una cuchara	1801	Muerte
2] Michael Hammond	11	Crimen	1808	Muerte
3] Hermana de Hammond	7	Crimen	1808	Muerte
4] Un niño	9	Incendio	1831	Muerte
5] John Bell	13	Crimen	1831	Muerte

FUENTE: B. E. F. Knell, "Capital Punishment", *British Journal of Delincuency,* 5, 1965, 200.

fecha exacta de su juicio fue 1708 y no 1808, y no hay pruebas terminantes de que se llevara a cabo la ejecución. Knell halló en una historia decimonónica de la ciudad de Lynn lo siguiente: "En 1708, según uno de nuestros informes manuscritos de la época, dos niños fueron ahorcados aquí por crimen o delito grave, uno de once y otro de sólo siete años de edad; y *si esto es cierto,* indicaría una depravación muy temprana y repugnante en los ejecutados, así como un insólito y excesivo rigor por parte de los magistrados en la inflicción de la pena capital." En cuanto al caso número 4, en los periódicos de la época no se menciona semejante ejecución. Escribe Knell:

En un registro más fuerte, de haberse llevado a cabo esta ejecución, hubiera debido hallarse un informe de ella en el *Registro criminal* del condado de Essex. En este registro sólo se consignan dos casos de incendio para el año en cuestión. En uno de estos casos no hubo proceso y, en cuanto al otro, el incendiario era un adulto. En vista de estos hechos, parece improbable que un niño de nueve años fuera ahorcado en Chelmsford en 1831.

De los cinco casos, sólo la sentencia de muerte de John Andy Bird Bell se llevó a cabo definitivamente. Knell halló informes de la ejecución en *The Times* y *The Kent and Essex Mercury,* ambos fechados el 2 de agosto de 1831. Había sido juzgado Bell por el asesinato de un muchacho al que había asaltado y muerto en un bosque. A las pocas semanas confesaba el asesinato, fue juzgado y condenado a muerte, a pesar de la recomendación de gracia del jurado. Al lunes siguiente al juicio era conducido a la horca. "Después de serle ajustada la cuerda al cuello exclamó con firme y fuerte voz: 'Ruego al buen Señor que se apiade de nosotros. Todos los que me ven se den por advertidos'." La ejecución "se llevó a cabo sobre la casilla del llavero de la cárcel", y debido a la "tierna edad del reo, que no alcanzaba a catorce años" y a "las circunstancias en que se había perpetrado el crimen" se reunió allí "un inmenso concurso de gente para presenciar el triste espectáculo".[10]

Aunque el derecho penal del siglo XIX en Inglaterra contiene informes de niños menores de catorce años ejecutados por crímenes, no hay indicios de que se tratara de una práctica regular. Al contrario, parece ser que la severidad de la ley era mitigada *1*] haciendo cargos menores a los niños, *2*] negándose a procesar a niños, y *3*] negándose a declarar convicto a un niño en casos en que había la posibilidad de la pena de muerte. También solía recurrirse al real perdón para salvar a los niños de la muerte cuando todas las demás medidas habían fallado.[11] Knell examinó los expedientes del tribunal de la Old Bailey y descubrió que entre 1801 y 1836 habían sido sentenciados a muerte 103 niños. "De estos 103, ninguno fue ejecutado. Prácticamente, el delito era el robo en todos los casos. Ninguno fue convicto de asesinato. Por eso, en el caso de los niños, cuando se trataba de hurto, la ley era para todos los fines prácticos letra muerta." [12]

CUADRO 2. *Número y edad de los delincuentes juveniles sentenciados a muerte entre 1801 y 1836, con sus respectivos delitos*

Edad	Fractura y allanamiento	Robo en una casa	Ratería en una tienda	Hurto con violencia	Robo de un caballo	Defraudar con moneda falsa	TOTAL
7	0	0	0	0	0	0	0
8	1	0	0	0	0	0	1
9	2	0	2	0	0	0	4
10	2	0	2	1	0	0	5
11	7	4	1	0	0	0	12
12	14	7	2	1	3	0	27
13	27	20	2	2	1	2	54
TOTAL	53	31	9	4	4	2	103

FUENTE: B. E. F. Knell, "Capital Punishment", *British Journal of Delincuency*, 5, 1965, 206.

[10] Knell, "Capital Punishment", pp. 200-201.
[11] Radzinowicz, *History of English Law*, pp. 83-164.
[12] Knell, "Capital Punishment", p. 199. Los niños eran regularmente *sentenciados* a muerte por las más triviales faltas. Por ejemplo, en 1833, se acusó a Nicholas White por "criminal fractura y allanamiento de la vivienda de Thomas Batchelor... y robar en ella quince piezas de pintura, con un valor de 2 peniques". La sentencia de muerte fue conmutada por un azotamiento y deportación por siete años (*ibid.*, p. 198). Dice Knell que la prác-

Al empezar el siglo XIX, las reglas de responsabilidad penal para los niños estaban claramente establecidas. Según el *Derecho penal (Criminal Law)* de Chitty y el *Treatise on Crimes and Misdemeanors* de Russell, se presumía que los niños menores de siete años eran incapaces de cometer un delito grave, mientras que "al llegar a los catorce años de edad, las acciones de carácter penal de los niños están sujetas a los mismos modos de interpretación que las del resto de la sociedad". También se consideraba a los niños de siete a catorce años "desprovistos de intención criminal", presunción que podía ser refutada por el fiscal si se demostraba claramente y sin ambigüedades el "conocimiento de culpa".[13] Era la parte actora la que debía presentar la prueba, y cualquier duda que hubiera redundaría en favor del acusado. Y así, en la causa de *R. v. Owen*, en 1830, una niña de diez años fue absuelta de la acusación de robar carbón. En su resumen para el jurado, el juez Littledale sostenía que:

En este caso hay dos cuestiones; la primera, si la prisionera tomó ese carbón, y la segunda, si entonces tenía, suponiendo que lo hiciera, un conocimiento culpable de estar haciendo algo que estaba mal. La prisionera, como hemos oído, sólo tiene diez años de edad, y a menos de que se den ustedes por satisfechos con la prueba de que al cometer este delito sabía que estaba mal, deben ustedes absolverla. Siempre que una persona que comete un delito es menor de catorce años de edad, la presunción jurídica es que no tenía suficiente capacidad para saber que hacía algo que estaba mal, y esa persona no debe ser declarada culpable, a menos que haya pruebas que satisfagan al jurado de que la parte, en el tiempo de su delito, tenía un conocimiento culpable de que estaba haciendo mal.[14]

La responsabilidad de los niños en Estados Unidos en el siglo XIX se formulaba de acuerdo con los principios tradicionales de derecho común. Muchos de los más antiguos comentarios sobre derecho penal, como *The American Justice* y *The Crown Circuit Companion*, eran meros compendios *(abridgments)* de obras de juristas ingleses como Coke, Hale, Hawkins y Blackstone.[15] Los *Commentaries* de

tica de sentenciar a muerte a los niños en Inglaterra cesó con la causa de John Smaills, en 1836 (*ibid.*, p. 202).

[13] E. Chitty, *A Practical Treatise on the Criminal Law*, 3, 724; William Oldnall Russell, *A Treatise on Crime and Misdemeanors*, 1, 3.

[14] *R. v. Owen*, 4 C. & P. 236, 1830. También en *R. v. Smith* (1 Cox 260, 1845), un muchacho de diez años fue absuelto de una acusación de incendio. El jurado consideró que no tenía "conocimiento de culpa de estar cometiendo un delito".

[15] Burn, *Abridgement or the American Justice*, p. 248; *The Crown Circuit Companion*, p. 288, Nueva York, R. M. Dermut y D. D. Arden,

Blackstone (1796) contienen un tratamiento sistemático del derecho penal y su resumen sobre la incapacidad penal de los niños fue, en efecto, incorporado al derecho norteamericano. Los *Commentaries* sirvieron de modelo para los juristas contemporáneos; los jueces también citaban sus enunciados teóricos para justificar decisiones concretas:

Según el derecho en su forma actual, y así ha sido cuando menos desde los tiempos de Eduardo III, la capacidad de obrar mal, o de contraer culpa, no es medida tanto por años y días, como por el vigor del entendimiento y juicio del delincuente. Porque un muchacho de once años puede ser tan astuto como otro de catorce; y en estos casos, nuestra máxima es *malitia supplet aetatem*. Con menos de siete años de edad, un niño ciertamente no puede ser culpable de un delito mayor *(felony)*. Y también, con menos de catorce años, aunque a un niño debe adjudicársele *prima facie* el ser *doli capax*, si al tribunal y al jurado les parece que era *doli capax* y que podía discernir entre bien y mal, puede considerársele culpable y padecer muerte. Y así una muchacha de 13 años ha incendiado por matar a su señora, y un muchacho de 10 años y otro de 9, que habían matado a sus compañeros, han sido sentenciados a muerte, y el de 10 años ha sido efectivamente ahorcado; porque en la vista apareció que el uno se ocultó y el otro ocultó el cadáver de su víctima; el ocultamiento manifestaba conciencia de culpa, y discreción para discernir entre bien y mal. Y hubo un caso en el siglo pasado en que un muchacho de 8 años fue juzgado en Abingdon por prender fuego a dos pajares; y viendo que tenía malicia, sed de venganza y astucia, se falló la culpabilidad y de acuerdo con eso fue condenado y ahorcado. Y así también en tiempos muy modernos, un muchacho de diez años fue declarado culpable por su propia confesión de haber matado a su compañero de cama; en todo su comportamiento se echaban de ver señales claras de discreción malévola; y como el perdonar a este muchacho tan sólo por sus tiernos años podría acarrear consecuencias peligrosas para el público, al propagar la noción de que los niños pueden cometer tales atrocidades con impunidad, los jueces estuvieron unánimemente concordes en que era un sujeto propio de pena capital.[16]

La jurisprudencia norteamericana de causas sobre la responsabilidad penal de los niños era más complicada y perfeccionada que su equivalente inglesa. Adicionalmente, algunas de las causas crearon reglas de evidencia para la protección de los delincuentes juveniles.

En *Estado contra Doherty* (1806),[17] una muchachita entre 12 y 13

1816. Véase también Joel Prentiss Bishop *Commentaries on the Criminal Law*, cap. 13, e Irving Browne, *The Elements of Criminal Law*, p. 5.

[16] William Blackstone, *Commentaries on the Law of England*, 23-24, Oxford, Clarendon Press, 1796.

[17] 2 Tenn. 79, 1806.

años fue acusada de haber asesinado a su padre. Interrogada por la corte, permaneció callada, y en su favor se presentó un alegato de "no culpable". Durante la vista de la causa, "la acusada estuvo erguida en el recinto de los acusados durante varias horas pálida como un fantasma, sin la menor expresión ni señal de entender".[18] Sobre la cuestión de la responsabilidad, el juez White dio al jurado las siguientes instrucciones:

Debían averiguar si la prisionera era la persona que quitó la vida al occiso, y si eran de tal opinión, averiguar si lo había hecho con malicia y premeditación. Si una persona de catorce años de edad ejecuta una acción como la declarada en este proceso, la presunción jurídica es que esa persona es *doli capax*. Si tiene menos de catorce y no menos de siete, la presunción jurídica es que no puede discernir entre bien y mal. Pero esta presunción es suprimida si de las circunstancias se desprende que la persona dio muestras de tener conciencia del mal.[19]

El jurado rindió un veredicto de no culpabilidad.

En *Estado contra Aaron* (1818),[20] un esclavo negro de 11 años estaba acusado de haber asesinado a otro chiquillo. Aunque había prueba circunstancial de que el acusado había conocido a la víctima como compañero de juego y estaba trabajando en el campo donde se había ejecutado el asesinato, al principio había negado el crimen. Después de la averiguación, "uno, o varios, de los jurados lo habían llevado aparte y le habían dicho que más valía confesar toda la verdad, y entonces confesó que había arrojado al niño al pozo, donde se habían encontrado el cadáver, y de donde había visto que lo sacaban..."[21] En el juicio volvió a negar el crimen, pero fue fallado culpable y sentenciado a muerte. En apelación a la Suprema Corte de Nueva Jersey, el consejero del acusado reclamó que la parte actora no había refutado la presunción de que un niño de 11 años es incapaz de cometer un crimen. El presidente de sala, Kirkpatrick, ordenó un nuevo proceso, en vista de que el acusado había sido declarado culpable por una mera confesión simple, sin corroborar y obtenida por presión, que no debía ser admitida como prueba. (El juez instructor había justificado la extorsión de la confesión fundándose en que "era sólo la angustia de una comunidad moral y religiosa que trataba de descubrir al perpetrador, para que pudiera

---

[18] *Ibid.*, 82.
[19] *Ibid.*, 87.
[20] 4 N. J. L. 263, 1818.
[21] *Ibid.*, 272-73.

ser purgado de la culpa de derramamiento de sangre".[22] El juez instructor sostuvo que la presunción de inocencia por parte del acusado sólo podía ser refutada "por una *fuerte* e *irresistible* evidencia de que tenía suficiente discernimiento para distinguir el bien del mal". Si se demostraba que el acusado podía "comprender la índole y las consecuencias de su acción, podía ser declarado culpable y aplicársele la pena de muerte... Con respecto a las confesiones en general", continuaba el juez, "y en particular las de los niños, es necesario tener suma cautela".[23] Las confesiones obtenidas "con el halago de la esperanza o la impresión del miedo, *por muy ligeramente que sea implantada la emoción,* no son pruebas admisibles".[24]

En *Estado contra Bostick* (1845),[25] el acusado, una muchacha blanca de doce años, fue acusada de incendio. Mary Bostick había sido criada de la señora Ann Fisher, quien la describía como "una muchacha muy astuta y mañosa, no inteligente, ni muy capaz de aprender; pero sí viva para el trabajo y maliciosa para hacer daño". La acusada había confesado a su señora haber prendido fuego a la casa intencionalmente. Dos niñitos que la acusada debía cuidar habían muerto abrasados, y el fiscal trataba de demostrar la motivación maliciosa de Mary Bostick. La acusada apeló, fundándose en que la confesión había sido obtenida indebidamente, "con promesas o per-

---

[22] *Ibid.*, 278. El juez que vio la causa redefinió posteriormente las reglas de la responsabilidad para niños: "El gran sujeto de averiguación en todos los casos debe ser la capacidad legal del prisionero; y ésta se halla en algunos mucho antes que en otros. El valor real de las distinciones es determinar la parte donde radica la prueba de esta capacidad. Hay ciertamente una edad tan tierna que no pueden comprenderse la índole y las consecuencias de los actos, y todo sentimiento no corrompido del corazón, así como todo principio moral y legal, prohiben el castigo. Pero después de que pasamos esa edad y avanzamos hacia la madurez, se han determinado períodos que aseguran la presunción jurídica en cuanto a la existencia de esa capacidad. Si antes de los catorce, y sobre todo antes de los doce, la ley presume que no existe, y si el Estado trata de castigar, tiene que demostrar conclusivamente su existencia. Si después de los catorce años la ley presume su existencia, y si el acusado tratara de evitar el castigo, tiene que superar esta presunción con suficientes pruebas. Pero siempre que sea encontrada la capacidad, ya sea por presunción jurídica ya por el testimonio de los testigos, el castigo seguirá a la infracción de la ley. Si la inteligencia de comprender las consecuencias de los actos, la razón del deber, de distinguir entre el bien y el mal, si la conciencia de culpa e inocencia es claramente manifestada, la capacidad queda demostrada: en el lenguaje de los libros, el acusado es *capax doli,* y como agente racional y moral, tiene que atenerse al resultado de su propia conducta", *ibid.*, 279.

[23] *Ibid.*, 271.
[24] *Ibid.*, 272 (subrayado en el original).
[25] 4 Del. (4 Harr.) 563 (1845).

suasión de favor". La mayoría del tribunal aceptó esto, no admitió la confesión y absolvió a la acusada.

Se habían hecho uno o dos intentos vanos de inducirla a confesar. La muchacha al principio negó. Entonces su señora le dijo "que se sospechaba que ella había cometido un delito, y que si lo confesaba, la sospecha no sería mayor, que (la señora) no pensaba hacer nada contra ella, sino que la mandaría a su casa". La prisionera había confesado entonces que cuando subió las escaleras en la noche había puesto la vela debajo de las ropas que colgaban de la cama. Aquí hay, pues, incitación a confesar; una promesa de favor hecha por una persona con autoridad, y una esperanza suscitada en la mente de la niña, de que la mandarían a su casa. De ahí se desprende una duda o incertidumbre acerca de si la confesión se hizo más bien bajo la infuencia de la esperanza que por conciencia de culpa.[26]

En la *Causa de Walker* (1820),[27] un muchachito apenas mayor de siete años fue acusado de hurto menor. La madre del muchacho decía que "sus sentidos estaban menoscabados" y el fiscal no presentó pruebas que demostraran su capacidad mental para cometer un acto de delincuencia. La defensa expuso que:

siendo un niño de siete años incapaz de delinquir, y siendo entre esa edad y la de catorce necesario demostrar su capacidad, y que a medida que se acercaba uno a los siete años aumentaba la inferencia en su favor, no había en esta causa pruebas suficientes para apoyar la acusación, sobre todo dado que se habían presentado fuertes pruebas de incapacidad por su parte.[28]

Con este principio instruyó el alcalde al jurado, que inmediatamente declaró inocente al acusado.

En la *Causa de Stage* (1820)[29] entraba un grupo de niños, de siete a catorce años, acusados de robo de cierto valor. George Stage, de ocho años de edad, había sido detenido huyendo de una casa privada con una piel de oso robada. La corte declaró culpable al acusado y lo sentenció a tres años en una prisión estatal, y decía así:

...en lo tocante a un niño, de edad entre siete y catorce años, el jurado deberá contentarse con saber que tenía la capacidad de distinguir entre el bien y el mal. Y la prueba de ello ha de suministrarse por testimonio extrínseco, o bien puede surgir de las circunstancias de la causa. En este caso, se advierte el hecho de ocultamiento y de tratar de escapar;

[26] *Ibid.*, 565.
[27] 5 *City-Hall Recorder,* Ciudad de Nueva York, 137, 1820.
[28] *Ibid.*, 138.
[29] *Ibid.*, 177.

y tocará al jurado determinar si el muchacho no sabía, en el momento de hurtar la pertenencia, que estaba haciendo mal.[30]

En *Comunidad contra Davis* (1823),[31] William Davis, de quince años, y James McBride, de trece, fueron acusados y se declararon "no culpables" de una acusación de hurto importante. El juez municipal de primera instancia instruía así al jurado:

... la presunción jurídica era a favor de un niño menor de catorce años, y la ley suponía incapaz de cometer delito a un niño menor de siete años, por entenderse que le falta discreción para juzgar entre lo que está bien y lo que está mal; pero a partir de esa edad hasta los catorce años, la ley sigue considerándolo inocente, y para demostrar que pudo haber cometido delito era necesario demostrar que tenía capacidad para hacerlo, y que competía al jurado decidir, a la vista de todas las pruebas, si James McBride era culpable o no culpable; que estaba presente, y que lo ayudaron a cometer la falta, estaba probado satisfactoriamente, pero teniendo en cuenta sus pocos años, el punto que les tocaba decidir era si podía ser responsable, y no se ha presentado todavía prueba alguna de su capacidad o incapacidad; la presunción estaba, pues, en su favor hasta el período en que la ley suponía que había alcanzado su capacidad.[32]

El jurado dio un veredicto de culpabilidad contra Davis y de no culpabilidad en favor de McBride.

En *Comunidad contra Teller* (1823),[33] Jason Teller, de trece años, y William Teller, que había pasado de los catorce, fueron acusados de hurto de menor cuantía por haberse hallado en su poder la pertenencia robada, y ambos habían confesado su delito. La prueba de la capacidad de Jason era insatisfactoria; algunos de los oficiales de policía, que conocían al muchacho, lo consideraban activo, astuto e inteligente, y otros tenían una opinión diferente de su capacidad. El jurado dio un veredicto de culpabilidad contra William Teller y de no culpabilidad en favor de Jason Teller. En una nota a esta causa, el informante examinaba la ley inglesa y la norteamericana acerca de la responsabilidad criminal de los niños. Citaba a Hale, Hawkins y Blackstone y anotaba que "sus principios hace tiempo que están aceptados y han sido adoptados en nuestro país. Por eso, sus decisiones sobre el asunto son buena autoridad en este caso." El informante resumía a continuación los principios de capacidad:

[30] *Ibid.*, 178.
[31] 1 *Wheeler Criminal Law Cases* 230, 1823.
[32] *Ibid.*, 230-31.
[33] *Ibid.*, 231.

La infancia es una excusa satisfactoria para la comisión de cualquier delito hasta el periodo de siete años, y puede o no ampliarse hasta los catorce. Pero al alcanzar esta edad, la persona del niño queda en la misma condición que el resto del género humano en lo tocante a ser responsable de sus delitos; porque en este periodo y después, la ley supone que la parte ha alcanzado competencia de juicio y una conciencia inclinada a decidir entre lo bueno y lo malo.[34]

Si las circunstancias en que comete una falta grave un niño entre 7 y 14 años de edad indican que estaba cometiendo algo malo al robar, equivalen a la prueba de su capacidad.[35]

En *Estado contra Guild* (1828),[36] un esclavo negro de doce años de edad fue acusado de pegar a una anciana hasta matarla. El acusado confesó su crimen, pero se disputaba la cuestión de su capacidad de formar intención. El fiscal trataba de dejar sentado que el acusado era "un muchacho solapado y vivo", "muy malicioso", "más inteligente que la mayoría de los niños negros de su edad", e "ingenioso" y "agudo en muchas cosas".[37] Un testigo de la defensa reconoció que "sabía la diferencia entre bien y mal" y tenía "inteligencia suficiente para saber cuándo hacía algo malo y capacidad suficiente para distinguir entre bien y mal".[38]

En el tribunal, el juez Drake dio instrucciones al jurado acerca de la presunción en favor de las personas entre siete y catorce años de edad, y les dijo que para considerar culpable al acusado debían tener en cuenta que

...a la edad de este acusado, por lo general poseen suficiente capacidad, en el estado de nuestra sociedad, los niños de entendimiento ordinario y con las ventajas usuales de la instrucción moral y religiosa. Recuerden las pruebas de evidencia de este caso; y si quedan ustedes conformes con que podía distinguir bastante bien entre bien y mal y conocer la índole del crimen de que se le acusa... su infancia no será obstáculo, en el sentido de incapacidad, para considerarlo culpable.[39]

En apelación, la Suprema Corte de Nueva Jersey sostuvo el veredicto de la corte inferior y al parecer pasó por alto los principios

---

[34] *Ibid.*, 231-32.
[35] *Ibid.*, 233-34. En *Commonwealth contra Elliott*, 4 Law Rep. 329 (1842), un muchacho de doce años fue declarado inocente de un asesinato de que se le acusaba: "La defensa... se basa principalmente en la total ausencia de motivos de peso para cometer una acción tan perversa; en la tierna edad y la inexperiencia del prisionero..."
[36] 10 N. J. L. 163 (1828).
[37] *Ibid.*, 170.
[38] *Ibid.*
[39] *Ibid.*, 174.

relativos a las confesiones asentados en *Estado contra Aaron*.[40] La corte aprobó la opinión de Blackstone de que la "discreción malévola" era prueba suficiente de la capacidad criminal y sostuvo que el acusado era un agente racional y moral que debía ser juzgado por sus motivos y su acción.[41] Por consiguiente, el acusado fue sentenciado a muerte y ejecutado.

En *Godfrey contra Estado* (1858),[42] un joven negro de unos once años fue acusado de haber asesinado a un niño de cuatro años que tenía a su cargo. El acusado decía que "lo hizo un indio, que buscaran a los indios, pero no se encontró ninguno". Varios testigos de la acusación dieron fe de que "el niño [muerto] estaba en el suelo, todo ensangrentado; tenía heridas en la cara y la cabeza, tres cortes, y un golpe como de hacha pequeña en la cabeza... el cerebro se le salía del cráneo". Había además pruebas contra el acusado, que estaba cubierto de sangre y húmedo; la hacheta se había encontrado en una cubeta de agua. Un testigo declaró que Godfrey había dicho en la noche del asesinato que había matado a Lawrence porque le había roto su papalote, y lo volvería a hacer si no lo ahorcaban. Había pruebas contrarias en cuanto al carácter y la inteligencia del acusado: un vecino observó que "es un muchacho vivo, inteligente, más de lo que suelen ser los muchachos de doce años", y otro lo describió como "amable y apacible" y que probablemente todavía no tenía cumplidos los once años.

Se informó al jurado de la presunción en favor del acusado debido a su edad y se le instruyó de que

...deben tomar en consideración su condición de negro y esclavo, con todas las pruebas de la causa; y que a menos [que se dieran por satisfechos con las pruebas]... de que él tenía plena conciencia de la naturaleza y las consecuencias del acto que había cometido, y de que había

[40] En *Guild* decía la corte que "si bien una confesión original puede haber sido obtenida por medios indebidos, las confesiones subsiguientes de los mismos hechos u otros análogos pueden ser admitidas, si la corte cree, debido al lapso de tiempo transcurrido, a la debida advertencia de las consecuencias de la confesión o a otras circunstancias, que las esperanzas o los temores ilusorios por cuya influencia se obtuvo la confesión original quedaban enteramente anulados", *ibid.*, 180-81.

[41] El presidente de sala aprobó la siguiente declaración de la edición de Hawkins por Leach: "...de su supuesta imbecilidad mental, la protectora humanidad de la ley no permitirá sin angustiosa circunspección que un niño sea condenado por su propia confesión. Pero si resulta, por fuertes y abundantes pruebas y circunstancias, que tenía perfecta conciencia de la índole y malignidad del crimen, el veredicto de un jurado puede considerarlo culpable y hacer que se le condene a muerte", *ibid.*, 189.

[42] 31 Ala., 323, 1858.

dado muestras claras de inteligente malicia en el modo de ejecutar la acción, deberían dar un veredicto de inculpabilidad..."[43]

El jurado volvió con su veredicto de culpabilidad, pero el juez presidente, dudando de la propiedad de pronunciar sentencia dadas las circunstancias de la causa, reservó la cuestión para la decisión de la corte de apelaciones. En apelación, la suprema corte de Alabama confirmó el fallo, y citó *Estado contra Guild*,[44] "en que un esclavo negro de menos de doce años fue encontrado culpable de asesinato y ejecutado", y aprobó la prueba de bueno y malo enunciada en *Estado contra Aaron*.[45]

En *Estado contra Learnard* (1869),[46] el acusado, un varón adulto, fue acusado del robo con escalo que había sido cometido por sus dos hijos, un muchacho de unos 16 años y una muchacha de unos 13. El muchacho había sido procesado anteriormente y, confesándose culpable, fue sentenciado a una escuela reformatorio. El acusado declaró que él no era el principal del delito porque "una muchacha de trece o catorce años, de buena estatura y de inteligencia ordinaria, que era capaz de trabajar fuera del hogar por un salario y así lo había hecho, tenía el suficiente discernimiento para ser responsable de los delitos que cometiera".[47] En cuanto al acusado, una testigo confirmó la capacidad de la muchacha para cometer un delito: "Trabajaba para mí. Creo que ganaba un dólar por semana; parecía tener inteligencia; creo que podía distinguir entre bien y mal. No creo que asistiera nunca a la escuela del sábado; no creo que su moral fuera muy buena."[48] El jurado dio un veredicto de culpabilidad, donde declaraba que la hija "no tenía todavía discernimiento ni edad para ser responsable de su acción, que había entrado en la tienda y tomado las mercancías, por mandato del demandado, y que el demandado con dichas amenazas obligó a la hija a penetrar en la tienda y tomar las mercancías, y que ella había cometido la acción por miedo de perder la vida..."[49]

En apelación, el acusado declaró que había suficientes pruebas que demostraban que la muchacha "podía distinguir entre bien y mal" y que, por lo tanto, tenía "suficiente grado de discernimiento" para hacerse culpable de un delito. Rechazada la apelación, se sostuvo que cualquier duda debería operar en favor de una muchachita en "la

[43] *Ibid.*, 326-27.
[44] 10 N. J. L., 163, 1828.
[45] 4 N. J. L., 263, 1818.
[46] 41 Vt., 585, 1869.
[47] *Ibid.*
[48] *Ibid.*
[49] *Ibid.*, 587.

etapa dudosa del discernimiento"; la ley "nunca había tratado de definir nada acerca de dimensiones físicas o fuerza, ni dicho que él ser 'de inteligencia ordinaria y trabajar fuera del hogar por un salario' constituyera la capacidad para el delito ni el criterio de tal capacidad".[50]

En *Angelo contra comunidad* (1880),[51] Theodore Angelo, de once años, fue acusado de homicidio. Se probó su culpabilidad en un homicidio sin premeditación, pero criminal, y el jurado lo sentenció a la penitenciaría por seis años. El tribunal no admitió una moción para un nuevo juicio, y fue sentenciado de nuevo a la escuela reformatorio por cuatro años. En apelación a la Suprema Corte de Illinois, el acusado declaró que su capacidad y malicia no habían sido probadas "sin lugar a duda razonable". En Illinois, un niño menor de diez años era legalmente incapaz de cometer un delito, y entre las edades de 10 y 14 era incapaz *prima facie,* y considerado *doli incapax.*

En una opinión sumamente sutil y misericordiosa del juez Walker,[52] la corte anuló la decisión del tribunal de primera instancia fundándose en que no había pruebas de la capacidad del acusado.

...la regla requería prueba convincente y clara por encima de toda contradicción de que él era capaz de discernir entre bien y mal y la presunción legal de que era incapaz de cometer el delito, y por falta de tal conocimiento transmitía a la comunidad el encargo de que se tuviera la prueba convincente y clara de la capacidad antes de que pudieran tener el derecho de un fallo condenatorio. Este expediente puede explorarse en vano porque no se hallará tal prueba. No se ha examinado a ningún testigo al respecto, ni nadie se refirió a ello. Tenemos simplemente la evidencia de su edad. Por cuanto aparece, puede haber sido torpe, débil y totalmente incapaz de distinguir el bien del mal. Ni siquiera de las circunstancias en las pruebas de evidencia se desprende que tal vez no haya sido débil mental para su edad, ni que no se haya, incluso, acercado a la imbecilidad.[53]

En *Estado contra Toney* (1881),[54] Lawrence Toney, de unos 12 años de edad, y otros más fueron acusados de allanamiento mali-

[50] *Ibid.,* 589.
[51] 96 Ill., 209, 1880.
[52] El juez Walker criticaba el consejo de la parte actora al indicar al jurado que el negarse el acusado a subir a la tribuna de testigos debía tomarse como prueba de su culpa. "No podemos concebir que ningún miembro del foro pudiera deliberadamente, por tales medios, tratar de conseguir un fallo condenatorio y la ejecución de un ser humano, cuando su más elevado deber profesional para con su cliente sólo requiere de él que vele por que el juicio sea justo de acuerdo con la ley y las pruebas", *ibid.,* 213.
[53] *Ibid.,* 212-13.
[54] 15 S. C., 409, 1881.

CUADRO 3. *Casos principales de responsabilidad penal de niños en la jurisprudencia norteamericana, 1806-1882*

CAUSA	FECHA	DELITO	EDAD	VEREDICTO	SENTENCIA	FIN
1. Doherty: Tennessee	1806	Asesinato	12	No culpable	Absolutoria	
2. Aaron (esclavo): Nueva Jersey	1818	Asesinato	11	No culpable; anulado por la S. Corte	Absolutoria	
3. Walker: Nueva York	1820	Hurto leve	7	No culpable	Absolutoria	
4. Stage: Nueva York	1820	Hurto grave	8	Culpable	Prisión	Tres años en prisión estatal
5. Davis: C. Federal	1823	Hurto grave	13	No culpable	Absolutoria	
6. Teller: C. Federal	1823	Hurto leve	13	No culpable	Absolutoria	
7. Guild (esclavo): Nueva Jersey	1828	Asesinato	12	Culpable	Muerte	Ejecutada
8. Elliott: C. Federal	1834	Asesinato	12	No culpable	Absolutoria	
9. Bostick: Delaware	1845	Incendio y asesinato	12	No culpable; anulado por la S. Corte	Absolutoria	
10. Godfrey (esclavo): Alabama	1858	Asesinato	11	Culpable	Muerte	Ejecutada
11. Learnard: Vermont	1869	Hurto con escalo	13	No culpable	Absolutoria	
12. Angelo: Illinois	1880	Homicidio criminal	11	No culpable; anulado por la S. Corte	Absolutoria	
13. Toney: Carolina	1881	Allanamiento malicioso	12	Culpable	No especificada	No especificado
14. Adams: Missouri	1882	Asesinato	12	No culpable; anulado por la S. Corte	Absolutoria	

cioso. El jurado determinó que el acusado, "muchacho bien desarrollado, de al parecer por lo menos doce años", era culpable porque "tenía conciencia de que su acción era mala" y "podía discernir entre el bien y el mal". En apelación, la Suprema Corte de Carolina del Sur afirmó que "la prueba de malicia era convincente y clara, por encima de toda duda y contradicción".[55]

En *Estado contra Adams* (1882),[56] un muchacho negro de 12 años fue acusado de asesinato en primer grado, por haber muerto a otro muchacho, de 17 años, apuñalándolo en el corazón con una navaja de bolsillo. Los testigos de la parte actora dieron testimonio de que los dos muchachos continuamente se estaban peleando, y que el acusado mató al occiso al atacarlo éste con una horquilla. El jurado consideró al acusado culpable de asesinato en primer grado. El Morgan Circuit Court de Missouri anuló el juicio; la corte superior sostuvo que hubiera sido más apropiado un grado menor de homicidio, aparte del hecho de que "no parece haberse hecho ningún esfuerzo en la vista para demostrar que el acusado tenía capacidad penal".[57]

La responsabilidad criminal de los niños en los Estados Unidos durante el siglo XIX fue determinada de acuerdo con los principios tradicionales del derecho inglés y por la elaboración de reglas de procedimiento y prueba, que se inclinaban a proteger y beneficiar al acusado. No parece justificada la proposición de que los niños eran ejecutados regularmente; al contrario, los tribunales vacilaban mucho en sentenciar a muerte a un niño menor de 14 años, y cuando se presentaba el caso, apelaban al consultor de defensa o bien el juez certificaba a la suprema corte del estado. Según los expedientes judiciales contemporáneos y los libros de texto sobre jurisprudencia, sólo dos niños menores de 14 años parecen haber sido ejecutados judicialmente entre 1806 y 1882.[58] En ambos casos, los acusados fue-

---

[55] El presidente de sala Simpson sostenía que "por terneza para con los niños, la facilidad con que pueden ser descarriados, su falta de previsión y su disposición voluntariosa, sin duda la prueba de malicia, que viene con la edad, debería ser convincente y clara por encima de toda duda y contradicción; ... pero no hallamos autoridad para la posición de que esa prueba haya de ser exterior a los hechos del mismo delito...", *ibid.*, 414.

[56] 76 Mo., 355, 1882.

[57] *Ibid.*, 358. "Pero tenemos la clara opinión de que el tribunal erró en su modo de ver la ley en lo tocante a la edad del acusado. Nos referimos a las instrucciones tercera y séptima dadas a la instancia del Estado. Estas instrucciones decían virtualmente al jurado que la edad del acusado no debería afectar a la conclusión a que llegaran, como si se hubieran tratado de años de madurez. Tal no es la ley", *ibid.*, 358.

[58] *Godfrey contra Estado*, 31 Ala., 323, 1858; *Estado contra Guild*, 10 N. J. L., 163, 1828. Véase cuadro 3.

ron esclavos negros y, en uno, la víctima era el hijo de un hacendado blanco.[59]

En 14 causas principales sobre la responsabilidad penal de los niños en Estados Unidos entre 1806 y 1882, 7 niños fueron acusados de homicidio, uno de homicidio sin premeditación, pero criminal, 5 de diversos grados de hurto y uno de allanamiento malicioso. En diez casos, el jurado entregó un veredicto de "no culpable"; un niño fue considerado "culpable" de quebrantamiento, pero la sentencia no fue comunicada; dos niños, de 11 y 12 años de edad respectivamente, fueron ejecutados, y los demás, de 8 años, fueron sentenciados a tres años de penitenciaría estatal. Concediendo que estos casos fueron insólitos y que entrañaban decisiones del tribunal de apelación, de todos modos indican que el derecho penal reconocía que los niños menores de 14 años de edad no debían ser considerados responsables de sus acciones como los adultos. Según parece, a los niños negros no se les concedieron las mismas inmunidades que a los blancos, y parece improbable que Guild y Godfrey hubieran sido ejecutados de haber sido blancos.

---

[59] Hay la posibilidad de que en la otra causa, *Estado contra Guild*, la víctima también fuera blanca.

BIBLIOGRAFÍA

capítulo 1

Este estudio se basa ampliamente en las contribuciones teóricas a la sociología de la discrepancia por Francis Allen *(The Borderland of Criminal Justice)*, Howard Becker *(Outsiders)*; Kai Erikson *(Wayward Puritans)*, Joseph Gusfield *(Symbolic Crusade)*, David Matza *(Delinquency and Drift)* y Paul Tappan *(Delinquent Girls in Court)*.

Libros:

Allen, Francis A., *The Borderland of Criminal Justice: Essays in Law and Criminology*, Chicago, University of Chicago Press, 1964.
Becker, Howard S., *Outsiders: Studies in the Sociology of Deviance*, Nueva York, Free Press Paperback, 1966.
Boole, Katherine L., *The Juvenile Court: Its Origin, History and Procedure*, disertación de Ph. D., Universidad de California, 1928.
Brown, Claude, *Manchild in the Promised Land*, Nueva York, Macmillan, 1965.
Cloward, Richard A. y Ohlin, Lloyd E., *Delinquency and Opportunity*, Nueva York, Free Press, 1960.
Cohen, Albert K., *Delinquent Boys*, Nueva York, Free Press, 1955.
Durkheim, Émile, *Rules of Sociological Method*, Glencoe, Free Press, 1950.
Erikson, Kai T., *Wayward Puritans: A Study in the Sociology of Deviance*, Nueva York, John Wiley, 1966.
Gusfield, Joseph R., *Symbolic Crusade: State Politics and the American Temperance Movement*, Urbana, University of Illinois Press, 1963.
Lou, Herbert H., *Juvenile Courts in the United States*, Chapel Hill, Univesity of North Carolina Press, 1927.
Matza, David, *Delinquency and Drift*, Nueva York, John Wiley, 1964.
Merton, Robert K., *Social Theory and Social Structure*, Nueva York, Free Press, 1963.
Mills, C. Wright, ed., *Images of Man*, Nueva York, George Braziller, 1960.
Nyquist, Ola, *Juvenile Justice*, Londres, Macmillan, 1960.
Parsons, Talcott, *Social Structure and Personality*, Nueva York, Free Press, 1965.
Ranulf, Svend, *Moral Indignation and Middle Class Psychology*, Copenhague, Levin and Munksgaard, 1938.

Shaw, Clifford R. y McKay, Henry D., *Juvenile Delinquency and Urban Areas*, Chicago, University of Chicago Press, 1942.
Tappan, Paul W., *Delinquent Girls in Court*, Nueva York, Columbia University Press, 1947.
Teeters, Negley K. y Reinneman, John Otto, *The Challenge of Delinquency*, Nueva York, Prentice-Hall, 1950.
Wolfgang, Marvin E., Savitz, Leonard y Johnston, Norman, eds., *The Sociology of Crime and Delinquency*, Nueva York, John Wiley, 1962.

Artículos:

Bates, Helen Page, "Digest of Statutes Relating to Juvenile Courts and Probation Systems", *Charities*, 13, enero de 1905, 329-36.
Bloch, Herbert, "Juvenile Delinquency: Myth or Threat?" *Journal of Criminal Law, Criminology and Police Science*, 49, 1958, 303-9.
Chute, Charles L., "Fifty Years of the Juvenile Court", 1949, *National Probation and Parole Association Yearbook*, 1-20.
———, "The Juvenile Court in Retrospect", *Federal Probation*, 13, septiembre de 1949, 3-8.
Dexter, Lewis A., "On the Politics and Sociology of Stupidity in our Society", en *The Other Side: Perspectives on Deviance*, ed. por Howard S. Becker, Nueva York, Free Press, 1964.
Dobbs, Harrison A., "In Defense of Juvenile Courts", *Federal Probation*, 13, septiembre de 1949, 24-29.
Handler, Joel F., "The Juvenile Court and the Adversary System: Problems of Function and Form", 1965, *Wisconsin Law Review*, 7-51.
Jeffrey, Clarence Ray, "The Historical Development of Criminology", en *Pioneers in Criminology*, ed. por Hermann Mannheim, Londres, Stevens and Sons, 1960.
Kadish, Sanford H., "The Crisis of Over-criminalization", *Annals*, 374, noviembre de 1967, 157-70.
Kitsuse, John I. y Cicourel, Aaron V., "A Note on the Uses of Official Statistics", *Social Problems*, 11, 1963, 131-39.
Matza, David, "Subterranean Traditions of Youth", *Annals*, 338, 1961, 102-18.
———, "Positions and Behavior Patterns of Youth", en *Handbook of Modern Sociology*, ed. por Robert E. L. Farris, Chicago, Rand McNally, 1964.
Miller, Walter B., "Lower Class Culture as a Generating Milieu of Gang Delinquency", *Journal of Social Issues*, 4, 1958, 5-19.
Packer, Herbert L., "Copping Out", *New York Review of Books*, 9, 12 de octubre de 1962, 17-20.
Seeley, John R., "The Making and Taking of Problems: Toward an Ethical Stance", *Social Problems*, 14, 1967, 382-89.
Smith, Roger, "Status Politics and the Image of the Addict", *Issues in Criminology*, 2, 1966, 157-75.

Sykes, Gresham M. y Matza, David, "Techniques of Neutralization: A Theory of Delinquency", *American Sociological Review,* 22, 1957, 664-70.

Tappan, Paul W., "Who is the criminal?" *American Sociological Review,* 22, 1947, 96-102.

CAPÍTULO 2

Los *Proceedings of the National Conference of Charities and Correction (PNCCC)* de 1876 a 1900 son la principal fuente de documentación. (Antes de 1880, la conferencia tenía un nombre más corto y esta publicación se llamaba *Proceedings of the Annual Conference of Charities* [*PACC*]). Publicó todos los volúmenes de la conferencia George H. Ellis de Boston. Otras importantes fuentes primarias son Charles Cooley (" 'Nature *v.* Nurture' in the Making of Social Careers"), Arthur MacDonlad *(Criminology and Abnormal Man),* y William Douglas Morrison *(Juvenile Offenders).* También nos basamos bastante en las siguientes fuentes secundarias: Arthur Fink *(Causes of Crime)* y Richard Hofstadter *(The Age of Reform* y *Social Darwinism in American Thought).*

Libros:

Barnes, Harry Elmer y Teeters, Negley K., *New Horizons in Criminology,* Englewood Cliffs, N. J., Prentice-Hall, 1963.

Cooley, Charles, *Social Process,* Nueva York, Charles Scribner's Sons, 1918.

Dugdale, Richard L., *The Jukes: A Study in Crime, Pauperism, Disease, and Heredity,* Nueva York, G. P. Putnam's Sons, 1877.

Ellis, Havelock, *The Criminal,* Londres, Walter Scott, 1890.

Fink, Arthur A., *Causes of Crime: Biological Theories in the United States, 1800-1915,* Nueva York, A. S. Barnes, 1962.

Fletcher, Robert, *The New School of Criminal Anthropology,* Washington, Judd and Detweiler, 1891.

Ginger, Ray, *Altgeld's America: The Lincoln Ideal versus Changing Realities,* Chicago, Quadrangle Paperbacks, 1965.

Goffman, Erving, *Stigma: Notes on the Management of Spoiled Identity,* Englewood Cliffs, N. J., Prentice-Hall, 1965.

Handlin, Oscar, ed., *Children of the Uprooted,* Nueva York, George Braziller, 1966.

Heath, James, ed., *Eighteenth Century Penal Theory,* Londres, Oxford University Press, 1963.

Higham, John, *Strangers in the Land,* Nueva York, Atheneum, 1965.

Hofstadter, Richard, *The Age of Reform,* Nueva York, Vintage Books, 1955.

———, *Social Darwinism in American Thought*, Boston, Beacon Press, 1965.
Hooton, Ernest, *Crime and the Man*, Cambridge, Harvard University Press, 1939.
Lasch, Christopher, *The New Radicalism in America, 1889-1963: The Intellectual as a Social Type*, Nueva York, Knopf, 1965.
Lubove, Roy, *The Professional Altruist: The Emergence of Social Work as a Career, 1880-1930*, Cambridge, Harvard University Press, 1965.
MacDonald, Arthur, *Criminology*, Nueva York, Funk and Wagnalls, 1893.
———, *Abnormal Man*, Washington, Government Printing Office, 1893.
Mercier, Charles, *Criminal Responsibility*, Nueva York, Physicians and Surgeons Book Co., 1929.
Morrison, William Douglas, *Juvenile Offenders*, Nueva York, D. Appleton, 1897.
Pierce, Bessie Louise, *A History of Chicago*, vol. 3, Nueva York, Knopf, 1957.
Steffens, Lincoln, *The Shame of the Cities*, Nueva York, McClure, Phillips, 1904.
Strauss, Anselm, *Images of the American City*, Nueva York, Free Press of Glencoe, 1961.
Radzinowicz, Leon, *Ideology and Crime*, Londres, Heinemann Educational Books, 1966.
Ray, Isaac, *A Treatise on the Medical Jurisprudence of Insanity*, Boston, Little, Brown, 1953.
Szasz, Thomas, *Psychiatric Justice*, Nueva York, Macmillan, 1965.
Vold, George B., *Theoretical Criminology*, Nueva York, Oxford University Press, 1958.
Wines, Enoch C., *The State of Prisons and of Child-Saving Institutions in the Civilized World*, Cambridge, Harvard University Press, 1880.

Artículos:

Allen, Nathan, "Prevention of Crime and Pauperism", en *PACC, Cincinnati, 1878*, 111-24.
Bittner, Egon y Platt, Anthony, "The Meaning of Punishment", *Issues in Criminology*, 2, 1966, 79-99.
Brace, Charles Loring, "The 'Placing Out' Plan for Homeless and Vagrant Children", en *PACC, Saratoga, 1876*, 135-45.
Bremner, Robert, "The Historical Background of Modern Welfare: Shiftting Attitudes", en *Social Welfare Institutions: A Sociological Reader*, ed. por Mayer N. Zald, Nueva York, John Wiley, 1965.
Caldwell, Peter, "The Duty of the State to Delinquent Children", en *PNCCC, New York, 1898*, 404-10.
Cooley, Charles H., " 'Nature v. Nurture' in the making of social careers", en *PNCCC, Grand Rapids, 1896*, 399-405.
Cooper, Sarah B., "The Kindergarten as Child-Saving Work", en *PNCCC, Madison, 1883*, 130-38.

Dugdale, Richard L., "Heredity Pauperism, as Illustrated in the 'Juke' Family", en *PACC, Saratoga, 1877,* 81-99.
Faulkner, Charles E., "Twentieth Century Alignments for the Promotion of Social Order", en *PNCCC, Topeka, Kansas, 1900,* 1-9.
Fishback, W. P., "Address of Welcome", en *PNCCC, Indianapolis, 1891,* 4-7.
Giddings, Franklin H., "Is the Term 'Social Classes' a Scientific Category?", en *PNCCC, New Haven, 1895,* 110-16.
Gould, E. R. L., "The Statistical Study of Hereditary Criminality", en *PNCCC, New Haven, 1895,* 134-43.
Halleck, Seymour, "American Psychiatry and the Criminal: A Historical Review", *American Journal of Psychiatry,* 121, núm. 9, marzo de 1965, i-xxi.
Henderson, Charles R., "Relation of Philanthropy to Social Order and Progress", en *PNCCC, Cincinnati, 1899,* 1-15.
Hill, R. W., "The Children of Shinvone Alley", en *PNCCC, Omaha, 1887,* 229-35.
Kerlin, I. N., "The Moral Imbecile", en *PNCCC, Baltimore, 1890,* 224-250.
Lathrop, Julia, "Development of the Probation System in a Large City", *Charities,* 13, enero de 1905, 344-49.
Leonard, Clara T., "Family homes for Pauper and Dependent Children", en *PACC, Chicago, 1879,* 170-78.
Letchworth, William P., "Children of the State", en *PNCCC, St. Paul, 1886,* 138-57.
Matza, David, "Poverty and Disrepute", en *Contemporary Social Problems,* Robert K. Merton y Robert A. Nisbet, eds., Nueva York, Harcourt, Brace & World, 1966.
McCulloch, Oscar C., "The Tribe of Ishmael: A Study in Social Degradation", en *PNCCC, Buffalo, 1888,* 154-59.
Newton, R. Heber, "The Bearing of the Kindergarten on the Prevention of Crime", en *PNCCC, St. Paul, 1886,* 53-58.
Platt, Anthony y Diamond, Bernard L., "The Origins of the 'Right and Wrong' Test of Criminal Responsibility and its Subsequent Development in the United States: An Historical Survey", *California Law Review,* 54, 1966, 1227-60.
Radzinowicz, Leon y Turner, J. C. W., "A Study of Punishment", *Canadian Bar Review,* 21, 1943, 91-97.
Reeve, Charles H., "Dependent Children", en *Proceedings of the Annual Congress of the National Prison Association, Boston, 1888,* 101-13.
Sarbin, Theodore R., "The Dangerous Individual: An Outcome of Social Identity Transformations", *British Journal of Criminology,* 7, 1967, 285-95.
Scouller, J. D., "Can We Save the Boys?", en *PNCCC, St. Louis, 1884,* 102-14.
Wardner, Louise Rockford, "Girls in Reformatories", en *PACC, Chicago, 1879,* 185-89.

Warner, Beverley, "Child Saving", en *Proceedings of the Annual Congress of the National Prison Association, Indianapolis, 1898,* 377-78.
Wey, Hamilton D., "A Plea for Physical Training of Youthful Criminals", en *Proceedings of the Annual Congress of the National Prison Association, Boston, 1888,* 181-93.
Whyte, William Foote, "Social Disorganization in the Slums", *American Sociological Review,* 8, 1943, 34-39.
Wines, Frederick H., "Report of Committee on Causes of Pauperism and Crime", en *PNCCC, St. Paul, 1886,* 207-14.
———, "The Healing Touch", en *PNCCC, Topeka, 1900,* 10-26.
Wolfgang, Marvin, E., "Cesare Lombroso", en *Pioneers in Criminology,* Hermann Mannheim, ed., Londres, Stevens & Sons, 1960.

CAPÍTULO 3

La mayoría de los datos de fuentes primarias están tomados de los *Proceedings of the National Conference of Charities and Correction (PNCCC),* publicados por George H. Ellis, Boston, y que inicialmente llevaban por título *Proceedings of the Annual Conference of Charities (PACC)* y de los *Proceedings of the National Prison Association* de 1874 a 1900. Otras fuentes primarias importantes son Zebulon Brockway *(Fifty Years of Prison Service)* y Enoch Wines *(The State of Prisons and of Child-Saving Institutions in the Civilized World).* Resultaron también útiles: Lawrence Cremin *(The Transformation of the School),* Ray Ginger *(American Social Thought)* y Max Grünhut *(Penal Reform).*

Libros:

Addams, Jane, ed., *The Child, the Clinic and the Court,* Nueva York, New Republic, 1925.
Barnes, Harry Elmer, y Teeters, Negley K., *New Horizons in Criminology,* Englewood Cliffs, N. J., Prentice-Hall, 1963.
Brace, Charles Loring, *The Dangerous Classes of New York and Twenty Years' Work Among Them,* Nueva York, Wynkoop and Hallenbeck, 1872.
Brockway, Zebulon R., *Fifty Years of Prison Service,* Nueva York, Charities Publication Committee, 1912.
Cremin, Lawrence A., *The Transformation of the School: Progressivism in American Education, 1876-1957,* Nueva York, Vintage Books, 1961.
Ginger, Ray, ed., *American Social Thought,* Nueva York: Hill and Wang, 1961.
Grünhut, Max, *Penal Reform,* Oxford, Clarendon Press, 1948.
Henderson, Charles R., ed., *Penal and Reformatory Institutions,* Nueva York, Charities Publications Committee, 1910.

Hofstadter, Richard, *Anti-intellectualism in American Life*, Nueva York, Knopf, 1963.
Lewis, O. F., *The Development of American Prisons and Prison Customs, 1776-1845*, Albany, N. Y., Prison Association of New York, 1922.
MacDonald, Arthur, *Abnormal Man*, Washington, Government Printing Office, 1893.
Mannheim, Hermann, *The Dilemma of Penal Reform*, Londres, George Allen & Unwin, 1939.
Morrison, William Douglas, *Juvenile Offenders*, Nueva York, D. Appleton, 1879.
Spencer, Herbert, *Education: Intellectual, Moral and Physical*, Nueva York, D. Appleton, 1896.
Teeters, Negley K., *Deliberations of the International Penal and Penitentiary Congresses, 1872-1953*, Filadelfia, Temple University Book Store, 1949.
Wines, Enoch C., *The State of Prisons and of Child-Saving Institutions in the Civilized World*, Cambridge, Harvard University Press, 1880.

Artículos:

Allison, James, "Juvenile Delinquents: Their Classification, Education, Moral and Industrial Training", en *PNCCC, New York, 1898*.
Brockway, Zebulon R., "Prison Discipline in General", en *PACC, Cincinnati, 1878*, 106-11.
Buckner, R. C., "Child Saving", en *Proceedings of the Annual Congress of the National Prison Association, Indianapolis, 1898*, 278-81.
Caldwell, Peter, "The Reform School Problem", en *PNCCC, St. Paul, 1886*, 71-76.
Carey, James y Platt, Anthony, "The Nalline Clinic: Game or Chemical Superego?", *Issues in Criminology*, 2, otoño de 1966, 223-44.
Carpenter, Mary, "Suggestions on Reformatory Schools and Prison Discipline, Founded on Observations Made During a Visit to the United States", en *Proceedings of the National Prison Reform Congress, St. Louis, 1874*, 157-73.
———, "What Should be Done for the Neglected and Criminal Children of the United States?", en *PACC, Detroit, 1875*, 66-84.
Chapin, Henry Dwight, "Anthropological Study in Children's Institutions", en *PNCCC, New York, 1898*, 424-25.
Charlton, T. J., "Report of the Committee on Juvenile Delinquents", en *PNCCC, Baltimore, 1890*, 214-30.
Elmore, A. E., "Report of the Committee on Reformatories and Houses of Refuge", en *PNCCC, St. Louis, 1884*, 84-91.
Folks, Homer, "The Care of Delinquent Children", en *PNCCC, Indianapolis, 1891*, 136-50.
Fulton, Levi S., "Education as a Factor in Reformation", en *PNCCC, St. Paul, 1886*, 65-71.

Hite, J. C., "Moral Elevation in Reformatories: What is Required to Produce It?", en *PNCCC, St. Paul, 1886,* 59-65.

Howe, G. E., "The Family System", en *PNCCC, Cleveland, 1880,* 209-226.

Laverty, P. H., "The Management of Reformatories", en *PNCCC, St. Louis, 1884,* 87-91.

Letchworth, William P., "Children of the State", en *PNCCC, St. Paul, 1886,* 138-57.

Lynde, W. P., "Prevention in Some of Its Aspects", en *PACC, Chicago, 1879,* 162-70.

Martinson, Robert, "The Age of Treatment: Some Implications of the Custody-Treatment Dimension", *Issues in Criminology,* 2, otoño de 1966, 275-93.

Neff, William Howard, "Reformatories for Juvenile Delinquents", en *PNCCC, Baltimore, 1890,* 230-34.

Newton, R. Heber, "The Bearing of the Kindergarten on the Prevention of Crime", en *PNCCC, St. Paul, 1886,* 23-28.

Nibecker, F. H., "The Influence of Children in their Homes after Institution Life", en *PNCCC, New Haven, 1895,* 216-29.

Otterson, Ira D., "General Features of Reform School Work", en *PNCCC, Denver, 1892,* 166-74.

Powelson, Harvey, y Bendix, Reinhard, "Psychiatry in Prison", en *Mental Health and Mental Disorder,* Arnold M. Rose, ed., Nueva York, W. W. Norton, 1955.

Rainwater, Lee, "The Revolt of the Dirty-Workers", *Trans-action,* 5, noviembre de 1967, 2, 64.

Reeder, R. R., "To Cottage and Country", *Charities,* 13, enero de 1905, 364-67.

Wey, Halmiton D., "A Plea for Physical Training of Youthful Offenders", en *Proceedings of the Annual Congress of the National Prison Association, Boston, 1888,* 181-93.

Wines, Frederick H., "Reformation as an End in Prison Discipline", en *PNCCC, Buffalo, 1888,* 193-98.

Wohl, R. Richard, " 'The Rags to Riches Story': An Episode of Secular Idealism", en *Class, Status and Power: A Reader in Social Stratification,* Reinhard Bendix y Seymour Martin Lipset, eds., Free Press of Glencoe, 1955.

CAPÍTULO 4

Los salvadores del niño fueron escritores prolíficos y buena parte de los datos de este capítulo están tomados de las obras autobiográficas de Jane Addams, Louise de Koven Bowen y Julia Lathrop, junto con los documentos del club de diversas organizaciones feministas. La mayoría de los escritos de Louise Bowen han sido recogidos por Mary Humphrey *(Speeches, Addresses, and Letters of Louise de Koven*

Bowen). Las fuentes secundarias más valiosas sobre este tema son los estudios recientes de Joseph Gusfield *(Symbolic Crusade)* y Christopher Lasch *(The New Radicalism in America, 1889-1963).*

Libros:

Addams, Jane, ed., *Hull-House Maps and Papers,* Nueva York, Thomas Y. Crowell, 1930.
————, *The Spirit of Youth and City Streets,* Nueva York, Macmillan, 1936.
————, *My Friend, Julia Lathrop,* Nueva York, Macmillan, 1935.
————, *Twenty Years at Hull-House,* Nueva York, Signet Classic, 1961.
Beaumont, Gustave de, y Tocqueville, Alexis de, *On the Penitentiary System in the United States,* Carbondale, Ill., Southern Illinois University Press, 1964.
Bowen, Louise de Koven, *Our Most Popular Recreation Controlled by the Liquor Interest: A Study of Public Dance Halls,* Chicago, Juvenile Protective Association, 1912.
————, *The Colored People of Chicago,* Chicago, Juvenile Protective Association, 1913.
————, *Safeguards for City Youth at Work and at Play,* Nueva York, Macmillan, 1914.
————, *The Straight Girl on the Crooked Path: A True Story,* Chicago, Juvenile Protective Association, 1916.
————, *The Road to Destruction Made Easy in Chicago,* Chicago, Juvenile Protective Association, 1916.
————, *Growing Up With a City,* Nueva York, Macmillan, 1926.
————, *Open Windows,* Chicago, Ralph Fletcher Seymour, 1946.
Brim, Orville G., *Education for Child Rearing,* Nueva York, Free Press, 1965.
Conroy, Frank, *Stop-Time,* Nueva York, Viking Press, 1965.
Frank, Henriette Greenbaum, y Jerome, Amalie Hofer, *Annals of the Chicago Woman's Club for the First Years of its Organization, 1876-1916,* Chicago, Chicago Woman's Club, 1916.
Gorer, Geoffrey, *The American People: A Study in National Character,* Nueva York, W. W. Norton, 1948.
Grimes, Alan P., *The Puritan Ethic and Woman Suffrage,* Nueva York, Oxford University Press, 1967.
Gusfield, Joseph R., *Symbolic Crusade: Politics and the American Temperance Movement,* Urbana, Illinois University Press, 1963.
Hofstadter, Richard, *The Age of Reform,* Nueva York, Vintage Books, 1955.
Humphrey, Mary E., ed., *Speeches, Addresses, and Letters of Louise de Kover Bowen,* 2 vols., Ann Arbor, Mich., Edward Brothers, 1937.
Lasch, Christopher, *The New Radicalism in America, 1889-1963; The Intellectual as a Social Type,* Nueva York, Knopf, 1965.

Parsons, Talcott y Bales, Robert F., *Family, Socialization and Interaction Process*, Glencoe, Ill., Free Press, 1955.
Powers, Dorothy Edwards, *The Chicago Woman's Club*, Master's Thesis, Universidad de Chicago, 1939.
Vice Commission of Chicago, *The Social Evil in Chicago*, Chicago, Gunthrop-Warren Printing Co., 1911.

Artículos:

Horowitz, Irving Louis y Liebowitz, Martin, "Social Deviance and Political Marginality: Toward a Redefinition of the Relation Between Sociology and Politics", *Social Problems*, 15, 1968, 280-96.
Howe, G. E., "The Family System", en *Proceedings of the National Conference of Charities and Correction, PNCCC, Cleveland, 1880*, 209-226.
Leonard, Clara T., "Family Homes for Pauper and Dependent Children", en *Proceedings of the Annual Conference of Charities, PACC, Chicago, 1879*, 170-78.
Lynde, W. P., "Prevention in Some of Its Aspects", en *PACC, Chicago, 1879*, 162-70.
Otterson, Ira D., "General Features of Reform School Work", en *PNCCC, Denver, 1892*, 166-74.
Randall, C. D., "Child-Saving Work", en *PNCCC, St. Louis, 1884*, 115-122.
Richardson, Anne, B., "The Corporation of Woman in Philanthropy", en *PNCCC, Denver, 1892*, 216-22.
Sickels, Lucy M., "Woman's Influence in Juvenile Reformatories", en *PNCCC, Nashville, 1894*, 164-67.
Sunley, Robert, "Early Nineteenth-Century American Literature on Child Rearing", en *Childhood in Contemporary Culture*, Margaret Mead y Martha Wolfenstein, eds., Chicago University Press, 1955.

CAPÍTULO 5

Los siguientes documentos públicos y privados fueron consultados extensivamente para este capítulo: *Biennial Reports of the Board of State Commissioners of Public Charities of the State of Illinois* de 1871 a 1893, *Proceedings of the National Prison Association* de 1874 a 1900, *Proceedings of the Illinois Conference of Charities* de 1898 a 1901, y archivos de la Chicago Bar Association. Para los años de 1890 a 1900, el autor examinó también comunicados periodísticos acerca de la salvación del niño en *Chicago Inter-Ocean* y *Chicago Tribune*. Otros documentos históricos y colecciones fueron accesibles en la Biblioteca Histórica del Estado de Illinois y la Sociedad Histórica de Chicago.

Libros:

Abbot, Edith, y Breckenridge, Sophonisba P., *The Delinquent Child and the Home,* Nueva York, Survey Associates, 1916.
Addams, Jane, *My Friend, Julia Lathrop,* Nueva York, Macmillan, 1935.
Altgeld, John P., *Our Penal Machinery and Its Victims,* Chicago, Jansen, McClurg, 1884.
Bowen, Louise, *Growing Up With a City,* Nueva York, Macmillan, 1926.
Brown, James, *The History of Public Assistance in Chicago, 1833-1893,* Chicago, Chicago University Press, 1941.
Cranston, Leslie A., *Early Criminal Codes of Illinois and their Relation to the Common Law of England,* Illinois, Cranston, 1930.
Farwell, Harriet S., *Lucy Louise Flower, 1837-1920; Her Contribution to Education and Child Welfare in Chicago,* Chicago, edición de la autora, 1924.
Frank, Henriette Greenbaum y Jerome, Amalie Hofer, *Annals of the Chicago Woman's Club for the First Forty Years of its Organization, 1876-1916,* Chicago, Chicago Women's Club, 1916.
Ginger, Ray, *Altgeld's America: The Lincoln Ideal versus Changing Realities,* Chicago, Quadrangle Paperbacks, 1965.
Hirsch, Elizabeth Francis, *A Study of the Chicago and Cook County School for Boys,* tesis de maestría, Universidad de Chicago, 1926.
Hurley, Timothy D., *Origin of the Illinois Juvenile Court Law,* Chicago, The Visitation and Aid Society, 1907.
Jeter, Helen Rankin, *The Chicago Juvenile Court,* Washington, United States Children's Bureau Publication No. 104, 1922.
Johnson, Arlien, *Public Policy and Private Charities: A Study of Legislation in the United States and of Administration in Illinois,* Chicago, Chicago University Press, 1931.
Lou, Herbert H., *Juvenile Courts in the United States,* Chapel Hill, University of North Carolina Press, 1927.
Randall, Evelyn Harriet, *The St. Charles School for Delinquent Boys,* tesis de maestría, Universidad de Chicago, 1927.
Rosenheim, Margaret Kenney, ed., *Justice for the Child,* Nueva York, Free Press of Glencoe, 1962.

Artículos:

Beveridge, Helen L., "Reformatory and Preventive Work in Illinois", en *Proceedings of the National Conference of Charities and Correction, Boston, 1881,* 276-78.
Bruce, Andrew A., "One Hundred Years of Criminological Development in Illinois", en *Journal of Criminal Law and Criminology,* 24, 1933, 11-49.
Dudley, Oscar L., "The Illinois Industrial Training School for Boys", en

Proceedings of the National Conference of Charities and Correction, Indianapolis, 1891, 145-50.

Fulcomer, Daniel, "Instruction in Sociology in Institutions of Learning", en *Proceedings of the National Conference of Charities and Correction, Nashville, 1894,* 67-85.

Sanders, Wiley B., "Some Early Beginnings of the Children's Court Movement in England", *National Probation Association Yearbook,* 39, 1945, 58-70.

Wardner, Louise Rockwood, "Girls in Reformatories", en *Proceedings of the Annual Conference of Charities, Chicago, 1879,* 185-89.

CAPÍTULO 6

En este capítulo se ha tomado de distintas fuentes históricas y contemporáneas relativas al sistema de tribunales para menores. Las siguientes publicaciones periódicas suministran la mayor parte de los datos más antiguos: *Survey, Charities* y *Journal of Criminal Law, Criminology and Police Science.* Las críticas más originales del tribunal para menores son estudios de Francis Allen *(The Borderland of Criminal Justice),* Edwin Lemert ("Legislating Change in the Juvenile Court"), David Matza *(Delinquency and Drift)* y Paul Tappan *(Delinquent Girls in Court).*

Libros:

Addams, Jane, ed., *The Child, the Clinic and the Court,* Nueva York, New Republic, 1925.

Allen, Francis A., *The Borderland of Criminal Justice: Essays in Law and Criminology,* Chicago, Chicago University Press, 1964.

Barrows, Samuel J., ed., *Children's Courts in the United States: Their Origin, Development and Results,* Washington, Government Printing Office, 1904.

Blau, Peter M., *The Dynamics of Bureaucracy,* Chicago, Chicago University Press, 1955.

————, *Bureaucracy in Modern Society,* Nueva York, Randon House, 1956.

Brown, Claude, *Manchild in the Promised Land,* Nueva York, Macmillan, 1965.

Carlin, Jerome E., *Lawyers on their Own,* New Brunswick, N. J., Rutgers University Press, 1962.

Chicago Bar Association, *Juvenile Court Committee Report,* 28 de octubre de 1899.

Comfort, Alex, *Authority and Delinquency in the Modern State,* Londres, Routledge and Kegan Paul, 1950.

Coser, Lewis, *The Functions of Social Conflict,* Glencoe, Ill., Free Press, 1956.

Devlin, Patrick, *The Enforcement of Morals*, Londres, Oxford University Press, 1959.
Giles, F. T., *Children and the Law*, Londres, Penguin Books, 1959.
Goffman, Erving, *Asylum*, Nueva York, Anchor Books, 1961.
Goodhart, A. L., *English Law and the Moral Law*, Londres, Stevens and Sons, 1953.
Goodspeed, Weston A. y Healey, Daniel D., *History of Cook County, Illinois*, 2 vols., Chicago, The Goodspeed Historical Association, 1909.
Gouldner, Alvin, *Patterns of Industrial Bureaucracy*, Glencoe, Ill., Free Press, 1955.
Halmos, Paul, *The Faith of the Counsellors*, Nueva York, Schocken Books, 1966.
Hart, H. L. A., *Law, Liberty and Morality*, Stanford, Calif., Stanford University Press, 1963.
Heath, James, *Eighteenth Century Penal Theory*, Londres, Oxford University Press, 1963.
Hirsh, Elizabeth Francis, *A Study of the Chicago and Cook County School for Boys*, tesis de maestría, Universidad de Chicago, 1926.
Holmes, Oliver Wendell, *The Common Law*, Boston, Little, Brown, 1881.
Matza, David, *Delinquency and Drift*, Nueva York, John Wiley, 1964.
Newman, George, G., ed., *Children in the Courts: The Question of Representation*, Ann Arbor, Mich., Institute of Continuing Legal Education, Universidad de Michigan, 1967.
Parsons, Talcott, *The Social System*, Glencoe, Ill., The Free Press, 1951.
President's Commission on Law Enforcement and Administration of Justice, *The Challenge of Crime in a Free Society*, Washington, Government Printing Office, 1967.
Randall, Evelyn Harriet, *The St. Charles School for Delinquent Boys*, tesis de maestría, Universidad de Chicago, 1927.
Rosenheim, Margaret K., ed., *Justice for the Child*, Nueva York, Free Press, 1962.
Schur, Edwin M., *Crimes Without Victims*, Englewood Cliffs, N. J., Prentice-Hall, 1965.
Selznick, Philip, *T.V.A. and the Grass Roots*, Berkeley, University of California Press, 1949.
Stephen, James Fitzjames, *History of the Criminal Law in England*, 3 vols., Londres, Macmillan, 1883.
Tappan, Paul W., *Delinquent Girls in Court*, Nueva York, Columbia University Press, 1947.
———, *Juvenile Delinquency*, Nueva York, McGraw-Hill, 1949.
Werthman, Carl, *Delinquency and Authority*, tesis de maestría, Universidad de California, Berkeley, 1964.
Wigmore, John H., ed., *The Illinois Crime Survey*, Chicago, Blakely Printing, 1929.
Wood, Arthur L. *Criminal Lawyer*, New Haven, College and University Press, 1967.

Artículos:

Arnold, Marlene, "Juvenile Justice in Transition", *UCLA Law Review,* 14, 1957, 1144-58.

Baker, Harvey H., "Procedure of the Boston Juvenile Court", *Survey,* 23, febrero de 1910, 643-52.

Balint, Michael, "On Punishing Offenders", en *Psychoanalysis and Culture,* George B. Wilbur y Warner Muensterberger, eds., Nueva York, International Universities Press, 1951.

Beemsterboer, Matthew J., "The Juvenile Court-Benevolence in the Star Chamber", *Journal of Criminal Law, Criminology and Police Science,* 50, 1960, 464-75.

Bittner, Egon, "Police Discretion in Emergency Aprehension of Mentally Ill Persons", *Social Problems,* 14, 1967, 278-92.

———, y Platt, Anthony M., "The Meaning of Punishment", *Issues in Criminology,* 2, 1966, 79-99.

Blumberg, Abraham S., "The Practice of Law as a Confidence Game: Organizational Cooptation of a Profession", *Law and Society Review,* 1, junio de 1967, 15-39.

Caldwell, Robert G., "The Juvenile Court: Its Development and Some Major Problems", *Journal of Criminal Law, Criminology and Police Science,* 51, 1961, 493-511.

Diana, Lewis, "The Rights of Juvenile Delinquents: An Appraisal of Court Procedures", *Journal of Criminal Law, Criminology and Police Science,* 47, 1957, 561-69.

Flexner, Bernard, "The Juvenile Court as a Social Institution", *Survey,* 23, febrero de 1910, 607-38.

Folks, Homer, "Juvenile Probation in New York", *Survey,* 23, febrero de 1910, 667-73.

Garfinkel, Harold, "Successful Degradation Ceremonies", *American Journal of Sociology,* 61, 1956, 420-24.

Goldfarb, Joel, y Little, Paul, "1961 California Juvenile Court Law: Effective Uniform Standards for Juvenile Court Procedure?", *California Law Review,* 51, 1963, 421-47.

Handler, Joel, "The Juvenile Court and the Adversary System: Problems of Function and Form", 1965, *Wisconsin Law Review,* 7-51.

———, y Rosenheim, Margaret K., "Privacy in Welfare: Public Assistance and Juvenile Justice", *Law and Contemporary Problems,* 31, 1966, 377-412.

Henderson, Charles R., "Juvenile Courts: Problems of Administration", *Charities,* 13, enero de 1905, 340-43.

Hermann, Stephen M., "Scope and Purposes of Juvenile Court Jurisdiction", *Journal of Criminal Law, Criminology and Police Science,* 48, 1958, 590-607.

Isaacs, Jacob, "The Role of the Lawyer in Representing Minors in the New York Family Court", *Buffalo Law Review,* 12, 1963, 501-21.

Korn, Richard, "The Private Citizen, the Social Expert, and the Social Problem: An Excursion through an Unacknowledged Utopia", en *Mass Society in Crisis,* Bernard Rosenberg, Israel Gerver y F. William Howton, eds., Nueva York, Macmillan, 1964.

Lathrop, Julia C., "The Development of the Probation System in a Large City", *Charities,* 13, enero de 1905, 344-49.

Lemert, Edwin M., "Juvenile Justice—Quest and Reality", *Trans-action,* 4, julio de 1967, 30-40.

———, "Legislating Change in the Juvenile Court", 1967, *Wisconsin Law Review,* 421-48.

Lindsey, Ben B., "The Boy and the Court", *Charities,* 13, enero de 1905, 350-57.

Ludwig, F. L., "Considerations Basic to Reform of Juvenile Offenders", *St. John's Law Review,* 29, 1955, 226-37.

Mack, Julian W., "The Law and the Child", *Survey,* 23, febrero de 1910, 638-43.

MacKay, Henry D., "Report in the Criminal Careers of Male Delinquents in Chicago", en Task Force Report, *Juvenile Delinquency and Youth Crime,* 107-13, Washington, Government Printing Office, 1967.

Mead, George H., "The Psychology of Punitive Justice", *American Journal of Sociology,* 23, 1918, 577-602.

Nunberg, Henry, "Problems in the Structure of the Juvenile Court", *Journal of Criminal Law, Criminology and Police Science,* 48, 1958, 500-516.

Paulsen, Monrad G., "Fairness to the Juvenile Offender", *Minnesota Law Review,* 41, 1957, 547-67.

———, "Rights and Rehabilitation in the Juvenile Courts", *Columbia Law Review,* 67, 1967, 281-341.

Piliavin, Irving, y Briar, Scott, "Police Encounters with Juveniles", *American Journal of Sociology,* 70, 1964, 206-14.

Platt, Anthony, y Friedman, Ruth, "The Limits of Advocacy: Occupational Hazards in Juvenile Court", *Pennsylvania Law Review,* 7, 1968, 1156-84.

———, Schechter, Howard y Tiffany, Phyllis, "In Defense of Youth: A Case Study of the Public Defender in Juvenile Court", *Indiana Law Journal,* 43, 1968, 619-40.

Roth, Julius A., "Hired Hand Research", *American Sociologist,* 1, agosto de 1966, 190-96.

Rubin, Sol, "Protecting the Child in the Juvenile Court", *Journal of Criminal Law, Criminology and Police Science,* 43, 1952, 425-40.

Schinitsky, Charles, "The Role of the Lawyer in Children's Court", *The Record of New York City Bar Association,* 17, 1962, 10-26.

Schramm, Gustav L., "The Juvenile Court Idea", *Federal Probation,* 13, septiembre de 1949, 19-23.

Selznick, Philip, "An Approach to a Theory of Bureaucracy", *American Sociological Review,* 8, 1943, 47-54.

Skoler, Daniel L. y Tenney, Charles W., "Attorney Representation in Juvenile Court", *Journal of Family Law*, 4, 1964, 77-98.
Skolnick, Jerome H., "Social Control in the Adversary System", *Journal of Conflict Resolution*, 11, 1967, 52-70.
Thurston, Henry W., "Ten Years of the Juvenile Court of Chicago", *Survey*, 23, febrero de 1910, 656-66.
Tuthill, Richard S., "The Chicago Juvenile Court", en *Proceedings of the Annual Congress of the National Prison Association, Philadelphia, 1902*, 115-24.
Van Waters, Miriam, "The Socialization of Juvenile Court Procedure", *Journal of Criminal Law and Criminology*, 12, 1922, 61-69.
Welch, Thomas A., "Delinquency Proceedings—Fundamental Fairness for the Accused in a Quasi-Criminal Forum", *Minnesota Law Review*, 50, 1966, 653-96.
Wigmore, John H., "Juvenile Court vs. Criminal Court", *Illinois Law Review*, 21, 1926, 375-77.
Yablonsky, Lewis, "The Role of Law and Social Science in the Juvenile Court", *Columbia Law Review*, 67, 1967, 281-341.

CAPÍTULO 7

Libros:

Ariès, Philippe, *Centuries of Childhood: A Social History of Family Life*, Nueva York, Vintage Books, 1965.
Handler, Joel F., *The Role of Legal Research and Legal Education in Social Welfare*, Institute for Research on Poverty, Universidad de Wisconsin, trabajo inédito, 1967.
Horowitz, Irving Louis, ed., *The Rise and Fall of Project Camelot*, Massachusetts, MIT Press, 1967.
Kerr, Clark, *The Uses of the University*, Nueva York, Anchor Books, 1961.
President's Commission on Law Enforcement and Administration of Justice, *The Challenge of Crime in a Free Society*, Washington, Government Printing Office, 1967.
Sudnow, David, *Passing On: The Social Organization of Dying*, Englewood Cliffs, N. J., Prentice-Hall, 1967.

Artículos:

Handler, Joel, F. y Rosenheim, Margaret K., "Privacy in Welfare; Public Assistance and Juvenile Justice", *Law and Contemporary Problems*, 31, 1966, 377-412.
Kitsuse, John I., y Cicourel, Aaron, V., "A Note on the Uses of Official Statistics", *Social Problems*, 11, 1963, 131-39.

Lemert, Edwin M., "Juvenile Justice—Quest and Reality", *Trans-action*, 4, julio de 1967, 30-40.
Levin, Robert A., "Gang-Busting in Chicago", *The New Republic*, 1 de junio de 1968, 16-18.
Marwell, Gerald, "Adolescent Powerlessness and Delinquent Behavior", *Social Problems*, 14, 1966, 35-47.
Mills, C. Wright, "The Professional Ideology of Social Pathologists", en *Mass Society in Crisis*, Bernard Rosenberg, Israel Gerver y F. William Howton, eds., Nueva York, Macmillan, 1964.
Piliavin, Irving, y Briar, Scott, "Police Encounters with Juveniles", *American Journal of Sociology*, 70, 1964, 206-14.
Rainwater, Lee, "The Revolt of the Dirty-Workers", *Trans-action*, 5, noviembre de 1967, 2, 64.

APÉNDICE

En los Estados Unidos hay poquísimas fuentes secundarias útiles sobre derecho penal en el siglo XIX. No hay nada comparable a la *History of English Criminal Law and its Administration from 1750*, de Leon Radzinowicz, o el trabajo de B. E. F. Knell sobre la pena capital. Este capítulo se basa casi exclusivamente en material primario de casos.

Libros:

Bishop, Joel Prentiss, *Commentaries on the Criminal Law*, Boston, Little, Brown, 1856.
Blackstone, William, *Commentaries on the Laws of England*, Oxford, Clarendon Press, 1796.
Boole, Katherine Louise, *The Juvenile Court: Its Origin, History and Procedure*, tesis de doctorado, Universidad de California, Berkeley, 1928.
Browne, Irving, *The Elements of Criminal Law*, Boston, Boston Book Co., 1892.
Burn, *Abridgement of the American Justice*, Dover, N. H., 1792.
Chitty, D., *A Practical Treatise on the Criminal Law*, Londres, A. J. Calpy, 1816.
Christoph, James B., *Capital Punishment and British Politics*, Londres, George Allen and Unwin, 1962.
Hibbert, Christopher, *The Roots of Evil*, Nueva York, Little, Brown, 1955.
Hurley, Timothy D., *Origin of the Illinois Juvenile Court Law*, Chicago, The Visitation and Aid Society, 1907.
Koestler, Arthur, *Reflections on Hanging*, Londres, Victor Gollancz, 1955.
Lou, Herbert H., *Juvenile Court in the United States*, Chapel Hill, University of North Carolina Press, 1927.
Radzinowicz, Leon, *A History of English Criminal Law and Its Adminis-*

tration from 1750: The Movement for Reform 1750-1833, Nueva York, Macmillan, 1948.
Russell, William Oldnall, *A Treatise on Crime and Misdemeanor*, 2 volúmenes, Londres, Joseph Butterworth, 1819.
Tappan, Paul W., *Juvenile Delinquency*, Nueva York, McGraw-Hill, 1949.

Artículos:

Knell, B. E. F., "Capital Punishment: Its Administration in Relation to Juvenile Offenders in the Nineteenth Century and Its Possible Administration in the Eighteenth", *British Journal of Delinquency*, 5, 1965, 198-207.
Mack, Julian W., "The Juvenile Court", *Harvard Law Review*, 23, 1909, 104-22.
Sanders, Wiley B., "Some Early Beginnings of the Children's Court Movement in England", *National Probation Association Yearbook*, 39, 1945, 58-70.
Schramm, Gustav L., "The Juvenile Court Idea", *Federal Probation*, 13, septiembre de 1949, 19-23.

Causas:

Angelo v. People, 96, Ill., 209, 1880.
Commonwealth v. Elliot, 4, Law Rep., 329, 1842.
Godfrey v. State, 31, Ala., 323, 1858.
People v. Davis, 1, *Wheeler Criminal Law Cases*, 230, 1823.
People v. Teller, 1, *Wheeler Criminal Law Cases*, 231, 1823.
R. v. Owen, 4, C. & P., 236, 1830.
R. v. Smith, 1, Cox., 260, 1845.
Stage's Case, 5, *City-Hall Recorder*, ciudad de Nueva York, 177, 1820.
State v. Aaron, 4, N.J.L., 263, 1818.
State v. Adams, 76, Mo., 355, 1882.
State v. Bostick, 4, Del., 563, 1845.
State v. Doherty, 2, Tenn., 79, 1806.
State v. Guild, 10, N. J. L., 163, 1828.
State v. Learnard, 41, Vt., 585, 1869.
State v. Toney, 15, S. C., 409, 1881.
Walker's Case, 5, *City-Hall Recorder*, ciudad de Nueva York, 137, 1820.

papel ediciones crema de fábrica de papel san juan, s.a.
impreso en talleres gráficos victoria, s.a.
primera privada de zaragoza núm. 18 bis, méxico 3, d.f.
tres mil ejemplares más sobrantes para reposición
18 de enero de 1982

NUEVA CRIMINOLOGÍA Y DERECHO

ARAUZ, L. Legislación petrolera internacional
CARPIZO, J. E. El presidencialismo mexicano [2a. ed.]
DEL OLMO, R. América Latina y su criminología
DORÉ, F. Los regímenes políticos en Asia
FOUCAULT, M. Vigilar y castigar [3a. ed.]
LAMNEK, S. Teorías de la criminalidad
MARÍN MEDEROS, T. Condenados. Del presidio a la vida
McINTOSH, M. La organización del crimen
MELOSSI, D./PAVARINI, M. M. Cárcel y fábrica: los orígenes del sistema penitenciario (siglos xvi a xix)
MORRIS, N. El futuro de las prisiones
NOVOA MONREAL, E. Derecho a la vida privada y libertad de información. Un conflicto de derechos
NOVOA MONREAL, E. El derecho como obstáculo al cambio social [5a. ed. corregida]
PEARCE, F. Los crímenes de los poderosos
RICO, J. M. Crimen y justicia en América Latina [2a. ed. corregida y aumentada]
RICO, J. M. Las sanciones penales y la política criminológica contemporánea
SZABÓ, D. Criminología y política en materia criminal
TAYLOR, I./WALTON, P./YOUNG, J. Criminología crítica
TIGAR, M. E./LEVY, M. R. El derecho y el ascenso del capitalismo

SALUD Y SOCIEDAD

BASTIDE, R. Sociología de las enfermedades mentales [6a. ed.]
BENSAID, N. La consulta médica
CANGUILHEM, G. Lo normal y lo patológico [2a. ed.]
DJIAN, L. La medicina contemporánea
DE LA TORRE, J. A. Pediatría accesible: guía para el cuidado del niño [5a. ed. corregida y aumentada]
FOUCAULT, M. El nacimiento de la clínica [7a. ed.]
KNOX, E. G. La epidemiología en la planificación de la atención a la salud
LÓPEZ ACUÑA, D. La salud desigual en México [2a. ed.]
McKEOWN, T. El papel de la medicina
McKEOWN, T./LOWE, C. R. Introducción a la medicina social
NAVARRO, V. Salud e imperialismo
PÉREZ TAMAYO, R. Serendipia. Ensayos sobre ciencia, medicina y otros sueños
ROEMER, M. Perspectiva mundial de los sistemas de salud
SIGERIST, H. E. Hitos en la historia de la higiene
TERRIS, M. La revolución epidemiológica y la medicina social